THE BIG SHORT

大賣空

祕密布局，等待時機

INSIDE THE DOOMSDAY MACHINE

MICHAEL LEWIS

麥可・路易士——著　洪慧芳——譯

獻給

Michael Kinsley

（我還欠他一篇文章）

目次

有你看見未來，要怎麼說服投資者？／夢寐以求的精心布局，卻成了生涯大危機／明明是最棒的投資，他們卻逼我放棄／我以為只要賺錢，他們就會包容我的怪癖，我錯了／逢低買進很好，但要小心是不是陷阱／高盛業務員人間蒸發，why？／快！你有多少，我就要買多少

你可以向一個最魯鈍的人，
解說一個最艱深的主題——如果他事先對這主題一無所知；
但是，你無法向一個最聰明的人，
把一件最簡單的事說清楚——如果他自認什麼都懂，
對於眼前所見的一切深信不疑。

——托爾斯泰

前言

當莊家誤判賠率，快抓緊機會

直到今天我仍然沒搞懂，為什麼華爾街的投資銀行願意付我好幾十萬美元年薪，讓我為別人提供投資建議。

那一年，我才二十四歲，沒半點經驗，對於猜測哪支股票或債券會漲或會跌，也不是特別感興趣。

華爾街的基本功能，是分配資金——決定誰該獲得資金、誰不應該。我說我對金融投資毫無概念是真的，沒蓋你。我沒修過會計課，沒開過公司，甚至沒有積蓄可以理財，卻在一九八五年誤打誤撞地進了所羅門兄弟公司（Salomon Brothers），三年後的一九八八年又莫名其妙地賺了一大桶金後辭職。

雖然我已經把這段經歷寫成書，但這一切還是讓我覺得非常荒謬——荒謬也許是在華爾街那麼容易撈錢的原因之一。但我感覺這種荒謬情況不可能持久，很快就會有人看穿，發現很多同業和我一樣都在瞎掰，我們很快就會遭到「報應」，到時華爾街會覺醒，成千上萬個像我一樣拿別人的錢豪賭，或是遊說別人砸錢豪賭的年輕人，都會被踢出金融界。

老千騙局中，年輕人要懂得見好就收

當我坐下來，把自己這段經歷寫成《老千騙局》（早安財經出版）時，我是抱著一種「年輕人要見好就收」的心情。我就像隨手寫下一張紙條，塞進瓶子裡，好讓在遙遠未來踏上這一行的人也能看到。我心想，除非有局內人把這一切寫出來，否則未來不會有人相信真的發生過這種事。

過去，關於華爾街的文章主要談的都是股市。因為從一開始，股市就是華爾街多數人賴以維生的地方。不過這本書要談的是債市，因為現在華爾街靠著包裝、販售及胡搞美國越來越多的債務，賺進了更多鈔票。同樣的，我也覺得這種情況無法持久。

我當時打定主意要寫的是八〇年代的美國，一個為錢失心瘋的金融國度。我以為讀者看到所羅門兄弟執行長約翰．古弗蘭（John Gutfreund）在一九八六年把公司搞垮後，居然還能拿到三百一十萬美元時，會非常震驚。我以為霍伊．魯賓（Howie Rubin）的故事（所羅門的抵押債券交易員，轉戰美林後馬上虧空了兩億五千萬美元），會讓大家覺得不可思議。我以為讀者看到當年的華爾街執行長對債券交易員涉入的複雜風險一無所知時，會大吃一驚。我大致上是那麼想的。

但我沒想到，讀者在回顧這些事或讀到我的特殊經歷時，竟然會覺得「有意思」。我真是太天真了。

我完全沒料到，一九八〇年代金融界這些怪象，後來居然延續了長達二十多年。我也沒想到，華爾街和一般人之間的差異之大，儼然成了兩個不同世界。我沒想到當一個債券交易員的年薪已經高達四千七百萬美元，還會覺得自己被占便宜。我沒想到所羅門兄弟交易室發明的抵押債券市場，在當時看似一個好主意，後來卻造成史上的金融慘劇。我更沒想到，在霍伊．魯賓賠了兩億五千萬美元而成為家喻戶曉的醜聞人物之後，又過了二十年，摩根士丹利（Morgan Stanley）另一個也叫霍伊的傢伙，會以單筆抵押債券交易賠掉九十億美元，而且除了摩根士丹利內部一小撮人聽過他的作為或動機，外界一無所知。

同學們，別理高盛，勇敢航向大海吧！

我寫《老千騙局》時，除了想講述一個在我看來很不可思議的故事之外，並沒有什麼遠大目的。如果你灌我幾杯酒，然後問我希望那本書對世界帶來什麼影響，我可能會說：「希望大學生們可以讀一讀，明白一個簡單道理：為了擠進金融業而放棄對其他事情的熱情，或是假裝對金融有興趣，都是愚蠢的。」我希望俄亥俄州立大學某個想成為海洋學家的聰明孩子在讀過我的書以後，可以不理會高盛（Goldman Sachs）的錄取通知，堅定地航向大海。

但不知怎的，讀者似乎感受不到我要傳達的訊息。《老千騙局》出版六個月後，我收到俄亥俄州立大學雪片般飛來的信件，學生們竟然爭相問我：還有沒有更多華爾街祕辛可以分享？原來，他們把《老千騙局》當成了一本「華爾街生存實戰手冊」來讀。

離開華爾街的二十年間，我一直在等待當年預期的華爾街末日到來。然而，儘管金融體系一再爆出問題——高到離譜的紅利、多不勝數的囂張交易員、讓德崇證券（Drexel Burnham）崩解破產的醜聞、擊垮古弗蘭和所羅門兄弟的醜聞、我前老闆約翰．梅韋瑟（John Meriwether）的長期資本管理公司（LTCM）虧損所引發的危機，還有網路股泡沫……，處於危機中心的華爾街大銀行卻仍持續壯大。他們聘請二十六歲的年輕人，做一些對社會沒什麼明顯效益的事，然後付給他們越來越高的薪水。美國年輕人不再質疑這樣的金錢文化，畢竟，當你可以把上一代打拚出來的事業買下，再一一分割出售，又何需費心去顛覆它呢？

於是，我也放棄、不再等待了，我心想，沒有什麼醜聞或逆轉可以大到足以拖垮整個金融體系。

想像一下，這些爛資產在跳樓大拍賣時值多少錢

然後梅瑞迪斯．惠特妮（Meredith Whitney）出現了。原本，惠特妮在不起眼的奧本海默金融公司（Oppenheimer and Co.）擔任不起眼的金融業分析師，但在二〇〇七年十月三十一日以後，她

再也不是不起眼的無名小卒了。那一天，她預測花旗集團的經營糟到必須大砍股利，否則就會破產。

通常在股市裡，我們不會知道到底是什麼原因影響了當天行情，但我們可以非常確定在十月三十一日那天，是惠特妮讓金融股大崩盤。當天交易結束時，一個基本上沒人聽過、大家都認為籍籍無名的女子，讓花旗股價大跌八％，讓美國股市的市值蒸發了三千九百億美元。四天後，花旗執行長查克・普林斯（Chuck Prince）辭職。兩週後，花旗大砍股利。

從那時起，惠特妮突然變成了賀頓（E. F. Hutton，知名美國券商，該公司著名廣告金句是：「賀頓一開口，大家乖乖聽。」）——她一開口，大家真的就乖乖聽她說。

她要傳達的訊息簡單明確：如果你想知道這些華爾街銀行的真正價值，只要嚴格檢視他們用借來的錢所持有的爛資產，想像一下這些爛資產在跳樓大拍賣時可以值多少錢。

在她看來，這些銀行內所聚集的高薪人才，根本毫無價值。二〇〇八年一整年，每當有銀行或券商宣稱問題已獲解決（例如提撥了壞帳、增資等等）時，她都會毫不留情的反擊：不，你們還沒坦承自己把銀行搞得多糟，還沒承認你們在次貸債券上虧損了數十億美元，你們的股價就像你們的存在價值一樣虛幻。

有些同業批評惠特妮譁眾取寵，網路上有人說她只是瞎貓碰到死耗子。但不可否認的，她說的大抵上沒錯，只不過有些事情她應該是猜的。因為她不可能知道華爾街銀行內部發生哪些事，也不會知道他們在次貸市場中真正虧損的程度——畢竟連銀行執行長自己都不清楚，更何況是她。「真相要不是我說的那樣，就是他們都在說謊，」她說：「不過，我覺得他們其實搞不清楚狀況。」

如今看來，顯然搞垮華爾街的不是惠特妮。她不過是以最明確、最響亮的方式表達看法，只是沒想到她的看法所帶來的衝擊，竟然比查緝華爾街弊案的紐約檢察長更強大。

當然，如果光是醜聞就能擊垮華爾街的大型投資銀行，這些銀行老早就消失了。其實惠特妮並不是說華爾街銀行家們如何貪腐，而是說他們很蠢。這些人的工作是幫別人管理及分配資產，但顯然他們連自己的資金都沒管好。

放馬後炮容易，但你敢不敢當別人眼中的神經病？

我承認，我曾經想過：要是當年我繼續待在金融業，這種災難搞不好就是我掀起的。因為造成花旗亂象的核心要角，就是當初我在所羅門兄弟的同事，其中幾位還跟我一起上過培訓課。

後來我實在忍不住，決定打通電話給惠特妮。那是二〇〇八年三月，就在貝爾斯登（Bear Stearns）倒閉之前，當時還不知道金融風暴將會如何收場。但如果她是對的，這一回也許真是重新整頓金融界的好時機。我除了想知道她的看法，也很想知道這位壓垮股市的年輕女子來自何方。

惠特妮是一九九四年從布朗大學英文系畢業後，進了華爾街。「我來到紐約，連這裡有研究部這種單位都不知道。」她後來在奧本海默公司找到工作，運氣又特別好，碰到一位不可多得的恩師，不僅帶她入行，也打開了她的視野。惠特妮說，這位恩師是史提夫・艾斯曼（Steve Eisman）。「我發表對花旗的看法後，最開心的就是接到艾斯曼的電話。」她說：「他告訴我，他以我為榮。」

當時我沒聽過艾斯曼這號人物，所以也沒多想，但後來我看到一則新聞，提到一名鮮為人知的紐約避險基金經理人約翰・鮑爾森（John Paulson），為他的避險基金賺進約兩百億美元，也為他自己賺了近四十億美元。從來沒有人在那麼短的時間內，從華爾街賺進那麼多錢。他靠的，正是放空次貸債券，而花旗及其他華爾街大型投資銀行，正是被這種債券拖垮的。

華爾街投資銀行就像拉斯維加斯的賭場莊家，賠率是他們決定的。和他們對玩零和遊戲的玩家，偶爾會贏個一局，但從來不可能連贏好幾局，也不可能贏到搞垮莊家。但鮑爾森這位玩家和惠特妮一樣，看見了金融業者無能的一面，發現這些莊家嚴重誤判賭局的賠率。

我後來又打了一次電話給惠特妮，問她知不知道還有哪些人預見了次貸風暴、預先押注，海撈了一票？有沒有人在莊家驚覺事態不妙以前，就發現了贏得賭局的竅門？有沒有人在這個現代金融黑盒子裡，看出了它的缺陷？

當時是二〇〇八年年底，很多事後諸葛聲稱自己早就知道災難會發生，但其實真正預見危機的人並不多，有勇氣砸下資金的更是少之又少。要能跳脫市場的集體歇斯底里、明白財經新聞大都是錯的、看清多數金融界重要人物不是在說謊就是被蒙蔽……並不容易，而且通常，你還會被視為神經病。

惠特妮立刻給了我六、七個名字，大都是她曾親自提供建議的投資者。鮑爾森的大名，就在名單之中。

名單上排第一位的，是艾斯曼先生。

第1章

拋向空中的財報

艾斯曼，一個祕密的源起

大約在我退出金融圈時，史提夫．艾斯曼踏進這一行。

他在紐約市成長，念猶太學校，以優異成績從賓州大學畢業，接著又以出色表現從哈佛法學院畢業。一九九一年他三十歲，跑去當律師，但他搞不懂自己幹嘛去當律師。「我恨死了，」他說：「我痛恨當律師，我爸媽在奧本海默證券當股票經紀人，所以設法幫我拗到一份工作。這麼說不大光彩，不過我的確是這樣入行的。」

奧本海默是老式華爾街合夥事業中碩果僅存的一家，靠著高盛和摩根士丹利吃剩的生意生存，感覺不像一家公司，更像是家族企業。麗莉安和艾利特．艾斯曼（Lillian and Elliot Eisman）夫婦從一九六〇年代初期，就開始為散戶投資人提供投資建議（麗莉安在奧本海默裡開創自己的證券經紀事業；艾利特原本是刑事律師，在多次被黑手黨客戶恐嚇後，才跟著太太加入奧本海默）。他們深受同仁與客戶喜愛和尊重，想雇用誰都可以。在把兒子從律師生涯中解救出來以前，他們就已經把兒子的保母安插到奧本海默交易室工作了。所以艾斯曼每次去向爸媽報告時，會先經過那位小時候幫他換尿布的女士身旁。不過，奧本海默對於任人唯親有個規定：如果麗莉安和艾利特想雇用他們的兒子，第一年必須自己付薪水，然後再讓其他人來決定值不值得讓他留下來。

你必須眼光準確，並引起騷動

艾斯曼的父母是價值投資法的奉行者，從小就一直灌輸他一個觀念：了解華爾街的最好方法，就是當股市分析師。所以艾斯曼從分析股票開始，擔任股票分析師的助理。奧本海默有二十五位左右的分析師，但華爾街通常不太理會他們的分析。

華爾街分析師及專欄作家艾莉絲．施洛德（Alice Schroeder）曾說：「想在奧本海默當分析師，唯一的方法就是眼光準確並引起騷動，讓大家都注意到。」施洛德在奧本海默時負責分析保險業，後來轉往摩根士丹利，最後成了巴菲特正版傳記《雪球》（*The Snowball*）的作者。她說：「奧本海默有個異於業界的特點，不像別家大公司注重的是分析要有共識。」

事實證明，艾斯曼在引起騷動和顛覆共識這兩件事特別有天分。一開始，他只是資深分析師的助理，沒人指望他提出自己的看法。但這種情況在一九九一年十二月以後，有了一百八十度的改變。當時他進公司還不到一年，一家名叫艾美斯金融公司（Aames Financial）的次級房貸業者上市，奧本海默裡沒人想對這檔股票發表看法。剛好奧本海默裡有位員工想到艾美斯工作，於是晃到研究部想找位懂房貸業的人聊聊。「當時我只是分析助理，還在摸索，」艾斯曼說：「但我告訴他，我當律師時曾經接過金貸（The Money Store）房貸融資公司的案子。」就這樣，艾斯曼馬上被指派為「艾美斯金融公司首席分析師」。

「其實我沒告訴他，我當初只是負責校對文件，根本對這家公司一點概念也沒有。」

這是一家「在任何利率水準下都會賠錢」的公司

艾美斯和金貸都屬於新型態的貸款機構，專門貸款給存款不足的美國人，講好聽一點是「特殊融資」。在這一行裡，你不會看到高盛或摩根大通（J.P. Morgan）等大型業者。一九九〇年代初期，有許多知名度不高的公司投入蓬勃發展中的次貸市場，艾美斯是第一家上市的次貸業者。

艾斯曼全權負責分析的第二家公司，是洛瑪斯金融公司（Lomas Financial Corp.）。當時洛瑪斯剛擺脫破產陰霾，正在重振旗鼓。「我把它評為『賣出』，因為這根本是家爛公司。但我當時不知道不應該喊賣出，我以為既然有三個格子——買進、持有、賣出，我就可以選自己認為該選的那一格。」然而公司要求他，分析股票時必須盡可能樂觀，但艾斯曼原本就不是樂觀派。他可以裝，偶爾也真的裝一下，但他寧可不裝。一位前同事說：「我從大老遠就可以聽到他對著電話，痛罵他分析的那幾檔股票，他腦子怎麼想，就會直言不諱的講。」即使洛瑪斯對投資人宣稱已經做好避險，財務狀況無虞，艾斯曼照樣喊賣。艾斯曼說：「我當分析師時寫過最棒的評論，就是在洛瑪斯聲稱他們財務穩定以後。」他還可以直接背出那句話：「『洛瑪斯金融公司是一家財務穩定的金融機構：無論在任何利率下都是虧損。』那是我寫過最得意的一句話。」在艾斯曼寫完這句話的幾個月後，洛瑪斯再次宣告破產。

很快的，艾斯曼就確立了自己的地位，成為奧本海默裡少數幾位可能驚動市場的分析師之一。「對我來說，那感覺就像回到學校一樣。」他說：「我會先了解一個產業，接著寫一篇報告分析它。」華爾街逐漸把他當成一號人物，他的穿著說不上講究，彷彿有人特地幫他買了很好的新衣服，但沒教他應該怎麼穿。他的金髮平頭看起來像是自己理的，表情豐富的臉上，最引人注目的是嘴巴。主要是因為他通常半開著嘴，連吃東西時也不例外，好像擔心自己無法馬上說出腦中一閃即過的念頭，所以乾脆保持大腦和嘴巴一路暢通。其他臉部特徵全都盡職地自動配合他的思考運作，和面無表情的人正好相反。

艾斯曼和人打交道的方式，逐漸出現了一種模式。和他一起工作的人都很喜歡他，或至少覺得他很有趣，也欣賞他在金錢上的不計較，以及在分享知識上的大方態度。「他天生就是當老師的料，」一位當過他助理的女子說：「他很保護女同事。」他自己不屬於弱勢階級，卻很能體會小人物和受壓迫者的感受。另一方面，某些有權有勢的人以為，艾斯曼會對他們另眼相待或比較尊重，但往往不是被他的態度嚇到，就是被他惹毛。「了解艾斯曼的人都很喜歡他，」惠特妮告訴我：「但很多人不了解他。」

一位美國大券商老闆就不了解艾斯曼。這位券商老闆曾在一場午餐會上，看著艾斯曼當著他的面，對數十位投資人說他——也就是這位券商老闆——根本不了解自己所從事的生意。接著，券商老闆眼睜睜看著艾斯曼起身離開，再也沒回到餐會上（「我得去趟洗手間，」艾斯曼說：「我也不知道為什麼就沒再回去了。」）餐會結束後，那位大老闆宣布，以後只要有艾斯曼出現的場合，他絕對不踏入。

日本某大房地產公司的執行長也不了解艾斯曼。他曾把公司的財務報表寄給艾斯曼，然後在口譯員的陪同下，請艾斯曼提供投資建議。雙方經過客套的日式商業寒暄後，艾斯曼說：「你自己經營的公司，你竟連一張股票也沒有。」

和這位日本執行長討論了一會兒之後，口譯員終於說道：「在日本，管理階層通常不會持有自家的股票。」

艾斯曼認為，這家日本公司並沒有在財報中揭露真正重要的細節，但他沒直接說，而是當場把財報拋向空中，像拋垃圾一樣。「這……這是衛生紙吧！」他說：「你翻譯給他聽。」

「那個日本人拿下眼鏡，」當時看到這一幕的目擊者回憶：「嘴唇顫抖，彷彿第三次世界大戰就要爆發了，用日本腔的英語說著：『衛─傷─紙？衛─傷─紙？』」

有位避險基金經理人是艾斯曼的朋友，他本來要向我描述艾斯曼這個人，但說了不到一分鐘就開始大笑。他說艾斯曼曾拆穿好幾位大人物，說他們根本是騙子或白癡。「他的個性就是有點機車，但是人很聰明，實話實說，天不怕地不怕。」

「即使是在華爾街，還是會有人覺得他很無禮、討厭、喜歡挑釁。」艾斯曼的太太維勒莉．費根（Valerie Feigen）說。維勒莉原本在摩根大通工作，辭職後自己開了一家女裝店 Edit New York，並撫養孩子。「他根本不在乎禮貌，相信我，我勸過他千百遍了。」在她第一次帶艾斯曼回家見父母之後，她母親說話了：「我們家不需要他，不過我們可以把他送去UJA慈善組織拍賣，看有沒有人要收留。」

艾斯曼就是有得罪人的天分。「他不是要故意得罪你，」維勒莉解釋：「他只是實話實說罷了。他知道大家覺得他很怪，但他不這麼認為。他活在自己的世界裡。」

被問到總是得罪人這件事時，艾斯曼一臉困惑，甚至看起來有點受傷，接著聳聳肩說：「我有時候會不知道自己在幹嘛。」

關於艾斯曼這種特立獨行的個性，有很多種說法，其中一種解釋是：比起在他面前的人，他只是對腦子裡運轉的想法更感興趣，所以腦子裡想的東西完全凌駕於應對的禮儀上。對很了解艾斯曼的人來說，這種說法還不夠完整。他母親麗莉安提出第二種解釋：艾斯曼其實有雙重人格。

第一種人格，是一個「收到媽媽送的、渴望已久的全新腳踏車後，騎去中央公園，結果把腳踏車借給不認識的孩子，然後眼睜睜看著腳踏車一去不回」的小男孩。另一種人格，則是一個「不是因為相信神，而是因為對猶太法典《塔木德》裡的自相矛盾感到好奇而研讀」的年輕人。他母親是紐約市猶太教育協會的會長，而艾斯曼卻喜歡細探《塔木德》中自相矛盾之處。「除了他，誰會為了挑毛病而研讀《塔木德》？」他母親說。

後來，艾斯曼變得非常有錢，有錢到開始思考捐錢做公益，他找到一個名為「足跡」（Footsteps）的組織，該組織致力於協助哈西德派（Hasidic）的猶太教徒脫離宗教。你看，他連捐錢都要挑起爭端。

接下來登場的是……債信不良的人

無論怎麼看，艾斯曼都是個古怪的人。他踏入這一行的時候，華爾街也正好邁向一個古怪的時代。

十年前，不斷加溫的抵押債券市場，讓華爾街的手伸向一個前所未及的地方——一般的美國家庭。原本，債市的主要對象是比較有償付能力的半數美國人，現在，隨著抵押債券市場擴及那些債信較差的人，這另外半數償債力較差的貸款，為債券市場注入了新的動力。

和一般公司債及政府公債不一樣，抵押債券不是有固定期限的單筆巨額貸款，而是從數千筆的個人房貸中，獲得現金流量的債權。問題是，這些現金流量是不穩定的，因為房貸借款人通常可以決定是否提前清償。這也正是債券投資人一開始不願投資房貸市場的最大原因——因為通常在利率下滑時，房貸戶會提前還款，改貸利率較低的貸款，但投資抵押債券的人卻只能把手上還款的大把現金，投入利率較低的標的上。換言之，房貸抵押債券的投資者無法掌握貸款時間有多長，只知道房貸戶會還款的時機，通常對抵押債券投資者最不利。

為了降低這種不確定性，在所羅門兄弟創造抵押債券市場的人，想出一個巧妙的解決方法。他們把房貸集合起來，把房貸戶的還款分割成幾個區塊，取名為「層級」（tranche）。第一層的投資人就像在洪水中擁有一樓的屋主，當出現第一波貸款提前清償時，會先衝擊到他；但是相對的，他獲得的報酬率也比較高。第二層的投資人就像二樓買主，會受到第二波貸款提前清償的衝擊，獲得第二高的報酬率，以此類推。最高層的買家收到的利率最低，但也最能確保房貸戶還款的時機對他自己最有利。

在一九八〇年代，抵押債券投資人最擔心的是借款人「太快還錢」，而不是借款人「無力還款」。在信評上，這些抵押債券的標的貸款都符合聯邦住宅抵押貸款公司（Freddie Mac，俗稱房地美）、聯邦國民抵押貸款協會（Fannie Mae，俗稱房利美）、政府全國抵押協會（Ginnie Mae，俗稱吉利美）等政府機構所訂定的標準。也就是說，這些貸款實際上等於獲得政府擔保，就算借款人違約、無法還款，政府也會幫他們還清。

賺快錢的行業，最容易引來心術不正的人

艾斯曼正巧遇上這迅速成長的新產業。當時，抵押債券業者正把矛頭瞄準一群新獵物：債信不良、無法獲得政府擔保的屋主。業者提供貸款給這些債信不良的屋主，不是要讓他們買新房子，而是讓他們可以用目前名下的房產借更多的錢。這種被稱為「次貸債券」的商品，同樣被分成不同層級，但不一樣的是：第一層的投資人面對的不是「提前還款」的變數，而是會承受實際的損失，直到資金完全虧光為止，再換第二層的投資人承受虧損，以此類推。

一九九〇年代初期，只有兩位華爾街分析師專門研究這個市場，深入了解核准信用額度給信用較差的顧客會有什麼影響。艾斯曼是其一，另一位是賽·雅各布（Sy Jacobs）。雅各布和我上過相同的所羅門兄弟培訓課程，目前在一家名為亞歷布朗（Alex Brown）的小型投資銀行工作。他回憶當時受訓的情景時說：「我上完所羅門的培訓課程，有機會見識到利維·拉涅利（Lewie Ranieri）發明的這個證券化新模型。」（拉涅利幾乎稱得上是抵押債券市場的創造者。）

把房貸變「債券」的這個方法，讓世人大開眼界。過去，一個人的負債是另一個人的資產，但

這種把房貸變債券的手法，意味著將有越來越多的債務可以變成一種金融商品，販售給任何人。

果然沒多久，所羅門兄弟的交易室就創造出好幾個小型債券市場，都是由各種奇怪的東西建構而成，例如「信用卡應收帳款」、「飛機租賃」、「汽車貸款」、「健身俱樂部會費」等等。想推出一種新金融商品？只要找到一種新資產來抵押就行。

在美國尚未被開發的資產市場中，最明顯的就是住宅。身負第一筆房貸的人，大半資產仍套在房子上；那麼，何不把這些未開發的資產變成「債券」呢？雅各布表示：「一般認為，拿房子做二次貸款很丟臉，但是次級抵押貸款則主張：我們不該這麼想。當你的信用評等不太好，你必須付較高的利息（而且通常高出太多），但如果我們可以大量發行這些債券，就能壓低借款者的成本。他們也可以用利率較低的房貸，來取代利率較高的信用卡債務。」

一般認為，當高高在上的金融業與更多的美國中低階層擴大接觸面，對中低階層的人來說是個好消息。因為資本市場的效率，可以降低中低階層的利率負擔。一九九〇年代初期，第一批次級抵押房貸業者（例如金貸、綠樹〔Greentree〕、艾美斯）紛紛上市發行股票，以加速成長。到了一九九〇年代中期，每年市場上都會新增數十家小型的消費型貸款公司。由於貸款業者是以抵押債券的形式把許多貸款（雖然不是全部）銷售給其他投資人，所以這個產業也充滿了道德風險。

「這是個賺快錢的行業，」雅各布表示：「任何可以靠銷售產品獲利、又不必擔心績效的事業，都會吸引心術不正的人加入。艾斯曼和我都認為，次貸商品是個很棒的想法，但我們也碰到一些很卑劣的人。我們的任務，就是找出適合落實這個好點子的對象。」

當時次貸市場的規模（每年貸款金額約數百億美元），相對於美國的信用卡市場仍顯得微不足道，但還是有它存在的理由，連艾斯曼都覺得很合理。「我想，它的誕生一方面是因為貧富差距的日益擴大，」他表示：「美國的所得分配太扭曲了，而且扭曲的程度越來越大，結果導致次貸客戶越來越多。」當然，艾斯曼的任務，就是看見次貸市場的潛力，奧本海默之所以能迅速成為分析這個新產業的佼佼者，艾斯曼是一大功臣。「我曾協助很多家次貸公司上市，」艾斯曼說：「他們老喜歡說：『我們是在幫消費者擺脫高昂的信用卡利率，換成較低的利率。』我自己也相信這種話。」

但後來，情勢出現了轉折。

看不懂交易員在玩什麼，要如何查帳？

與含著金湯匙出生的艾斯曼不同，文森．丹尼爾（Vincent Daniel）是在皇后區長大的。但如果你和這兩人見面，你會以為文森來自公園大道的豪宅，而艾斯曼出身自八十二街的兩層樓小公寓。

艾斯曼狂妄大膽，不拘小節，鎖定大目標。丹尼爾小心謹慎，注意細節。他年輕，身材好，黑髮濃密，面貌英俊，但總是一臉憂心忡忡，嘴角隨時準備下垂、眉毛隨時準備揚起似的。其實沒什麼事情值得他擔心，但他還是一直煩惱自己可能突然失去什麼重要的東西。他小時候父親遇害身亡

（儘管沒人談過那件事），母親在商品交易公司當記帳員，獨力扶養丹尼爾和弟弟長大。或許是因為皇后區的成長環境，也或許是因為父親遇害，又或者丹尼爾先天就是這樣的個性，總之，他對人總是充滿戒心。艾斯曼提到丹尼爾時，就像冠軍得主以敬畏神情談及另一位更優秀的冠軍一樣：「丹尼爾這個人深不可測。」

艾斯曼來自中上階級家庭，當他申請賓州大學而非耶魯時，大家還有點意外。丹尼爾來自中下階級家庭，他能上大學，母親就已經很滿意了。一九九四年，當他從紐約州立大學賓漢頓分校畢業，獲得曼哈頓的安達信會計師事務所（Arthur Andersen，就是數年後在安隆醜聞案中倒閉的事務所）錄取時，他母親更為他感到驕傲。「在皇后區長大，很快你就知道哪裡能賺到大錢。」丹尼爾說：「就是在曼哈頓。」

他在曼哈頓當會計助理時，第一個任務就是到所羅門兄弟查帳。投資銀行帳冊錯綜複雜的程度令他大為震驚，一般會計師根本無法理解交易員的日常工作。「我搞不懂。」丹尼爾說：「可怕的是，我的上司也不懂，我提出一些基本的問題，例如他們為什麼持有這些抵押債券？是在押注，還是有別的原因？我覺得我必須搞清楚，沒搞懂來龍去脈很難查帳。」

他後來很確定，那些負責為華爾街投資銀行查帳的會計師，其實無法確定銀行究竟是賺是賠。這些銀行就像巨大的黑盒子，裡面隱藏的齒輪不斷在運轉。丹尼爾查了幾個月的帳後，老闆開始對他的問題感到不耐煩。「他解釋不出來，只好說：『丹尼爾，這不關你的事，我要你做什麼，你就做什麼，少囉唆。』於是我告訴他：『我不幹了。』」

丹尼爾開始找另一份工作。正好他的一位同學在奧本海默上班，薪水不錯，這位同學幫他把履歷送到人事處，輾轉到了艾斯曼手中。當時艾斯曼剛好在找人幫忙分析次貸創始機構（subprime mortgage originator）所用的會計原則，因為那些會計數字越來越深奧難懂了。

「我對數字沒輒。」艾斯曼說：「我是用故事思考的人，數字方面需要有人協助。」丹尼爾聽說艾斯曼可能很嚴厲，但當他們見面時，丹尼爾意外發現艾斯曼似乎只在意他們合不合得來。丹尼爾說：「他似乎只是想找個乖巧的人。」見過兩次面後，艾斯曼突然打電話給他，丹尼爾以為自己被錄取了，但是講不到幾句話，艾斯曼臨時得接一通緊急電話，請丹尼爾在電話上稍候。就這樣，丹尼爾等了十五分鐘，艾斯曼再也沒回來通話。

兩個月後，艾斯曼再度致電丹尼爾，問他何時可以開始上班。

艾斯曼說自己不太記得為什麼會讓丹尼爾在電話另一頭空等，就像他不記得為什麼他在和知名執行長的餐會中途去了洗手間後，就再也沒回去一樣。但是，丹尼爾沒多久就知道原因：艾斯曼接聽的那通緊急電話，告知他剛出生的兒子麥克斯過世了。那天，夜間值班的護士把感冒中的維勒莉（艾斯曼妻子）搖醒，說她（也就是這位護士）在睡覺時壓到嬰兒，導致嬰兒窒息。十年過去，身邊的親友都說這件事徹底改變了艾斯曼。維勒莉說：「艾斯曼一直覺得有天使守護著他，所以從來沒遇過什麼噩耗。他覺得自己受到了保護，是安全的。但麥克斯夭折後，守護他的天使就離開了。

他覺得任何人隨時都可能發生任何事。」此後，維勒莉注意到先生出現許多大大小小的變化，艾斯曼也不否認這一點，他說：「從宇宙史的角度來看，麥克斯的死沒什麼大不了，但對我來說，卻無比重要。」

總之，丹尼爾從來沒和艾斯曼談過當年究竟發生了什麼事，只知道後來和自己共事的艾斯曼，顯然和幾個月前見面的艾斯曼不太一樣。以華爾街分析師的標準來說，當年面試丹尼爾的艾斯曼是個正派的人，但也不致完全不留情面。奧本海默是最早投入次貸業的銀行之一，若不是艾斯曼也認同次貸業有助於美國總體經濟，願意說些次貸業的好話，奧本海默根本做不到貸款的生意。沒錯，艾斯曼的確經常修理那些次貸創始機構，但也因此讓他的建議更具可信度。

然而現在，艾斯曼對次貸業的看法開始轉趨負面。在奧本海默眼中，這不是好事情。丹尼爾說：「艾斯曼似乎發現事有蹊蹺，要我幫忙找出問題所在。」艾斯曼想寫一篇報告批評這個產業，但他需要比平常更加謹慎。

丹尼爾說：「當你屬於賣方（sell side）時，給一家公司正面評價、然後判斷失準，沒關係；但如果你給了負面評價，結果又看走眼，你就完了。」幾個月前，穆迪信評公司（Moody's）才發表了足以引爆爭議的導火線。

穆迪當時手中擁有並對外銷售各種有關次級抵押貸款的新數據，雖然你無法在資料庫中檢視個別貸款情況，但可以查看某檔抵押債券背後的貸款組合，例如有多少貸款採用浮動利率、多少抵押的房子是屋主自住等等。其中最重要的是：有多少違約戶逾期未還貸款。「資料庫在這裡，」艾斯曼對丹尼爾說：「你搞清楚這些數據後再來找我。」丹尼爾心想，艾斯曼應該已經知道這些數據裡藏著什麼訊息了。

「非自願提前還款」？就是「違約」啦！

丹尼爾只能靠自己。「我當時二十六歲，」丹尼爾說：「不太懂什麼是房貸抵押擔保債券。」其實艾斯曼自己也不懂，他是搞股票市場的，而且奧本海默連個債券部門都沒有。

丹尼爾靠自己弄懂一切後，針對艾斯曼嗅到的異狀，提出了他的看法：這些銀行只揭露日益成長的收益，其他的幾乎一概不提。而他們所避談的項目之一，就是房貸違約比率。當艾斯曼向銀行提出疑問時，銀行業者聲稱違約比率高低完全不重要，因為貸款已經賣出、包裝成抵押債券，意思是說：風險不再是銀行的了。

但這並非事實，因為這些銀行都留下少部分自己貸出的貸款，而且把這些貸款的預期未來價值認列成「獲利」。依照會計準則，銀行可以假設這些貸款到期都會還清，而且不會提早清償。這個假設，也成了他們毀滅的關鍵。

丹尼爾發現的第一個不尋常訊號，是個名為「組合屋」（manufactured housing，亦即移動式房屋〔mobile home〕的委婉說法）的類別提前清償率很高。組合屋和固定式房屋最主要的差別，在於：組合屋就像汽車一樣，一出廠價值就下跌了。而且組合屋買家和普通購屋者不同，不能指望在兩年內重新貸款，抵押變現。

丹尼爾好奇的是：為什麼他們會那麼快提前還款？「我覺得不合理，後來才明白，提前還款不是屋主自願的。」

「非自願提前還款」的確比「違約」好聽多了。當組合屋買家無法償還貸款時，組合屋會被沒收，而借錢給他們的銀行只能取回部分貸款。「最後我發現，所有次貸類別不是提前還款，就是以驚人的速度變成呆帳。」丹尼爾表示：「我看到這些貸款組合裡出現極高的違約率。」這些放款的利率不高，銀行沒道理冒著高違約風險貸款給這群人。金融業者似乎為了幫助窮人買房子，把一般的放款原則拋諸腦後。

丹尼爾的腦中閃過一個想法：當薪水成長停滯時，這些業者如何讓窮人覺得富有？答案是：讓他們更容易貸款。丹尼爾花了整整六個月，仔細檢查每一筆次級抵押貸款組合，然後向艾斯曼報告。

當時，所有次貸公司成長非常迅速，全都使用如此詭異的會計手法，掩蓋毫無實質意義的虛幻盈餘，具備了龐氏騙局（Ponzi scheme）的基本特質。為了維持賺錢的假象，他們需要越來越多的資本，以創造越來越多的次級貸款。「我其實不完全確定自己的判斷是否正確。」丹尼爾說：「但我告訴艾斯曼：『這真的看起來不太妙。』他只需要知道這些就夠了，我想他只是需要證據，以便大砍那些股票的評等。」

在報告裡，艾斯曼把次貸業者批評得一文不值，並一一拆穿十幾家公司的騙術，指出「他們塑造的世界和實際數字的差別」。

「艾斯曼掀起了軒然大波，」丹尼爾說：「次貸業者群起反彈，在電話中對艾斯曼大喊大叫：你錯了，你的資料錯了！艾斯曼也衝著他們吼道：『這他媽的不是你們提供的資料嗎？』」

會惹火那麼多人，原因之一是艾斯曼沒給這些公司適度的預警，違反了華爾街的行規。「艾斯曼知道，這肯定會引來一場大風暴。」丹尼爾說：「他其實就是想掀起軒然大波，不希望有人勸阻他。如果他事先提出警告，這些人一定會想辦法向他施壓。」

「我們之前一直無法評估貸款，因為我們向來都拿不到資料。」艾斯曼後來表示，「我的名字和這個產業緊密結合，完全是靠分析這些股票起家的，萬一我錯了，我的職業生涯也就此結束了。」

廣告上的利率，是誘拐你上鉤的餌

艾斯曼於一九九七年九月發表那篇報告時，正值美國史上經濟最蓬勃發展的時期。但不到一年，俄羅斯就發生違約風暴，一家名叫「長期資本管理」的避險基金破產，接著全球資金流向較安全的資產，這些早期的次貸業者得不到資金，一家接著一家破產。外界在解讀這起事件時，歸咎於會計認列失當。但丹尼爾認為，也許除了他以外，沒人知道這些貸款品質有多糟。他表示：「看見市場如此缺乏效率，讓我很滿意。否則如果市場很有效率，我就沒搞頭了。我負責研究那些在經濟大成長中，注定即將倒閉的公司。我目睹了一場危機從萌芽到引爆的整個過程，太嚇人了。」

換言之，艾斯曼其實不光只是憤世嫉俗而已，他腦中的金融界全貌，和金融界自己所描繪的美好景象截然不同，而真相，並不像表面上看起來那麼光鮮。幾年後，他離開奧本海默，轉往大型避險基金公司奇爾頓投資（Chilton Investment）工作，因為他對建議別人投資什麼已經失去了興趣；相反的，他覺得自己下場操盤、根據自己的判斷投資，有意思多了。

反倒是奇爾頓投資公司在聘請他之後，改變了心意。一位奇爾頓的同事說：「大家對艾斯曼的看法是：這人很聰明，但他會選股嗎？」於是，公司將他調職，重回分析師的身分。艾斯曼痛恨這樣的安排，不過他沒有拒絕。

這個職務安排，讓艾斯曼有機會目睹消費信貸市場的真正內幕，也讓他對於即將發生的危機有所準備。

二〇〇二年的美國已經沒有上市的次貸公司，倒是市場上有一家老字號的消費信貸巨擘——家戶融資公司（Household Finance Corporation）。這家公司成立於一八七〇年代，向來是消費信貸業的領導品牌。原本艾斯曼覺得自己很清楚這家公司，後來才發現他根本不了解。

二〇〇二年年初，他拿到一份家戶公司新推出的房產淨值貸款銷售文宣[1]。當同業數年來陸續破產之際，執行長比爾・艾爾丁格（Bill Aldinger）仍讓家戶持續壯大。當時剛經歷了網路投機泡沫的美國人，照理說沒有能力再舉新債，但家戶公司的放款速度卻比過去還快，原因正是次級房貸。那份銷售文宣上，販售的是十五年期的固定利率貸款，但在文件上卻詭異地偽裝成三十年期的貸款。它把屋主在十五年間該付給家戶公司的還款，假設性地分攤到三十年期間，然後寫道：「如果實際上分十五年支付的款項，變成在三十年間償還，你的『有效利率』是多少？」這是奇怪又不老實的廣告詞。他們說「有效利率是七%」，但其實利率大約是一二・五%。艾斯曼表示：「這擺明就是詐欺，他們在欺騙客戶。」

沒多久，借款人就發現自己被騙了，紛紛提出申訴。艾斯曼翻遍全國各地的小報，並在華盛頓州的貝靈漢鎮（Bellingham，位於美加邊界附近）找到《貝靈漢新聞》（*Bellingham News*）的記者約翰・史塔克（John Stark）。

接到艾斯曼的電話以前，史塔克寫了一篇報導，提到當地四位居民覺得自己被家戶公司騙了。他們找到一位願意對該公司提告的律師，要求撤銷抵押貸款合約。「一開始我半信半疑。」史塔克

---

1 譯註：房產淨值（home equity）是房子的評估價值或公平市價與房貸（Primary Mortgage）之間的差額。如果房子有淨值，就可用這個淨值做抵押，向銀行貸款，這種貸款稱為房產淨值貸款，又叫第二順位貸款（有別於First Mortgage／Primary Mortgage）。

說：「我心想，這些人自己亂借錢，現在卻雇用律師來討公道，我不是很同情。」

沒想到消息見報後，引起高度關注。因為貝靈漢鎮上與鄰近地區有高達數百人看了報紙後，才發現自己的七％抵押貸款其實是一二．五％。史塔克說：「這些人突然發現自己被騙，都很生氣，沒想到這種事情會發生在自己身上。」

艾斯曼把其他事情擱一邊，專心對抗家戶公司。他打電話給雜誌社，並與美國社區再造組織（ACORN）合作（想必這是第一次有華爾街避險基金的人與捍衛窮人利益的組織攜手），要求華盛頓州檢察長展開調查。但沒想到檢察長調查家戶公司後，該州法官竟然不准檢察長公開調查結果，這令艾斯曼難以置信。

後來艾斯曼拿到調查結果的副本，內容證實了他所猜想的最糟情況。

「我問檢察長：『你為什麼不抓人？』他說：『他們是很大的公司，萬一倒了，誰為華盛頓州提供次貸？』我說：『相信我，會有一卡車的人來這裡提供貸款。』」

照理說，聯邦政府不應坐視不管。但家戶公司在全美各地推銷這些詐欺式貸款，聯邦政府都沒有採取行動。二〇〇二年年底，家戶公司還庭外和解了一樁集體訴訟案，同意支付四．八四億美元給十二個州。隔年，家戶公司以一百五十五億美元的價格，把自己和龐大的次貸組合賣給了英國匯豐集團。

艾斯曼對此大為震驚，他說：「我完全沒料到會發生這種事，這不是什麼小公司，而是全國最大的次貸業者。它的業務擺明是詐欺，政府應該將他們的執行長繩之以法，結果沒有，反而讓他們把公司賣了，執行長還上億美元落袋。我心想，什麼鬼！竟然沒得到報應！」他對融資業的失望，後來也影響了他的政治理念。

「這時我才開始明白，這種金融商品對社會的影響。」他說：「法律應該要保護中下階層的人民，因為他們被剝削的機率太高了，但我們現在的法律給他們的保護卻是最少的。」

怎樣從窮人身上榨出更多油水？

每週三中午，艾斯曼都會從公司前往中城漫畫館（Midtown Comics），買剛上架的漫畫。他對各種超級英雄的故事瞭若指掌，例如他可以把綠光戰警的誓言倒背如流，比蝙蝠俠本人更了解蝙蝠俠的內心世界。在兒子夭折之前，艾斯曼把小時候讀過的英雄漫畫成人版都讀遍了，其中他的最愛是《蜘蛛人》。現在他只看最黑暗的成人漫畫，喜歡改編自知名童話、但不更動事實的故事。例如他想看到白雪公主和七個小矮人之間，多一點緊張的相處關係。

如今，金融市場的童話故事就在他眼前重新改寫。「我開始深入觀察次級抵押債券。」他說：「就某方面來說，次級車貸是誠實的，因為是固定利率。他們收費或許太高，會讓你心如刀割，但至少你知道自己被剝削了。但次級房貸是不誠實的，基本上是在誘騙客人——你只要向我們貸款，就可以還清其他所有的貸款，例如卡債、車貸等等，而且你看，利率多低！問題是，他們口中的低利率並不是真實的利率，而是誘你上鉤的利率。」

艾斯曼參加一家大型華爾街銀行舉辦的午餐會，主講人是儲貸業巨擘金西金融公司（Golden West Financial Corporation）的執行長赫伯．桑德勒（Herb Sandler）。「有人問他，怎麼看『免費支票存款帳戶』這項服務，」艾斯曼回憶：「他說：『請關掉你們的錄音機。』等大家都關掉錄音機以後，他說金西不提供這種免費帳戶，因為這種帳戶會誘使客戶透支並繳交更多罰款。推出這類免費帳戶的銀行，其實是看準了可以從窮人身上剝削到比一般支存帳戶更多的錢。」

艾斯曼問：「是否有監管機構會調查這項業務？」

「沒有。」桑德勒說。

「我終於確定，整個體系都是在壓榨窮人。」

年輕時的艾斯曼，曾是忠貞的共和黨員，他加入右派組織，兩次都投票給雷根，同時還是勞伯．博克（Robert Bork）的死忠支持者[2]。怪的是，在進入華爾街後，艾斯曼的政治立場漸漸左傾。冷戰結束，是他政治立場開始偏移的起點。「我變得沒那麼右派，是因為右派沒什麼好支持的了。」眼看著家戶公司的執行長艾爾丁格靠著出售公司賺進上億美元，艾斯曼卻逐漸成了金融市場上的社會主義者。他說：「當你是個保守的共和黨員時，你從來不會想到有人是靠著剝削別人致富。」

但他現在接受了這個事實，他說：「我現在知道，有個產業叫消費信貸，基本上就是靠著剝削別人而存在。」

你的房子沒淨值，你只不過是背著債務租房子

既然奇爾頓不讓他操盤，他決定辭職，自己成立避險基金，取名為尖端夥伴事業（FrontPoint Partners）。沒多久，新事業納入摩根士丹利旗下。二〇〇四年年初，摩根士丹利同意讓艾斯曼成立一支專門投資金融機構的基金，例如華爾街的銀行、房產業者、抵押貸款創始機構、有大型金融服務部門的公司（例如奇異〔GE〕），以及任何與美國金融相關的機構。摩根士丹利降低收費，提供辦公室、設備、支援人員，唯一沒提供的是資金，艾斯曼必須自己募資。

於是，他飛往世界各地，見了數百位大金主。「反應不怎麼好，」他說：「每個人都跟我說，『很高興認識你，再看看吧。』」

二〇〇四年春，他處於停滯不前的狀態，沒募到資金，也不知道募不募得到。他當然不相信這世界是公平的，也不相信事情理所當然會有最好的結局，更不相信人生可以免於挫折。他會在清晨四點驚醒，嚇出一身冷汗。他也在接受治療。

2 譯註：極端保守主義者，人稱新保守主義教父，曾獲雷根提名最高法院大法官，但未獲通過。

不過，他是艾斯曼，所以接受的不是一般的治療，而是所謂的「工作團體」——幾位專業人士和受過專業訓練的心理治療師一起，在令人安心的環境裡分享各自的問題。艾斯曼經常遲到，他在團體裡述說困擾自己的事，卻在別人還沒分享自己的問題前，他就匆匆離開了。在參加過幾次治療後，治療師提起這件事，但他都不理會。於是治療師只好找上他的太太，請她勸勸艾斯曼，結果還是沒有用。「我一直都知道他什麼時候去參加團體治療，」維勒莉說：「因為治療師會打電話來說：『他又中途溜走了。』」

維勒莉想要擺脫這種壓力。她告訴艾斯曼，如果避險基金募資不成功，他們可以搬離紐約，到羅德島開民宿。維勒莉已經物色了幾個地方，也想多花點時間陪陪雙胞胎孩子，甚至養雞。艾斯曼自己和認識他的人都很難想像，艾斯曼養雞是什麼樣子，但他還是答應了太太的請求。

「但是退隱養雞的想法對他來說實在太難接受了，」他太太說：「於是他更加積極募資。」艾斯曼跑遍歐洲和美國，尋找願意提供資金讓他操盤的人，結果只找到一家保險公司，願意給他五千萬美元。這筆錢不足以設立一個持續性的股票型基金，但至少是個開始。

雖然艾斯曼無法吸引到足夠的資金，倒是吸引到不少和他一樣對世界悲觀的人才。剛與人合寫過一份名為〈當你的房子沒淨值，你只不過是背著債務租房子〉悲觀報告的丹尼爾，很快就加入艾斯曼的團隊。波特．科林斯（Porter Collins）也加入了，他是兩屆奧運划槳的國手，和艾斯曼曾在奇爾頓投資公司共事過，他一直不懂為什麼艾斯曼有那麼棒的點子，公司卻不多給他一點權限。丹尼・摩斯（Danny Moses）是第三位加入者，他後來成為艾斯曼的首席交易員。

摩斯曾在奧本海默擔任業務員，對於艾斯曼過去特立獨行的論點和行為印象深刻。例如，有一天交易日還沒結束，艾斯曼走到奧本海默的交易廳中央，大聲向大家宣布：「以下八支股票會下市。」然後列出這八家公司的名字，後來那八家公司真的都破產了。

摩斯在喬治亞州長大，父親是財務金融學教授，對於市場，他雖然不像丹尼爾、艾斯曼那麼悲觀，但基本上也認為市場上存在著許多弊端。華爾街曾有一家銀行向他推薦一筆很不錯的交易，他居然對業務員說：「很感謝你，但我想知道你打算在這筆交易上撈多少油水？」

「呵呵呵，幹嘛說這種話，我們怎麼會撈你油水呢。」交易員說。摩斯很有禮貌，但堅持對方必須講清楚。

「我們都知道，華爾街大銀行與規模較小的避險基金打交道時，沒有不撈油水這回事。我會同意這筆交易，但你必須先告訴我答案。」於是，業務員向他說明自己在這筆交易中賺多少錢，最後摩斯同意了那筆交易。

繼續放款，只要在帳上看不出來就好

這些人都非常喜歡和艾斯曼一起操盤，為艾斯曼工作，從來不會讓你覺得是在為他賣命，他會教你，但不會管你。艾斯曼也會坦率指出他們周遭隨處可見的荒謬現象。丹尼爾說：「帶艾斯曼去參加華爾街的會議都很有趣，他會一直說『解釋給我聽』，或是說『你可以進一步說清楚嗎？講白話文！』一旦你這麼做，就會有所發現。首先，你會知道對方是否真的懂自己在講什麼。通常你會發現，他們其實不懂！」

二〇〇五年年初，艾斯曼的小團隊發現：華爾街上有很多人根本不了解自己在做什麼。

次貸市場死灰復燃，彷彿從來沒消失過。如果說過去的次貸市場詭異，這次根本就是恐怖。在一九九〇年代中期，三百億美元的生意對次貸業來說已經是大豐收。二〇〇〇年，次貸市場規模高達一千三百億美元，其中五百五十億美元的貸款被重新包裝成抵押債券。二〇〇五年，次貸市場的規模是六千二百五十億美元，其中有五千零七十億美元變成抵押債券。換言之，一年之內就發行了超過五千億美元的次貸債券！就連利率上揚時，次貸市場依舊蓬勃發展，完全違背常理。更驚人的是：貸款條件也改了，現在違約的可能性變得更高。一九九六年，有六五%的次貸是固定利率，也就是說，次貸的貸款戶雖被剝削，但至少每個月要還多少錢是可以確定的。但是到了二〇〇五年，七五%的次貸都是某種形式的浮動利率，通常只有頭兩年採固定利率。

過去那批次貸業者因為帳上還掛著部分貸款而被抓到小辮子，理論上市場應該會記取這個簡單的教訓：不要放款給無力償還的人。結果沒有，業者學到的反而是：繼續放款，只要在帳上看不出來就好。放款，然後把它們轉賣給華爾街大型投資銀行的固定收益部門，他們會重新包裝成債券，賣給投資人。長灘儲蓄銀行（Long Beach Savings）是第一家採用所謂「創始與銷售」模式的銀行，結果太成功了（連你不肯買的貸款，華爾街都肯買！），後來還出現一家新公司，名叫B&C抵押貸款（B&C mortgage），專做創始與銷售。雷曼兄弟覺得這點子實在太棒了，於是收購了B&C。二〇〇五年年初，華爾街所有大型投資銀行都已經深入參與次貸業。貝爾斯登、美林、高盛、摩根士丹利都有次貸商品，他們稱之為「貨架」（shelves），個個都有HEAT、SAIL、GSAMP之類的怪名字，讓一般投資人很難看出，這些次貸債券其實都是由華爾街大銀行發行的。

艾斯曼和他的團隊非常了解美國房市和華爾街，他們知道大部分的次貸業者（那些實際製造貸款的人）正是造成一九九〇年代末市場崩盤的原班人馬。艾斯曼原本就認為，高盛會把中下階級美國人的貸款玩出問題，也做了最壞的打算。「你必須了解，」他說：「我最早接觸次貸，比任何人都還早經歷過最糟的情境，這些傢伙撒謊是毫無底限的。我從過去的經驗學到，華爾街根本不在意他們賣的是什麼鬼東西。」他不明白，到底什麼樣的人會買這樣的次貸債券？「我們從一開始就說：『總有一天，我們會因為做空這東西賺爆。這市場一定會崩盤，只是不知道何時、以什麼方式崩盤。』」

艾斯曼所謂的「這東西」，指的是那些銷售次貸的銀行股票。他要等這些貸款開始出問題時，才動手放空股票。因此，丹尼爾密切注意美國次貸借款人的行為。每個月二十五日，他的電腦都會收到匯款報告，他會檢視逾期還款的數量是否增加。丹尼爾說：「我們追蹤的資料顯示，信用品質還不錯，至少到二〇〇五年下半年為止是這樣。」

在經營自己事業的前十八個月中，艾斯曼有一天突然發現，自己忽略了一個明顯的事實：他一心只想挑出該做空的股票，卻沒發現股市和債市之間的關係越來越密切。隨著次貸市場的成長，每家銀行多少都會受到影響。「債券市場的規模讓股市顯得微不足道。」他說：「和債市比起來，整個股市就如同小巫見大巫。」幾乎所有華爾街的主要投資銀行，基本上都由債券部門主導，那些執行長以前大都是做債券的，例如雷曼兄弟的迪克．傅德（Dick Fuld）、摩根士丹利的麥晉桁（John Mack）、貝爾斯登的詹姆斯．凱恩（James Cayne）。一九八〇年代時，所羅門兄弟在債券市場的獲利驚人，讓它看起來彷彿和其他公司處於不同產業。從那時起，債市才是賺大錢的地方。「那是一條黃金定律，」艾斯曼說：「是手上握有資金的人所訂下的規則。」

債券市場如何能有長達二十年壓倒性的榮景，很多人完全搞不清楚。艾斯曼以前也不明白，但現在他知道了，他必須盡可能了解債券市場的一切，他有一套進軍債市的算計。

但他不知道的是：債市其實也在算計他，正準備製造一個坑，讓他跳進去。

第 2 章

在盲目國度中布局

麥可．貝瑞，尋找「未來暴利」的線索

給了錢才算數，否則都只是隨口說說。
——巴菲特

二〇〇四年年初，另一位股市投資人麥可．貝瑞（Michael Burry）第一次深入探索債券市場。

他盡其所能地學習美國借貸的一切運作，但他沒告訴任何人他到底在忙什麼，就只是坐在加州聖荷西（San Jose）的辦公室裡，埋頭研讀書籍、文章和財務報告。他特別想弄清楚的一件事，就是次級房貸債券的運作方式：這一大疊的貸款中，位於最頂層的最先收到錢，所以穆迪與標準普爾給它的信評最高，利率也最低。位於底層的最晚拿到錢、承受損失的風險最高，所以信評最低，但也因為承擔較多的風險，所以獲得的利率比頂層的高。買債券的人必須決定自己想投資哪一層。

不過，貝瑞不想投資，他只想放空次級房貸債券。

你是不是「手頭上有錢、卻沒搞懂箇中道理的傻蛋」？

每種房貸債券都有一大疊厚達一百多頁的枯燥公開說明書，讓人看了就傷腦筋。如果你讀那些說明書的附屬細則，會發現每檔債券都是獨立的小公司。貝瑞從二〇〇四年底到二〇〇五年初，快速掃讀了數百份說明書，細讀了數十份。儘管一年只要付一百美元就可以從 10KWizard.com 網站（現已關閉）取得這些說明書，但他覺得除了撰寫這些說明書的律師以外，應該只有他會這樣詳讀這些東西。他在電子郵件中提到：

> 拿新星金融（NovaStar）這樣的公司為例，這是一家創始與銷售次級房貸債券的公司，在當時是這類公司的典型。他們的債券名稱是 NHEL2004-1、NHEL2004-2、NHEL2004-3、NHEL2005-1 等等。舉例來說，NHEL2004-1 是包含二〇〇四年前幾個月及二〇〇三年最後幾個月的貸款，NHEL2004-2 包含年中的貸款，而 NHEL2004-3 則是包含二〇〇四年年末的貸款。你可以從這樣的公開說明書中，快速了解創始與銷售業的次貸市場脈動。你會發現「二／二八利率」[1]的指數型房貸在二〇〇四年年初只占全部抵押貸款的五．八五％，但到了二〇〇四年年底，已經增為一七．四八％，二〇〇五年夏末更是高達二五．三四％。然而，全部貸款的平均FICO（消費信用）評分、「無證明」[2]貸放成數（loan-to-value, LTV）[3]的比率等指標幾

乎都沒變。……我要說的重點是，儘管這些數據看起來不變，但是他們發行、包裝和銷售的這些房貸品質卻在惡化。

二〇〇四年年初，如果你看到這些數字，就可以清楚看出放款標準正在惡化。貝瑞認為，品質不只是下降，而是已經觸底。這個底部甚至還有一個名字——無本金負攤還[4]機動利率次級抵押借款（interest-only negative-amortizing adjustable-rate subprime mortgage）。身為購屋者的你，可以選擇完全不還款，把積欠銀行的利息加到本金裡，讓本金變得更高。什麼樣的人會喜歡這種貸款？想也知道：當然是沒收入的人。

貝瑞不解的是，怎麼會有放款人推銷這樣的貸款？「你應該注意的是放款人，而非借款人。」他說：「借款人永遠都想為自己找好的條件，但貸款限制是放款人設的，如果連放款人也不設限

---

1 譯註：三十年期的機動型房貸，前兩年利率極低，是固定利率，後二十八年利率開始跟著指數浮動，借款人通常沒考慮到之後的利率可能大漲。

2 譯註：購屋者不須提供有能力償還貸款的證明。

3 譯註：例如一棟房子的價值為一百萬美元，如果自備款二十萬美元、貸款金額為八十萬美元，則LTV就是八〇%。

4 譯註：負攤還允許借款人的每期還款少於利息，把未償還的部分加入本金裡，所以借款人在每月還款後，會欠銀行更多錢。

時，大家就該小心了。」二〇〇三年，他已經知道借款人失控了；到了二〇〇五年年初，他發現連放款人也失控了。

很多避險基金經理人會花時間和投資人應酬，把每季寫給投資人的信，當作形式上的例行公事。但貝瑞不喜歡和人面對面交談，他覺得寫信才是讓投資人知道投資狀況最重要的方式。他在信中自創了一種說法，來解釋當時市場的狀況：「借題發債」。也就是說，按照過去的方式，很多人根本不具備貸款資格，於是業者為了合理貸款給這些人，特別想出新的方法。貝瑞說：「這是放款人已經失控的明顯徵兆，他們為了增加放款金額，一再降低放款標準。」

他也很清楚，這些放款人為什麼這樣做：他們沒把貸款留在自己名下，而是轉賣給高盛、摩根士丹利、富國銀行（Wells Fargo）等金融機構，而後者再把這些貸款包裝成債券，銷售給其他投資者。他認為，次貸債券的最終買家，都是一些「手頭上有錢、卻沒搞懂箇中道理的傻蛋」（dumb money）。

你買房，我賺利息；你倒帳，誰買單？

貝瑞現在有個技術性的投資問題：次級抵押貸款的各層級都有一個共通點——沒辦法賣空債券。因為要賣空股票或債券，你必須先借券，但這些債券的分層很小，幾乎不可能借到。你可以選擇買或不買這些債券，但沒辦法借券，次貸市場基本上不給賣空，就算你確信整個次貸市場一定會完蛋，但你無能為力。你也不能「賣空」房子，你只可以賣空建商的股票，但這樣做的成本太高，不夠直接也很危險——因為股價可能拖很久才下跌。

數年前貝瑞就發現，「信用違約交換」（credit default swap）是一個容易令人混淆的名詞，主要是因為它其實不是「交換」，而是一種專為公司債設計的「保險」，一種保費每半年繳一次的定期合約。舉例來說，你可以為價值一億美元的奇異公司債，每年花二十萬美元買十年期的信用違約交換，這樣一來，如果奇異公司債在這十年內違約，你頂多只會損失兩百萬美元的保費（一年二十萬，共十年），最高可全部拿回一億美元。這是一種零和賭局，因為如果你拿回一億美元，代表著賣信用違約交換給你的人會損失一億美元。這也是不對稱的賭局，就像把錢押注在輪盤上的某個數字，如果賭輸，你頂多輸掉所下注的籌碼，但如果賭對，就可賺到賭注的三、四十倍，甚至五十倍。「信用違約交換幫我解決了問題。」貝瑞說：「買了信用違約交換，我所承擔的風險有限，但獲利卻可以是押注的好幾倍。」

二〇〇四年，貝瑞開始針對那些他覺得可能在房市低迷時遭受損失的公司買保險，這些公司包括抵押放款業者、抵押貸款保險公司等等。但貝瑞覺得這樣還不夠，房市崩盤可能導致這些公司虧損沒錯，但不保證他們會破產，他想尋找能和次貸市場直接對賭的工具。二〇〇五年三月十九日，貝瑞在辦公室裡，把門關上、放下百葉窗，研讀一本談信用衍生性金融商品的深奧教科書。結果，這讓他有了一個點子——買次貸債券的信用違約交換。

他是在讀到一本書談美國債市演變，以及一九九〇年代中期摩根大通設計第一批公司債的信用違約交換時，想到這個點子的。因為書中有一段文字，解釋了銀行為什麼會覺得自己需要「信用違約交換」這種東西。其實原因一時不容易說清楚，畢竟，如果銀行怕奇異違約，最好的方法就是一開始就不放款給奇異。剛開始，信用違約交換只是銀行怕得罪老客戶、擔心客戶被對手銀行搶走而被迫必須放款的情況下，所採用的避險措施，但很快的，這種新的衍生性金融商品成了一種投機工具，用來賭奇異違約的機率。

世界上不存在這種金融商品？那就自創一個！

於是貝瑞想到，華爾街一定也會對次貸債券做同樣的事。從當時房市狀況和次貸業者的做法來看，很多聰明人會想賭「邊注」（side bet），而唯一的做法，就是購買信用違約交換。

信用違約交換幫貝瑞的投資構想解決了最大的問題：時機。他覺得，二〇〇五年年初所發行的次貸債券，幾乎可以肯定會出問題，但由於他們最初的利率刻意壓低，要兩年後才會重新設定利率，換言之，若要出問題也是兩年後的事。次級抵押貸款幾乎都採浮動利率，前兩年大都是採用固定的「優惠利率」（teaser rate）。二〇〇五年年初推出的抵押貸款，兩年期的固定利率是六％，到了二〇〇七年突然躍升為一一%，掀起一股違約潮。這些貸款就像定時炸彈般，所發出的微弱滴答聲隨著時間推移，變得越來越大聲，到最後會有很多人像他一樣，發現那些貸款是炸彈。到了那時候，就不會有人想賣次貸債券的保險了。所以，他必須現在就下注，等候莊家覺醒，改變遊戲賠率。理論上，三十年期的次貸債券信用違約交換就是為了延續三十年而設計的賭注，但貝瑞覺得，應該只要三年就可以獲利了。

問題來了：市場上不存在「次貸債券信用違約交換」這種金融商品，至少貝瑞沒看到。他必須慫恿華爾街的大銀行，創造這玩意兒，但找哪一家好呢？如果他料得沒錯，房市真的垮了，這些處於市場核心的銀行一定會虧損慘重，到時候就算你買了信用違約交換，這家銀行也沒錢付給你，因此向這些銀行買保險也沒用。

貝瑞尤其不想找貝爾斯登和雷曼兄弟，因為這兩家所承受的次貸市場風險比其他銀行大。他覺得高盛、摩根士丹利、德意志銀行、美國銀行、瑞銀、美林、花旗，是最有可能在市場崩盤後倖存下來的業者，所以他打了電話給這幾家銀行，其中五家聽不懂他在講什麼，有兩家回覆：「這個市場雖然不存在，但總有一天會出現。」

結果不到三年，「次貸債券信用違約交換」成了價值上兆美元的市場，讓華爾街的大銀行虧損數千億美元。但回到二〇〇五年年初，貝瑞找上這些銀行時，只有德意志銀行和高盛有興趣和他繼續談。在貝瑞看來，華爾街沒人發現他看到了什麼。

獨眼的醫學院學生，不善社交，負債十四・五萬美元

在懂事之前，貝瑞就覺得自己和其他人不一樣。兩歲時，他罹患一種罕見的癌症，移除腫瘤的手術讓他的左眼因此失明。獨眼男孩看見的世界和其他人不太一樣，但沒過多久，貝瑞就看到了比字面意義更形象的差異。大人總是要求他正眼看人，尤其是在和人說話的時候。

「我正眼看人時會用掉所有注意力，」他說：「如果我看著你，就沒辦法聽你說話。」他的左眼無法對準他想要對話的人，當他在社交場合和人聊天時，對方會一直往左偏移。「我也不知道該怎麼阻止，」他說：「所以對方會一直往左移，直到站在我的左邊為止。我會試著不再轉頭，最後我變成面向右邊，用完好的右眼越過鼻梁往左看。」

貝瑞覺得，那隻義眼是導致他每次和人面對面互動時，幾乎都沒什麼好結果的原因。他也覺得自己很難讀懂別人的非語言信號，又太相信別人言語的表面意義。當他竭盡所能地想和他人溝通時，往往表現得最糟。「我的讚美通常會讓人聽起來怪怪的。」他說：「我很早就發現，每次稱讚別人的效果適得其反，例如我會說『你看起來不錯，以你這種體型來說』、『你身上的洋裝真好看，像家庭手工縫的』等等。」

他覺得，義眼讓他很難融入群體。因為這隻義眼會流出分泌物與眼淚，需要經常擦拭，而且其他孩子會嘲笑他「斜眼」。常常有孩子懇求他把義眼從眼窩裡拿出來，但當他照做時，眼睛就會感

染，變得很噁心，反而讓這些孩子更排斥他。

貝瑞從自己的義眼，找到了他之所以能擁有罕見特質的理由。例如，他特別在意「公平」。當他發現比起其他小牌球員，職籃大牌明星在比賽中比較不會被判走步違例時，他不只會對裁判叫囂，而且會拒看比賽。籃球賽中這種不公正現象，扼殺了他對籃球的興趣。雖然他好強、體格很好、相當勇健，也是運動好手，但他不喜歡團隊運動。多數團隊運動都是球類運動，邊緣視野有限的他很難把球打好。貝瑞曾試圖加入美式足球隊中比較不被重視的位置，但往往只要他稍微用力撞人，義眼就會彈出來。他也受不了有些教練會偏袒自己的孩子，漏判犯規的裁判也會讓他在看球時分心。他比較喜歡游泳，因為游泳幾乎不需要和人互動，沒有隊友，沒有模稜兩可之處，只管游就是了，不是贏就是輸。

一段時間後，連貝瑞自己都不覺得經常獨處有什麼好奇怪的。到了快三十歲時，他覺得自己是沒有朋友的人。貝瑞從聖荷西的聖特蕾莎高中（Santa Teresa High School）畢業後，去讀了加州大學洛杉磯分校（UCLA），後來又進入范德堡大學（Vanderbilt University）醫學院。這段期間，他完全沒有結識很久的朋友。他的友情是靠電子郵件培養的，真正認定的朋友只有兩位，雖然認識時間長達二十年，但總共只見過八次面。「我生性就不適合交朋友。」他說：「我活在自己的世界很快樂。」

不過，他結過兩次婚，第一任妻子是韓裔美國人，後來搬到另一個城市（「她常抱怨我比較喜歡關係的『概念』，而不是活在『實際』的關係裡。」）目前第二任太太是他在 Match.com 認識的越南裔美國人。貝瑞在 Match.com 的個人檔案中，坦承自己是「獨眼的醫學院學生，不善社交，背著十四．五萬美元學貸」。他對誠實的執著，就像他對公平的執著一樣。

執著——這也是貝瑞認為自己與眾不同的另一個特質。他的腦中沒有灰色地帶，若非滿腦子想著一個主題，就是完全沒有興趣。這樣的特質有個明顯的缺點，例如他很難假裝自己對別人關注的事物感興趣。但這也有好處：他從小就有驚人的專注力和學習力，不管有沒有老師，他都可以學習。只要是他感興趣的東西，學起來都輕而易舉。例如他在 UCLA 念大學時，可以雙修英文和經濟，還可以接受足夠的醫學院預科培訓，讓他後來申請到全美最好的醫學院就讀。他覺得自己之所以有過人的專注力，是因為他對人際互動不感興趣，以及缺乏人際互動……好吧，他會說，發生在自己身上的一切，基本上都是那隻義眼造成的。

這種能力和專注力，也讓貝瑞有別於其他醫學院學生。一九九八年，他在史丹佛醫院神經內科擔任住院醫師，他告訴上司，他在兩次值班之間（兩次值班各十四個小時），連續熬夜兩晚，把他的個人電腦拆開又重新組裝，只是想讓電腦跑快一點。他的上司一聽，便送他去精神科檢查，診斷結果是他有躁鬱症。貝瑞第一時間就確定自己被誤診了：如果你從沒有沮喪過，又何來躁鬱症？或者更確切的說，如果你只有在巡視病房及假裝對行醫感興趣時才覺得沮喪，研究醫學時卻不會，那怎麼會是躁鬱症呢？

當醫生，不是因為他喜歡醫學，而是因為他覺得醫學院不難念，但實際行醫則讓他感到無聊或厭煩。他提到第一次上大體解剖課的情況：「有個場景是大家把屍體的腿扛在肩上，走到水槽清洗排泄物，這讓我覺得反胃，之後就不想再碰大體解剖課了。」至於對病患的感覺，貝瑞則說：「我想幫助別人，但其實也不是那麼熱切。」

自封為股市專家的人所講的話，統統毫無邏輯可言

貝瑞對電腦很感興趣，但不是因為他喜歡電腦運算，而是因為電腦能幫他投入一生的最愛——股市的內部運作。

小學時，貝瑞的父親就帶他看過報紙背面的股價表，並告訴他股市是個很賊的地方，千萬別相信，更別說是投資。但是從那時起，貝瑞就對股市深深的著迷。年紀還小的他，甚至想為這個數字的世界找出一套邏輯。他開始把研究股市當成嗜好，很快他就發現那些圖表、波動以及許多自封為股市專家的人所講的話，統統毫無邏輯可言。後來網路狂潮出現，整個股市也變得更無邏輯可言了。

他表示：「九〇年代末期，我差點以價值型投資人自居，因為其他人的投資實在太瘋狂了。」所謂的「價值投資法」，是指班傑明．葛拉漢（Benjamin Graham）在經濟大蕭條期間因應金融市場的方法，這個方法要投資人去尋找那些冷門、被忽略、股價被低估的公司。例如巴菲特，用的就

是這套方法。但貝瑞越是研究巴菲特，就越覺得巴菲特難以模仿。事實上，他認為巴菲特給世人的啟示反倒是：想以驚人之姿成功，必須有驚人的獨特性。

「如果你想成為傑出的投資人，就必須找到適合自己的投資方式。」貝瑞說：「我在某個時點發現，儘管巴菲特有充分的優勢可以師法葛拉漢，但他並沒有這樣做，而是走出自己的路，根據自己的方式及原則投資……我也馬上學到，沒有任何學校可以教人成為傑出的投資者。如果真有哪個學校能做到，那將會是全世界最熱門的學校，而且學費高得嚇人。所以，天底下一定沒有這種事。」

所謂投資，是你必須自己學會的事，並以你獨有的方式去做。貝瑞沒什麼錢可以投資，但是他從小學到中學、大學、醫學院，一直都對投資念念不忘。他到史丹佛醫院工作以前，從未上過財務或會計課程，更別說是到華爾街上班了。他有四萬美元左右的存款，但也背了十四．五萬美元的就學貸款。他前四年都在醫院實習，但還是有時間靠自修成為金融專家。「時間是一種可變的連續體。」一九九九年一個週日早上，他在給朋友的電子郵件中寫道：

一個下午可能轉眼間飛逝，也可能有五個小時。就像你可能做的那樣，我充實地填補了那些多數人視為瑣碎的空檔。我想過得更充實，也許是這股衝勁讓我失去了第一次的婚姻，前幾天還害我差點失去未婚妻。在上大學之前，我聽過軍隊有這樣的說法：「我們在早上九點前完成的事，比多數人一整天做的事還多。」而我曾經認為，我做的事比軍隊還多。你也知道，有些人對某些活動的幹勁超越了其他一切。

他沒有躁鬱症，只不過是被孤立、疏離罷了，但是他並不覺得自己孤單或特別不快樂。他不認為自己是悲劇，他覺得獨特的個性讓他比別人更專注，這都是那隻義眼帶來的意外效果。「這就是為什麼我覺得別人會認為我異於常人。」他說：「但這也是為什麼我覺得自己和大家不一樣。」他雖然覺得自己不一樣，卻不覺得自己和華爾街碰撞出火花有什麼好奇怪的。

在醫院值班十六小時，凌晨三點寫部落格

一九九六年十一月的一個深夜，貝瑞在田納西州納什維爾的聖湯瑪士醫院（St. Thomas Hospital）心臟科輪班時，登入醫院電腦，連上 techstocks.com 的討論板。他在那裡開了一個名為「價值投資法」的討論串。在讀完所有關於投資的資訊後，他決定多了解「現實世界的投資」。當時網路股的狂潮籠罩了整個股市，矽谷投資人的網站自然不是頭腦清醒的價值型投資人會去的地方，不過還是有很多人去了，而且人人各有一套想法。雖然有人質疑醫生對投資哪能有什麼見地，但貝瑞還是逐漸主導了討論。後來「邁可．貝瑞醫生」（他在網路上使用的名字）發現討論串裡的其他人真的聽進他的建議，也因此賺到了錢。

當貝瑞覺得自己已經無法從討論串中學到新東西時，就不再去了，改為自己開部落格（當時還不叫部落格，只是一種奇怪的交流模式）。他在醫院一天值班十六個小時，只有半夜到凌晨三點有空寫部落格。他在部落格上貼出他的股市交易，以及他做那些交易的理由。一位任職於費城大型價值基金公司的基金經理人表示：「我第一個想到的是，他是什麼時候做這些事的？這個傢伙是實習醫生，我只有機會看到他非醫生的那一面，但他實在寫得很棒，他讓大家看見他的交易，讓人們可以即時追蹤。貝瑞在網路狂潮中做價值投資！他買價值型股票，那正是我們在做的，但我們都賠了，客戶也跑了，然而，他卻是怎麼買怎麼賺，好運不斷，獲利五〇％，實在太不可思議了。他真的很神，而且不只我們在關注他而已。」

有哪些人跟著他投資，貝瑞雖然不清楚，但他可以看到這些人來自什麼網域。一開始，他的讀者是從地聯（EarthLink）和美國線上（ＡＯＬ）連過來的，只是一些投資散戶。但過沒多久就不是如此了，其中有些人從富達（Fidelity）之類的共同基金，或摩根士丹利等華爾街大投資銀行網站連過來。有一天，他痛批先鋒（Vanguard）的指數基金，馬上就收到先鋒基金發來的律師信。貝瑞猜想，有些投資大戶可能也跟著他的部落格內容投資，但他不知道對方是誰。「主流市場找到了他，」費城共同基金的經理人說：「因為他找到了別人都沒發現的型態。」

一九九八年，貝瑞轉往史丹佛醫院擔任神經內科住院醫師時，他在每天半夜到凌晨三點間寫的東西，已經讓他在價值投資界變成小有分量的人物。這時網路股狂熱已經完全失控，連史丹佛大學的醫學界也為之瘋狂。「尤其是住院醫生和一些教職員工，他們都被網路狂潮迷得團團轉。」貝瑞說：「有不少人什麼股票都買，還會拿出來討論，我印象比較深刻的幾支股票是Polycom、Corel、Razorfish、Pets.com、TIBCO、微軟、戴爾、英特爾，不過我覺得那些網路股都太扯了……我閉口不談，因為我不希望醫院裡有人知道我閒暇時在做什麼。我覺得萬一那裡的醫生發現我並非百分之一百一投入醫院，那我麻煩就大了。」

會擔心自己看起來不夠投入的人，很可能真的沒有全心投入醫院的工作。貝瑞當醫生越久，越覺得自己難以和人相處。他曾經短暫逃避到病理科，至少在那裡面對的是死人，但還是沒用。（「死人、死人的器官；更多的死人，更多的死人器官。我覺得，我想接觸更需要動腦的東西。」）

如果我能把投資組合管理好，這輩子就有成就

貝瑞搬回聖荷西，先後經歷了父親過世、再婚、被誤診為躁鬱症。他關掉網站，宣布辭掉神經內科的工作，改行當基金經理人。史丹佛神經科的主任覺得貝瑞一定是瘋了，要他好好考慮一年。

但他已經想清楚了。

「我深信如果我能把投資組合管理好，這輩子就有成就。別人怎麼看我都無所謂，我早就很清楚自己是個好人。」

名下有四萬美元以及十四．五萬美元學貸，貝瑞思考著自己應該管理什麼樣的投資組合。貝瑞的父親因誤診而過世（醫生沒從X光片中發現癌症），家人因此收到一小筆和解金。他的父親生前不認同股市，但那筆和解金卻成為資助兒子投入股市的基金。靠著母親拿出的兩萬美元，以及三個哥哥各拿出的一萬美元，貝瑞成立了「傳人避險基金」（Scion Capital，源於他小時候喜歡的奇幻小說《夏那拉傳人》〔*The Scions of Shannara*〕）。他寫了一份野心勃勃的備忘錄，試圖吸引親屬以外的人加入投資：「投資人的最低淨值是一千五百萬美元。」這段話很有意思，因為不但他自己不符資格，基本上所有他認識的人也都不符合。

當貝瑞忙著尋找辦公地點、添購家具、開證券戶時，他接到兩通意外的電話。第一通來自紐約市大投資基金公司高譚資本（Gotham Capital）。高譚資本由價值投資大師喬伊．葛林布雷（Joel Greenblatt）創立。貝瑞讀過葛林布雷的著作《你也可以成為股市天才》（*You Can Be a Stock Market Genius*），他說：「我討厭這個書名，但喜歡這本書。」

葛林布雷的員工告訴貝瑞，靠著他的投資方法，他們已獲利好一段時間，希望這種良好績效能繼續保持下去，所以想要投資貝瑞。「葛林布雷親自打電話來說：『我一直在等你棄醫從商。』」高譚資本邀請貝瑞夫婦一起到紐約，安排他們住進洲際飯店大套房。那是貝瑞第一次飛到紐約，也是他第一次搭頭等艙。

在去見葛林布雷的路上，貝瑞無法和人面對面溝通的老毛病，讓他極度焦慮不安。不過高譚資本的人似乎都讀過他寫的東西，這點讓他稍微放了心。「如果你先讀過我寫的東西，再和我見面，會面過程會比較順利。」他說：「沒看過我寫的東西就和我見面，幾乎沒有一次順利的，即使在高中時也是，就算是老師也一樣。」

想投資就拿一百萬美元來，稅後！

貝瑞是那種靠實力——而不是靠外表——取勝的人。但這一點對貝瑞很不利，因為他完全不知道去跟大型基金經理人見面要怎麼穿才得體。

「在會面前一天，貝瑞打電話給我，」常和貝瑞通信的朋友（本身也是專業基金經理人）說：「他問我：『我該穿什麼？』他沒半條領帶，只有一件出席喪禮時穿的藍色輕便西裝外套。」這是貝瑞的另一個怪癖。他寫的東西看起來四平八穩，但穿著卻像去海灘一樣隨性。

在前往高譚資本的途中，貝瑞越想越緊張，趕緊衝進領帶屋（Tie Rack）店裡買了一條領帶，但就在貝瑞以這輩子最正式的打扮抵達這家紐約的大型資金管理公司後，發現對方全都穿著T恤和運動褲。

他們的對話大致如下：

「我們想投資你一百萬美元。」

「什麼?!」

「我們想以一百萬美元買下你避險基金的四分之一股權。」

「真的嗎？」

「沒錯，我們想挹注一百萬美元。」

「好，但得是稅後的一百萬美元！」

不知何故，貝瑞的腦子裡一直有個想法，有一天他要擁有一百萬美元的身家，而且是稅後價值。總之，當時他不經意的脫口說出「稅後」兩字，之後才完全明白對方的意思，而他們也真同意給他稅後的一百萬美元資金！當下，他從一個淨負債十．五萬美元的醫學院學生，搖身變成只剩一點點貸款餘額的百萬富翁（這是他在部落格上寫的）。貝瑞當時並不知道，這也是葛林布雷第一次這麼做。

「他實在太出色了，這種人才太難找了！」葛林布雷表示。

在那次奇遇後不久，貝瑞又接到白山（White Mountains）保險控股公司的電話。白山由巴菲特核心圈子裡的傑克．波恩（Jack Byrne）經營，他們已從高譚資本那裡聽到消息，於是對貝瑞說：「我們原先不知道，你願意出脫公司股權。」貝瑞解釋，那是因為幾天前有人願意挹注稅後一百萬美元的資金。

其實，白山已密切關注貝瑞好一段時間。「我們最好奇的是，他是神經科住院醫師，」當時任職於白山的奇普．歐柏丁（Kip Oberting）說：「他到底哪來的時間研究市場？」最後白山以六十萬美元買下貝瑞較小部分股權，並承諾另外委託他一千萬美元投資。「沒錯，」歐柏丁說：「他是我們唯一在網路上找到、主動打電話給他，並且給他資金的人。」

基金創立的第一年，貝瑞曾為身為基金管理人的「社交活動」短暫困擾了一陣子。「一般來說，都是在會面順利之後，才能籌到資金。」他說：「偏偏我又不喜歡和人互動，和我見過面的人，通常都會發現這一點。」

有一次，美國銀行主辦一場會議，將新的基金經理人介紹給投資大戶認識。貝瑞也參加了，但在演講時他提到，多數經理人衡量風險的方法蠢爆了，因為他們都用波動性——亦即過去幾年股票或債券的變動幅度——來衡量風險，但真正的風險根本不是波動性，而是愚蠢的投資決定。「一般來說，」他接著說：「那些富豪中的富豪都認為，多數經理人績效不怎麼樣，稱得上表現較好的，是那種雖然績效不怎麼樣、但能將波動性降至最低的。照這樣的邏輯來看，假設有個經理人某天以〇．五美元賣出一美元，隔天以〇．六賣出，第三天以〇．四賣出，他的表現就不如另一個連續三天都用〇．五賣出的經理人。但我認為，具備『以〇．四美元買進一美元的能力』代表著機會，而非風險，畢竟一美元的價值仍然是一美元。」貝瑞講完，大家都默不作聲，之後讓他獨自一人坐在一張大圓桌用餐，看著別桌的人愉快地閒聊。

「籌資」是一種人氣競賽，「聰明投資」正好相反

在和人面對面交談時，貝瑞始終無法分辨對方究竟是不爽他說的話，還是他這個人。他曾仔細研究巴菲特，巴菲特就是有辦法大受歡迎又有驚人的投資績效，但巴菲特年輕時也不善與人往來，後來靠卡內基課程學習如何改善人際互動。然而，貝瑞在不同的金錢文化下成長，網路取代了卡內基，今天他不需要和人見面，可以藉由網路闡述自己的想法，等著投資人找上他。「巴菲特的超人氣對我來說太難了，」貝瑞說：「我永遠無法給人那種和藹老爺爺的印象。」

這種透過網路的方式，正適合貝瑞，更重要的是，還真的有效。貝瑞創立傳人避險基金時，資金約一百萬美元出頭（包括家人的投資和他的稅後一百萬）。開始投資的第一年（二〇〇一年），標準普爾五百指數跌了一一．八八％，傳人避險基金則上漲五五％。隔年，標準普爾五百又跌了二二．一％，但傳人依舊上漲一六％。二〇〇三年，股市終於止跌回升，上漲了二八．六九％，但貝瑞的績效還是打敗大盤，他的基金上漲了五〇％。二〇〇四年年底，貝瑞管理的資金規模高達六億美元，並開始婉拒資金加入。「如果他操盤是為了讓基金規模最大化，他可以吸引到數十億資金。」一位紐約避險基金經理人說，他對貝瑞的績效表現越來越嘖嘖稱奇，「他刻意讓傳人基金的

規模不擴張，也更值得投資。」

或許貝瑞是想告訴投資人，他其實不在意他們是否喜歡或認識他。他在寫給投資人的信中提到：「籌資像一場人氣競賽，聰明投資卻正好相反。」

巴菲特有一位很冷靜的合作夥伴，名叫查理．蒙格（Charlie Munger），他顯然比巴菲特更不在意別人是否喜歡自己。一九九五年，蒙格到哈佛商學院演講，主題是「人性誤判的心理學」。蒙格說，如果你想預測別人的行為，只需要看看他們的動機。例如聯邦快遞（FedEx）想讓夜班人員準時完成任務，試過所有方法都沒效，後來他們不再「按工作時數」付薪資，而是改成「按任務完成件數」，情況就改善了。全錄開發出更好的新機器，結果銷量卻比舊機種還差，後來他們發現是因為業務員可從賣舊機種拿到較多的佣金，於是修改抽佣制度後，情況也獲得改善。「你可能會說：『這道理大家都懂。』」蒙格說：「我想，我這輩子一直都比同年齡的人更了解動機的威力，但我始終低估它的力量。」

蒙格這番話，很大程度地說明了貝瑞對於市場與市場組成分子的看法。「我讀了那篇演講稿後心想，我完全同意他的每一個字。」貝瑞說：「蒙格也有一隻義眼。」

對於動機的威力，貝瑞也有源自他在醫界見聞的看法，因為醫生、護士、病患往往也會受錯誤的動機所影響。例如，當割盲腸的健保給付金增加，醫生就會動更多的盲腸手術。眼科手術的演進也是一個很好的例子，一九九〇年代的眼科醫生主要靠白內障手術獲利，因為這種手術只要花半小時不到的時間，但每開一次刀，聯邦醫療保險就會給付一千七百美元。到了一九九〇年代末期，醫療保險把給付金額削減至四百五十美元左右，愛動手術的眼科醫生收入大減。後來全美各地的眼科醫生又發現另一種較不為人知、但有風險的手術，名為放射狀角膜切開術。剛好此時視力矯正手術大為風行，於是他們把這種研究仍不夠充分的手術，包裝成隱形眼鏡配戴者的救星。貝瑞說：「實際上，他們的動機是想維持每年高達一、兩百萬美元的收入，所以才會為這種手術找理由。很快的，眼科業就開發出一種不像放射狀角膜切開術那麼危險的手術，雷射近視手術就這樣誕生了。」

所以創業時，貝瑞提醒自己必須抱持正確的動機，他不認同一般避險基金經理人的做法。多數避險基金經理人收取總資產的二％當手續費，這表示他們光靠累積大量資金就有收入。傳人避險基金只向投資人收取實際的費用——通常不到資產的一％。為了幫自己賺錢，貝瑞必須先讓投資人的資金成長。「你想想傳人基金的源起，」一位傳人的早期投資人說：「這傢伙沒有錢，但他選擇了放棄其他避險基金視為理所當然的費用，這是前所未有的事。」

嫌棄型投資：從別人嫌棄的股票中，尋找獲利機會

傳人基金從一開始就非常成功，績效好到令人難以置信。二〇〇五年年中，大盤指數有段期間下跌六・八四％，貝瑞的基金卻上漲了二四二％，甚至還婉拒了投資人加入。對越來越多追隨者來

說，大盤的漲跌似乎一點都不重要，貝瑞總是可以找到精明投資的標的。他不使用財務槓桿，也避免放空股票。他不過就是買普通股，坐在房間裡看財報而已。他每年花約一百美元訂閱 10-K Wizard，傳入資金的決策機制就靠他一個人關在房裡、拉下百葉窗，研讀 10-K Wizard 上的公開資訊和資料。此外，貝瑞也會去找法院裁決、成交或政府法規變革等可能改變公司價值的資料。

貝瑞也常做一些他所謂的「嫌棄型投資」。二〇〇一年十月，他在給投資人的信中解釋：「『嫌棄型投資』是指那種乍看之下讓人嫌棄、不願買的股票。」

前衛公司（Avant! Corporation）就是一個很典型的「嫌棄型投資」。貝瑞是透過搜尋「接受」（accepted）這個詞，而發現這家公司的。對他而言，想在市場上立足，就必須用非正統的投資方法才行，而這通常意味著找出「市場還沒發現的不尋常訊號」。他說：「我不要找什麼已經爆發的詐騙醜聞，那太遲了。我要找的是搶先別人一步的機會，所以我去搜尋司法新聞，看看法院最近『接受』了什麼樣的見解、『接受』了什麼樣的抗辯、『接受』了什麼樣的和解等等。」

在搜尋過程中，他發現了一則法院「接受」一家名叫「前衛軟體公司」抗辯的新聞。該公司被競爭對手指控盜取軟體程式碼，而該程式碼正好是前衛公司的事業基礎。當時前衛的帳上有一億美元現金，每年還能創造出一億美元的自由現金流量，但公司市值卻僅僅二．五億美元！貝瑞開始深入研究，最後他比世上任何人都更了解這家公司。他認為，就算該公司管理高層入獄（最後高層的確入獄）、付了罰款（最後也的確交了罰款），公司的價值還是比市價高出許多。該公司的工程師大都是在美國持工作簽證的中國人，跑不了；東窗事發後，也不會有工程師大舉辭職的風險。

不過，想靠買前衛公司股票獲利，貝瑞可能必須先承擔短期虧損，因為通常當投資人看到當時的負面消息，會大量拋售股票。貝瑞於二〇〇一年六月，第一次以每股十二美元買進前衛股票，接著前衛公司的管理高層出現在《商業周刊》封面，標題寫著「犯罪，值得嗎？」，股價應聲下挫，貝瑞又加碼買進。後來前衛公司管理階層入監服刑，股價又跌，貝瑞再買，一路買到股價只剩每股二美元。於是，貝瑞成了前衛公司的最大股東，他開始對管理高層施壓，要求他們改革。他寫信給新的管理高層：「當前執行長的罪行不再影響營運管理，前衛有機會展現對股東的重視。」八月，他又寫了另一封電子郵件：「貴公司還是讓我覺得像是和一個爛人上床——不管我有多滿足，都不想讓別人知道。你們實在太詭異了，我擔心如果我把貴公司逼得太緊，搞不好會有中國黑幫來恐嚇我。」四個月後，前衛以每股二十二美元的價格被併購。「那是典型的貝瑞式交易。」一位貝瑞的投資人這麼說，「股價在翻十倍之前會先腰斬。」

股價只能跌到零，上漲潛力卻是無窮的

這不是多數投資人喜歡的投資方式，但貝瑞認為這就是價值投資的精髓。他的任務就是力抗主流。要是他受短期市場波動影響，就無法達成目標，所以貝瑞像多數避險基金一樣，規定投資人不

得突然贖回基金。如果你把資金交給傳人，就必須至少投資一年。貝瑞也把他的基金設計成吸引那些想在股市裡「做多」的人，也就是看好股市上漲而不是看空股市的人。「我生性不喜做空。」貝瑞說：「通常我不會去找我想做空的公司。基本上，我想找的是上檔獲利遠高於下檔風險的標的。」他也不喜歡承擔賣空股票的風險，因為理論上，賣空的風險是無限的。股價只能下跌到零，但上漲潛力卻是無窮的。

所謂的好投資，就是為風險付出適當的代價。但貝瑞越來越覺得，自己為風險付出過高的代價。不只是買股票如此，當時網路泡沫已經破了，但聖荷西的房價仍持續上漲。他深入研究建商的股票，接著研究承保房貸的公司，例如私人抵押貸款保險（PMI）[5]。二〇〇三年五月，貝瑞在寫給朋友的信中提到（對方是東岸一位知名的專業投資人），房貸業者的非理性行為（隨便放款）讓房市泡沫越來越大。「你只需要留意即使是近乎毫無限制的放款，也無法刺激房市上漲的時間點就行了。」他寫道：「我對房市相當悲觀，覺得美國房市最後很可能會跌五〇%……要是大家都覺得房價不會再漲，目前很大一部分的房屋需求都會消失，連帶的損害可能是大家現在所想的數十倍或數百倍。」

5 譯註：當買屋者無法付出二〇%的頭期款時，就必須購買私人抵押貸款保險。但此保險是用以保障銀行，萬一屋主無法償還貸款，保險公司必須幫忙理賠，拍賣房子或填補餘額。

二〇〇五年年初，當貝瑞決定和次貸市場對賭時，他遇到的第一個大問題是：華爾街投資銀行並不急著推出「次貸債券信用違約交換」這種商品，但貝瑞覺得他必須現在就押注，要趕在美國房市覺醒並恢復理智之前。他說：「我預期次貸的惡化，在兩年後才會達到臨界點。」那也就是優惠利率消失、每月應繳房貸大增的時候。他認為，市場最後一定會看到他現在就看到的情況，並開始調整。華爾街將會有人也發現次貸風險大增，並跟著大幅調高保險價格。「我擔心這一切會在我押注前就爆開。」他在電子郵件中寫道。

我不是和債券對賭，而是和一個系統對賭

寫電子郵件本來就是貝瑞的日常，卻也因此無心插柳地從「史上首位客戶」的角度，記錄了這個新市場的誕生。回頭看，華爾街從剛開始完全不知道貝瑞在講什麼，到後來調整策略、讓這全新的衍生性金融商品成為重點營運項目，轉變速度之快令人吃驚。當初次貸債券市場的出現過程也很相似，但不同的是，「次貸債券」市場經過好幾年才發展成熟，「次貸債券信用違約交換」市場的規模，卻是在短短幾個月內就衝上數百億美元。

如果貝瑞想為大量次貸債券買保險，首先他必須創造某種大家普遍認同的標準化合約。無論是誰賣他次貸債券的信用違約交換，將來就得賠他很多錢。他擔心券商到時可能會賴帳，而有了合

約，就很難賴掉了。此外，貝瑞也比較容易拿同樣的合約說服別家券商和他交易，方便他到處比價。有一家名為國際交換暨衍生性金融商品協會（International Swaps and Derivatives Association, ISDA）的組織，任務就是為新的衍生性金融商品訂定正式條款[6]。ISDA當時已經有一套針對「公司債」信用違約交換的規範，可以用來規範「次貸債券」信用違約交換。不過，公司債相對單純，例如當一家公司發生「違約」（無法支付利息）時，買了保險的人通常不會獲得百分之百的理賠（就像買了債券的人，也不會全部百分百賠光，因為公司的資產還是有一些價值的），法官通常會以公平與合理的方式裁定賠償金額。在這種情況下，假設債券持有人每一百美元可拿回三十美元（亦即損失七〇％），那麼買信用違約交換的人，就可拿回七十美元。

買次貸債券組合的保險則複雜多了，因為這些貸款不會全部同時違約，屋主們會在不同的時間點繳不出房貸而違約。於是，以德意志銀行和高盛為首的券商，想出了一個聰明的解決方法：現收現付信用違約交換（pay-as-you-go credit default swap）。次貸債券信用違約交換的買家（買保險的

---

6 ISDA是一九八六年由我在所羅門兄弟的老闆成立的，目的是為「利率交換」這種創新商品解決相關問題。本來看似簡單的交易（我付你固定利率，你付我浮動利率），結果卻需要奇怪的規則來管理。這些規範的背後，其實是因為利率交換的雙方都擔心另一方破產而無法履約。利率交換就像信用違約交換一樣，以新的方式讓華爾街銀行面對其他人的信用風險，也讓其他人面對華爾街銀行的信用風險。

人）不是在整個貸款組合違約時才一次收到付款，而是在個別屋主違約時，就可拿到部分償付。

ISDA合約在律師和華爾街大銀行的交易員之間，討價還價了好幾個月。貝瑞的律師史蒂夫·德拉斯金（Steve Druskin）出於某種原因被允許在電話上旁聽，甚至有時還會跳出來，提出華爾街客戶的觀點。過去，是華爾街的銀行會擔心客戶倒帳，而客戶通常相信這些銀行不會倒，但貝瑞相反，他對這些銀行沒信心。他說：「我不是在和債券對賭，而是和一個系統對賭。」他不希望向高盛買了水災險後，當洪水一來卻連高盛都沖倒。貝瑞希望，高盛和德意志銀行能隨著保險合約價值改變（就像洪水逼近，但尚未摧毀建築之前）提出足夠擔保品。

從爛蘋果中挑最爛的，然後等它們徹底爛掉！

二〇〇五年五月十九日，就在合約條款確立前的一個月，貝瑞做了他的第一筆交易。

他從德意志銀行買進六千萬美元的次貸債券信用違約交換——六檔不同債券各一千萬美元。這些債券稱為「指定擔保證券」（reference securities），你買的不是整個次貸債券市場的保險，而是某檔債券的保險，因此貝瑞得先找出哪些債券最值得他賭。貝瑞仔細讀了好幾十份債券公開說明書，迅速掃讀了其他幾百份。他很肯定（後來又更加肯定了）除了起草說明書的律師以外，自己是唯一讀過那些說明書的人。所以他很可能也是唯一一位對這些房貸，做了傳統銀行授信分析的投資人（銀行早該在放款前就做這樣的分析）。只不過，貝瑞和傳統銀行家的目的正好相反：他要找的不是最安全的貸款，而是倒帳風險最高的貸款，然後賭它們倒。

貝瑞分析這些房貸的貸放成數、是否有二胎、坐落地點、是否缺乏貸款證明文件、是否有借款人收入證明等指標，研判有哪些房貸可能會在二〇〇五年左右違約。接著，他去尋找以這些最糟房貸為標的所發行的債券。他很意外，德意志銀行對於他挑什麼債券對賭，並不怎麼在意。貝瑞發現，在這些銀行眼中，所有次貸債券都一樣。

保險價格不是由任何的獨立分析決定的，而是根據穆迪和標準普爾等信評機構給出的評等而定[7]。如果貝瑞想為最安全的AAA級債券買保險，他只需要支付二十個基點（亦即〇．二％，一個基點是〇．〇一％）；為風險較高的A級債券買保險，他可能要付五十個基點（亦即〇．五％）；為更危險的BBB級債券買保險，則必須付兩百個基點（亦即二％）才行。

---

7 這兩大信評機構採用稍微不同的分級術語來表達相同概念。例如，標準普爾的AAA是穆迪的Aaa，兩者都代表違約風險最低的債券。為簡化起見，本文採用標準普爾的用法。

二〇〇八年，當大家發現一堆次貸相關債券的評等其實毫無意義時，這些級別所表達的意義引起了激烈的爭論。長久以來，華爾街投資人把這些級別解釋成違約機率。例如，AAA級債券通常第一年違約機率小於萬分之一，AA級債券違約機率小於千分之一，BBB級債券的違約機率則小於五百分之一。二〇〇八年，信評公司表示他們從來沒教大家把他們的評級視為如此確切的衡量標準。信用評級只是信用評等公司對風險排序的最佳臆測而已。

他想找的，正是BBB級的債券，因為這種債券的標的抵押貸款只要出現七%的損失，其價值就會變成零。但貝瑞還是覺得這樣太保守了，他可以透過分析，來確定哪些債券一定會違約。只要快速掃讀公開說明書，任何人都可以看出任兩檔BBB級債券之間，都存在著許多重大差異——例如這些貸款組合中「還息不還本」（意味著無能力償還本金，風險較高）的占比。他一邊挑選風險最高的組合，一邊擔心著華爾街銀行會發現他的意圖，然後調整信用違約交換的價格。

但再一次，這些投資銀行讓貝瑞吃了一驚，也讓他大為驚喜，因為高盛用電子郵件寄給他一長串清單讓他挑選。「其實我很震驚，」他說：「他們一律依據三大信評公司中最低的評等來定價。」他可以直接從清單挑，不必擔心銀行發現他已經對這些債券的風險瞭若指掌。這就好像你去買水災險，結果發現低窪地區房子及山頂房子的保費，竟然完全一樣。

這道理完全說不通，但並沒有阻止華爾街銀行投入這塊新市場，部分原因是貝瑞一直催促他們。他緊追著美國銀行好幾個禮拜不放，直到他們同意出售給他五百萬美元的信用違約交換。美國銀行寄出電子郵件確認交易後，隔了二十分鐘，又收到貝瑞的來信：「我們可以再做一筆嗎？」於是，貝瑞在幾週內就分別從六家銀行買了價值數億美元的信用違約交換，每筆交易都是五百萬美元。至於承保的是什麼樣的債券，這些賣方似乎都不太在意。貝瑞還發現，有一個房貸組合中，竟然百分百全是前面提到的「無本金負攤還機動利率房貸」（借款人可以選擇完全不付息，持續累積越來越多的債務，直到倒帳為止）所組成。高盛不僅賣那檔保險給他，還寫了一封信恭喜他成為第一個為該債券買保險的人。貝瑞在電子郵件中得意的寫道：「我在教育這些專家。」

我常裝傻，讓他們覺得我不知道自己在幹嘛

貝瑞沒浪費太多時間擔心這些理當精明的投資銀行家，為什麼願意以如此低廉的價格賣他保險，他比較擔心的是萬一被別人發現，機會就消失了。他表示：「我常裝傻，讓他們覺得我不知道自己在幹嘛。當他們告訴我其實很簡單的東西時，我都會說：『你是怎麼辦到的？』『喔，我可以去哪裡找這些資訊？』或『真的嗎？』」這是多年來幾乎完全與周遭世界疏離的附帶好處──他可以輕易相信自己是對的，是別人錯了。

越來越多華爾街銀行涉足這門新生意，貝瑞要下注也變得越容易。頭幾個月，他最多可以一次做空一千萬美元的債券，到了二〇〇五年六月底，他接到一通來自高盛的電話，問他要不要把每筆交易金額提高到一億美元。「要記住的是，」貝瑞在做完交易的隔天寫道：「這是一億美元，金額高得嚇人，但對他們來說卻像幾百美元似的。」

到了七月底，他已經持有七．五億美元的次貸債券信用違約交換，私底下也開始吹噓了起來。「我相信全世界沒有其他避險基金有這種投資，即使有，也沒有這樣的規模。」一位投資人聽說貝瑞有新奇的投資策略時，貝瑞這樣回信給他。

但貝瑞忍不住想知道：手上這些交易的另一方究竟是誰？是哪個瘋子會賣他那麼多他覺得必倒無疑的債券保險？信用違約交換是一種零和遊戲，如果貝瑞靠那些倒帳的次貸債券賺進一億美元，一定有人相對賠了一億美元。高盛明確表示，最終賣家不是高盛，他們只是仲介買賣雙方，從中賺取手續費而已。

不管是誰願意賣貝瑞這麼多的便宜保險，這讓他有了另一個點子：乾脆設立一個基金，專門購買次貸債券保險。在目前六億美元的股票基金中，他押的賭注已經非常龐大了，但如果他可以專門為這個新標的籌資，也許還可以再多做數十億美元交易。於是，八月間他計畫籌募一檔名叫「彌爾頓巨作」（Milton's Opus）的基金，寫了一份提案寄給他的金主們（大家問的第一個問題總是：「什麼是彌爾頓巨作？」他說：「《失樂園》〔*Paradise Lost*〕。」但這樣的回答通常會引發更多疑問）。

當時多數金主並不知道，他們的王牌基金經理人已經如此沉迷於「信用違約交換」這種深奧的保險合約。很多人根本不想碰那玩意兒，有些人甚至懷疑貝瑞是不是已經用他們的錢投資那種東西了。結果，貝瑞不僅沒有因此籌到更多資金來購買次貸債券信用違約交換，反而更難留住原本投資他的金主。這些金主很樂意讓他代操，但幾乎所有人都懷疑他預測重大經濟趨勢的能力。他們更不明白，為什麼他會對價值數兆美元的次貸債券市場有異於主流的見解。彌爾頓巨作很快就胎死腹中。

二〇〇五年十月，貝瑞在寫給投資人的信中終於和盤托出，讓投資人知道他們至少持有十億美元的次貸債券信用違約交換。貝瑞寫道：「有時市場真的會錯得很離譜。」

主流市場提供資金給美國線上收購時代華納（Time Warner）時，犯了大錯。當他們拿英鎊和索羅斯對賭時，又錯了。現在市場持續發售次貸債券，彷彿史上最大的信用泡沫根本不存在似的，這也是錯的。機會稀有、罕見，而能夠投入近乎無限的資金以賺取潛在巨額暴利的機會，更是千載難逢。如今做空史上問題最嚴重的次貸債券，就是這種稀有的機會。

賺大錢的機會來了，金主卻想抽腿了

二〇〇五年第二季，美國信用卡逾放比創下新高，但房價依舊居高不下。也就是說，美國人即使可抵押房子貸款，還是比過去更難履行還款的義務。聯準會已經升息，但房貸利率還是很低，因為華爾街找到了更精明的方法讓人們能夠借到錢。

當時，貝瑞已經持有超過十億美元的賭注，除非他吸收到更多資金，否則無法再增加賭注。因此，他只好再度向投資人喊話：美國房貸債券市場非常龐大，比美國國庫券和公債的市場還大，整個經濟必須倚賴它的穩定，而它的穩定，要靠房價持續上揚。

「誰說沒人能預知資產泡沫破滅，實在太可笑了。」他寫道：「有一些指標，可以讓我們正確辨識出泡沫正在膨脹，其中之一就是詐騙事件的發生率和複雜度。聯邦調查局的報告顯示，二〇〇〇年以來，房貸相關詐騙案暴增了五倍。」不良行為不再只是與經濟無關的現象，而是經濟的重要特徵了。貝瑞補充：「很明顯的一點是：當前與房貸相關的詐騙案，已經成了這個國家重大的社會問題。」

這和他過去兩年在投資人季報裡談的內容，其實大同小異。早在二〇〇三年七月，他就寫過一篇長文，探討他覺得房市可能崩盤的原因和後果：「葛林斯潘向大家保證，房價不太可能出現全國性泡沫或嚴重的通貨緊縮，這當然很可笑……一九三三年，在經濟大蕭條的第四年，美國深陷房市危機，新屋開工率只及一九二五年的一〇%，幾乎半數的房貸債券都違約了。一九三〇年代，全國房價暴跌了大約八〇%。」二〇〇四年一月及二〇〇五年一月，他又再次提出了相同的論點：「想月付二十五美元借一百萬美元嗎？速貸公司（Quicken Loans）現在推出了一種無本金（只繳利息）的指數型房貸，讓借款人六個月免還款，利率只有〇．〇三%，顯然是專門為短期有現金流量問題的買屋者所設計的。」

如果這是我看到的基本面，我必須堅持抵抗

當貝瑞的投資人得知，他們的基金經理人竟然已經把錢投資在次貸債券信用違約交換時，非常

不高興。有一位投資人說：「貝瑞是大家所知最棒的選股經理人，但他正在做什麼呢？」有些人相當不滿，認為如果信用違約交換真的那麼棒，高盛為什麼不自己持有？也有人質疑貝瑞說七十年房市循環已達高峰的說法，還有人其實不懂信用違約交換究竟是什麼，或是如何運作的。

有投資人寫信給貝瑞：「我的經驗是，對美國金融市場的災難性預言，鮮少在有限的時間內成真。在我大半的職業生涯中，聽過不少有關美國金融市場末日到來的合理預言，但它們通常都沒有發生。」

貝瑞回信說，他的確預見了世界末日，不過他並沒有賭它一定會發生。這就是信用違約交換的優點：只要這些可疑的組合中有一小部分違約，貝瑞就可以大賺一筆。

貝瑞在不知不覺中開始和自己的投資人展開辯論，這也是他最討厭的事情之一。「我討厭和投資人討論想法。」他表示：「因為這樣我就必須捍衛自己的想法，那會影響你的思考過程。」一旦你開始捍衛某個想法，就更難改變心意，但他別無選擇。

他的投資人裡，顯然有一群人原本就是所謂宏觀思維的懷疑論者，他們可以理解這個鑽研財報的聰明人，為什麼會發現一檔沒人注意的冷門股票，但他們不理解的是，每個美國人看電視就能理解的趨勢，為什麼貝瑞會有奇怪的見解？「我聽說白山公司希望我做擅長的事就好，」貝瑞寫信給這家最初的投資者，語帶不滿：「不過，我不清楚白山一直以來是否真的了解我擅長什麼。」似乎沒人了解貝瑞覺得再清楚不過的事——這些信用違約交換都是他在全球尋找價值投資標的的一部分。

「我在尋找價值標的方面，從來沒停過。」他寫信給白山，「我不打高爾夫球，也沒有其他嗜好讓我分心，我只知道怎樣尋找價值標的。」

貝瑞在創立傳人避險基金時告訴潛在的投資人，由於他專門投資不起眼的標的，所以應從長期（例如五年）衡量他的績效。但如今，大家卻每時每刻緊盯著他。

「早期，大家投資我的基金，是看上我的投資報告。」他說：「不知怎的，等他們投資後，就不再讀那些報告了。」

他的輝煌績效的確吸引了很多新的投資人，但他們對他的冒險進取不感興趣，更在意的是貝瑞能在短時間內幫他們賺多少。每一季，貝瑞都會告訴他們，他的選股賺或賠了多少。現在他還得解釋，他們必須從那個數字中扣除次貸債券的保險費。有一位紐約的投資人還打電話給他，語帶威脅地說：「知道嗎，很多人都想從你這裡撤資了。」

由於合約規定，資金必須投入傳人基金一段時間不得贖回，因此投資人頂多只能寄電子郵件，語帶質疑地要求貝瑞解釋新的投資策略。「大家為了幾年五%和負五%之間的差距斤斤計較，」貝瑞回信給一位抗議新策略的投資人。「其實真正重要的是：以十年來看，誰能夠每年都比別人多賺一〇%？我深信想要年年都達到這樣優越的水準，必須能看到未來幾年的市場……如果我看到的基本面就是這樣，就算大家不滿，我還是必須堅定不動搖。」在他創立基金的最初五年，標準普爾五百（貝瑞的比較基準）下跌六．八四%，他提醒投資人，他的傳人基金在同期上漲了二四二%。貝瑞以為他已經為自己贏得足夠的信賴，顯然他錯了。他寫道：「我正在建造令人嘆為觀止的沙堡，卻無法阻止潮汐不斷湧來。」

蘋果徹底爛掉那一天，大家紛紛醒過來

奇怪的是，就在貝瑞的投資人開始躁動的時候，他在華爾街的交易對手反而對他的投資標的產生了新的興趣。

二〇〇五年十月下旬，高盛一位次貸交易員打電話問他，為什麼會對那麼特殊的次貸債券買信用違約交換。那位交易員在無意間透露，有幾家避險基金打電話到高盛詢問「如何從事傳人基金所做的賣空房市交易」。這些詢問的人裡，有些就是當初貝瑞邀請加入彌爾頓巨作的對象，也是當時曾表示過極大興趣的人。「這些人基本上對如何進行交易一無所知，希望高盛可以幫他們複製同樣的交易。」

貝瑞在寫給財務長的郵件中說：「我懷疑高盛在幫他們，但高盛否認。」不過，起碼他現在知道為什麼彌爾頓巨作籌不到資金了。「如果我把它說得太誘人，他們會覺得可以自己來做。」他在給密友的郵件中寫道：「但如果我講得不夠清楚，聽起來就像在冒險，大家反而不看好，我就籌不到資金。」總之，他沒有推銷的天分。

如今，次貸債券市場似乎正在改變。十一月四日，貝瑞突然收到德意志銀行首席次貸交易員葛瑞・李普曼（Greg Lippmann）的電子郵件。其實，德意志銀行早在六月就認為貝瑞太積極要求擔保品，而決定不再和貝瑞往來。現在這傢伙突然自己找上門，說他想買回五月時傳人基金買的六筆信用違約交換。由於六千萬美元只占貝瑞整個投資組合的一小部分，他自己也不想再和德意志銀行有任何瓜葛，所以就賣回那些交易，賺了一些獲利。李普曼緊接著又回信問他：「你願意再給我們一些其他的債券嗎？我們可以給你開個價。」

德意志銀行的李普曼竟然想買他數十億美元的信用違約交換！貝瑞回信道：「李普曼，謝謝你來信詢問，我們暫時沒有這個意願。」他寫完信後，心想，這太奇怪了。我和德意志銀行已經五個月沒有交易，李普曼怎會知道我持有大量的信用違約交換？

三天後，貝瑞從高盛聽到消息。高盛業務員薇若妮卡・葛林斯坦（Veronica Grinstein）用手機打給他（她不希望電話被公司錄音時，都用手機通話，不過現在華爾街的銀行都會錄下交易室撥接的所有電話），她說：「我想請你幫我一個忙。」原來她也想向貝瑞買一些信用違約交換，「管理高層在擔心了。」他們覺得交易員賣出那些保險，卻沒地方買回來。她問貝瑞能否用個好價錢，賣二千五百萬美元次貸債券信用違約交換給她，幫她安撫一下高盛的管理高層。

掛斷電話後，貝瑞憑著一時直覺，打電話給美國銀行，問他們能不能再多賣一些信用違約交換給他。結果，對方不肯賣，因為他們也在想辦法買回。接著是摩根士丹利也突然聯絡上他，他和摩根士丹利沒做過什麼交易，但顯然他們也想買他手上的東西。他不知道為什麼這些銀行突然那麼積極的想買次貸債券保險，但有個明顯的原因：這些貸款突然間以驚人的速度違約。五月時，貝瑞還在賭這些貸款注定違約，到了十一月，真的違約了。

隔天早上，貝瑞打開《華爾街日報》，看到一篇報導說指數型房貸在最初九個月如何以前所未見的速度出現新一波違約潮，中低階層的美國人沒錢了，那篇報導還附了一張圖表，讓沒時間細讀文章的人了解情況。貝瑞心想，祕密揭曉了，世界即將改變。放款人將會提高放款標準，信評機構會更仔細審查，現在任何一個頭腦清楚的券商都不會以先前的價格來出售次貸債券保險了。他說：「我心想有些人會突然明白一切，一些負責管理信用額度的人會說：『快退出這些交易。』」

多數華爾街交易員都會損失慘重，或許只有一個人例外。貝瑞剛剛收到另一封投資人的郵件，暗示他德意志銀行可能被貝瑞的獨眼金融市場觀點所影響：「德意志銀行的首席次貸交易員李普曼幾天前來這裡，他告訴我們，他做空這東西十億美元，可以海撈一票！他那興奮的樣子，還真有點嚇人。」

| 第3章 |

不會講英文的人，怎會說謊呢？

李普曼，大膽做空「莊家」的人

二〇〇六年二月，當葛瑞・李普曼出現在「尖端夥伴」避險基金的會議室時，艾斯曼心裡已經對債券市場有著高度戒心，丹尼爾也知道，絕不能相信玩債券的人。

從股市跨進債市的投資人，就像在毫無天敵的小島上成長的小動物，突然進入爬滿蟒蛇的深坑裡。在股市裡，華爾街大銀行可能坑你，但還需要花點心思，因為整個股市在螢幕上交易，你隨時可以清楚看到某家公司的股價行情。股市不僅透明，也受到嚴格的監管。你不會期待華爾街的交易員和你分享他對上市公司的每個負面觀點，但你至少知道他不會用漫天大謊坑你，或公然用內線消息和你對做，主要是因為他這麼做可能會被逮到。數百萬的投資散戶讓股市運作透明化，至少在法規與管制下，整個股市看起來還算公平。

但債市主要由大型的機構投資人組成，沒有股市的龐大散戶壓力。即使債市規模遠大於股市，卻還是可以逃避嚴格的監管。債券業務員不管怎麼說或怎麼做，都不必擔心有人向主管機關舉報，而債券交易員可以善用內線消息，不用擔心被抓。債券技術分析師可以在不用太擔心政府規範的情況下，構想出極其複雜的證券，這也是為什麼有那麼多的衍生性金融商品都來自債券。規模更大、流通性更好的債券市場（例如美國國庫券市場）是在螢幕上交易，但在許多情況下，想判斷債券交易員給你的價格是否公道，唯一的方法通常還是打電話到處詢價，以期找到其他交易員為某檔特別少見的債券造市。對華爾街大銀行來說，不透明和複雜性是債市的一大優勢，債市客戶永遠都在擔心自己被蒙在鼓裡。如果說華爾街的債券部門逐漸成為華爾街獲利的主要來源，部分原因就在這裡。在債券市場上，還是有可能靠客戶的恐懼和無知牟取暴利。

捐兩千萬？你是為了想讓大樓冠上你的名字吧？

所以當李普曼一走進艾斯曼的辦公室，面對的就是滿屋子的猜疑，倒不是特別對李普曼這個人有什麼成見。「即使走進門的是先知摩西，只要他自稱是來自債券部門，丹尼爾也不會相信他。」艾斯曼說。

儘管如此，如果有一群專家想合力創造一個最能鎮住客戶的人，他們完成的作品大概就是李普曼這種類型的人了。李普曼為德意志銀行交易債券，但就像大多數為德意志銀行——或瑞士信貸、瑞銀等在美國呼風喚雨的大型外資銀行——交易債券的人一樣，他是個美國人。

李普曼身材削瘦，個性緊繃，講話速度快到沒人完全聽懂他在說什麼。他梳著油亮的西裝頭，就像電影《華爾街》裡麥克．道格拉斯飾演的葛登．蓋可（Gordon Gekko）一樣，留著長長的鬢角，有如一八二〇年代的浪漫主義作曲家或一九七〇年代的情色明星。他打著鮮豔的領帶、講話誇張，絲毫沒有意識到那些話若毫不留情地被複誦一次，聽起來會怎樣。

例如，言談間他不時會隱晦地提到自己賺了多少錢之類的話題。華爾街的人都知道，獎金這種事最不該拿出來和外人談論，但李普曼會說：「就說去年他們給我六百萬好了，喔，我不是說他們真的給了，他們給我的數字比這個少，但我不會說是多少。」然後趁你回他「我又沒問你」之前，他會說：「我業績那麼高，他們給我的錢不可能少於四百萬。」這下，他會讓你心裡開始想：所以，是介於四百萬到六百萬之間？你們可能一開始在聊紐約市立芭蕾舞團等別的話題，最後會變成李普曼逼問你，你最後不得不說出自己到底賺多少。

更違反行規的，是李普曼老是喜歡說老闆給他的薪水，配不上他的價值。「高層的任務，就是付錢找人來工作，」他說：「如果他們用每人十萬美元的年薪找來一百個人，那就是一千萬美元。這些人可以分成四類：對這份工作很滿意、覺得這份工作還行、不滿意這份工作、對這份工作很厭惡。如果他們碰到對這份工作很滿意的人，那就是找錯人了，因為他們從來不希望你對工作很滿意。但他們也不希望你厭惡到辭職不幹，最適點，介於不滿意到厭惡之間。」

一九八六年到二〇〇六年間，華爾街流行過一句話：「如果你想靠買賣一些對社會沒什麼明顯貢獻的證券致富，最好掩飾一下你的本性。」但李普曼絲毫不掩飾自己的動機，他說：「我對德意志銀行沒什麼好效忠的，我就只是在那裡工作罷了。」其實這種心態在業界不稀奇，稀奇的是李普曼明講出來。

關於李普曼，唯一沒有爭議性的，是他這個人充滿爭議。他不只是擅長交易債券，更是非常優秀的債券交易員。他不心狠手辣，甚至不粗魯無禮（至少不是故意的），但他就是會讓人抓狂。一位和他共事多年的交易員稱他為「鼎鼎大名的渾蛋李普曼」。原因？因為「李普曼什麼事都做得太絕」。「我喜歡李普曼，」他在德意志銀行的一位上司說：「除了覺得他是個不折不扣的瘋子外，我對他沒什麼意見。」

不過，當你撇開李普曼個性上的爭議，你可以看出這一切源自兩個簡單的問題。第一，他顯然就是自私自利、喜歡自吹自擂。第二，他對別人的自私自利和自吹自擂極其敏感。李普曼有一種近乎特異的辨識能力，可以一眼看穿別人的心機。假設你剛捐了兩千萬美元給母校，正為自己的無私奉獻感到光榮時，李普曼會第一個吐槽你：「你捐兩千萬，是為了想讓學校的大樓冠上你的名字，對吧？」

他媽的，我就是在做空你們這些莊家啦！

如今這號人物出現在艾斯曼面前，說要賣他想出來的絕妙點子——和次貸債券市場對賭。他用四十二頁的簡報做了很長的說明：過去三年房價飆漲的速度比之前的三十年還快，而今房價尚未下跌，但已停止上揚；即便如此，這些房貸已開始以驚人的速度違約（從一％暴增至四％）。什麼樣的人會借錢買房子，又在十二個月內就違約的？

接著，李普曼給艾斯曼看一個他製作的小圖表，他說那就是讓他對這個交易開始感興趣的原因。那張圖表顯示出一個驚人的事實：從二〇〇〇年以來，房價漲幅在一％到五％之間的人，違約拖欠房貸的可能性比房價漲幅超過一〇％的人高出近四倍。除非靠房價大漲，以便抵押房子借到更多的錢，否則數百萬美國人沒有能力償還房貸。這就是李普曼要說的重點：房價根本不需要下跌，只要停止以過去幾年的驚人幅度上漲，許多美國人的房貸就會違約。

李普曼的簡報名稱叫「做空房產淨值債券的中級分券」，其實這不過是以花稍名稱包裝貝瑞和美國房貸對賭的點子——買最爛的BBB級次貸債券信用違約交換。李普曼也曾向他德意志銀行的同事說明，但同事都覺得他頭殼壞了。李普曼說：「他媽的！我就是在做空你們這些莊家啦！」

信用違約交換（CDS）的優點，在於它解決了時間點的問題。艾斯曼不再需要準確猜測次貸市場何時崩盤，他可以先下注，不必馬上付錢，就有機會贏回賭金的數倍金額。最糟的情況是：原本無力償債的美國人，不知怎的全都清償了全部房貸，這一來，你只好在六年的時間裡每年支付約二%的保費（六年公認是三十年貸款的最長預期壽命）。

不過，次貸借款人迅速償還貸款，是當時蓬勃房市中另一個怪象。這主要是與美國房貸設計有關：銀行把頭兩、三年的利率刻意壓得很低來吸引客戶，接著再拉高成正常的浮動利率。「他們先以優惠利率放款給低收入者，儘管他們很清楚這些人根本無力償還正常的利率。」艾斯曼表示：「他們這麼做，是因為借款人通常在優惠利率結束時必須重新辦理貸款，如此一來，銀行就可以繼續貸放更多錢給這些人。」

在這種情況下，如果你為一億美元次貸債券購買信用違約交換，最糟的情況是可能要連付六年的保費──總計一千兩百萬美元。而在最好的情況下，違約率從目前的四%提升為八%，你就能賺進一億美元。莊家等於為你提供了一個賠率介於六：一和十：一之間的賭盤，而實際上的違約機率高達二：一。對行家來說，這真是不容錯過的大好機會。

我不了解他，我很確定他會坑我

為李普曼確立論點的關鍵人物，是他背後的「一人計量團隊」，這個人名字叫徐幼于（Eugene Xu）。聽過李普曼講話的人，都稱徐幼于是「李普曼的中國計量家」（Lippmann's Chinese quant[1]）。

徐幼于是德意志銀行旗下的分析師，但李普曼讓大家覺得徐幼于是他的私人助理。

徐幼于是道道地地的中國人（連華裔美國人都不是），完全不會說英文，只會講數字。李普曼告訴大家，中國有一項全國數學競賽，徐幼于拿下全中國第二名。李普曼簡報裡的每個數字都是徐幼于負責算出來的，自從把徐幼于納入團隊後，就再也沒有人質疑李普曼的數據了。就像李普曼說的：「不會講英文的人，怎麼會說謊呢？」

不僅如此，李普曼還提供了更多有意思的細節，例如美國屋主過去的行為模式、兩家信評機構（穆迪與標準普爾）的愚蠢和腐敗（房貸違約率已經高達近八%時，他們照樣給次貸債券BBB的評級）[2]、房貸市場頻傳的詐騙事件、次貸投資人的愚蠢（其中似乎很多人住在德國杜塞道夫〔Düsseldorf〕）。「每次我們問李普曼，到底是誰買這些垃圾，」丹尼爾說：「他總是回答：『杜塞道夫』。不管杜塞道夫是真的買次貸債券，還是賣那些次貸債券的信用違約交換，總之他們代表的是同一件事，賭注中做多的一方——多方（long side）。」

1 譯註：Quant是quantitative的縮寫，意指金融計量分析師。

2 這些損失不僅與多少借款人違約有關，還與每筆違約的成本有關。畢竟，放款人握有房子的抵押品。根據經驗法則，違約發生時，放款人約可回收五〇%的放款，所以房貸組合中必須有一六%的房貸戶違約，整個組合才會出現八%的損失。

當然，李普曼也施展他的強項。他暗示艾斯曼可以靠這些交易發大財，有錢到足以買下洛杉磯道奇隊（「搞不好你會有錢到買下道奇隊」），有錢到連電影明星都會黏著他（「搞不好還可以約到潔西卡．辛普森」）。李普曼一邊講述各種交易，一邊「嗒嗒嗒」地鑽探，就像探測者使用探針尋找水源一樣，探測艾斯曼性格深處的弱點。

丹尼爾觀察著李普曼和艾斯曼，原以為雙方會一言不合吵起來。結果沒有。艾斯曼不討厭李普曼，相反的還覺得李普曼很厲害。艾斯曼心裡有兩個疑問，第一：信用違約交換，怎麼運作？第二：為什麼你會叫我做空貴公司發行的債券？

艾斯曼說：「我這輩子從沒看過賣方的人上門，說：『來做空我賣的金融商品吧。』」李普曼甚至不是債券業務員，而是債券交易員，照理說應該看好次貸債券市場前景才對。「我不是懷疑他，」艾斯曼說：「我只是不了解他，是丹尼爾很確定李普曼一定會坑我們。」

要艾斯曼做空次貸市場不難。事實上，他從沒想到市場上竟然有這種東西，可以讓他未來六年每天上床時都很開心，因為他正在做空一個他很了解、很鄙視、並確信總有一天會崩盤的市場。「當李普曼走進來，說我可以靠做空次貸債券獲利時，就像在我面前擺了一個光溜溜的超級名模一樣。」艾斯曼說：「我不明白的是，他為什麼要我來做？」這個問題的答案，遠比艾斯曼猜想的更有意思。

高盛才沒那麼笨，笨的是……AIG

次貸市場每年帶來高達五千億美元的新貸款，但這個圈子的人卻很少為市場崩盤，做好避險準備。當高盛的女業務員打電話給貝瑞，告訴他高盛想賣價值一億美元的信用違約交換給他時，貝瑞就已經猜到高盛並非和他對賭的另一方。

高盛不會笨到自己拿一大筆錢，去賭數百萬名低收入的美國人都能償還房貸。貝瑞只是不知道和他對賭的人究竟是誰，又為什麼要賭、賭了多少。但他可以確定，是某一家具AAA評級的大公司在賣次貸債券的信用違約交換，因為只有AAA評級的企業才能在無本金、無條件下承擔這樣的風險。

這一點也被貝瑞料中了，不過他是在三年後才知道真相。和他對賭次貸債券的另一方，是評級AAA的大保險公司美國國際集團（American International Group, Inc., AIG），更精確的說，是AIG旗下的一個單位，名叫AIG金融產品公司（AIG Financial Products, AIG FP）。

AIG FP是一九八七年由原德崇證券債券部人員所創立，這些人都曾在垃圾債券大王麥可・米爾肯（Michael Milken）旗下工作，如今由名為霍華德・索辛（Howard Sosin）的交易員領軍。他宣稱自己有更好的模型，可以交易與評價利率交換（interest rate swap）。

一九八〇年代的金融創新，衍生出多種後果，其中之一是大型銀行之間大量彼此交易，承擔對方的信用風險，「利率交換」就是一例——一方以浮動利率交換另一方的固定利率。過去克萊斯勒公司透過摩根士丹利發行債券時，唯一承擔信用風險的是購買克萊斯勒債券的投資人，現在，克萊斯勒在出售債券的同時，可以和摩根士丹利做一筆十年期利率交換，這樣一來，克萊斯勒和摩根士丹利就承擔了彼此的風險。萬一克萊斯勒破產了，其債券持有人當然會虧損，但摩根士丹利也可能會有損失（視利率交換條件和利率變動而定）。萬一摩根士丹利破產了，克萊斯勒連同其他和摩根士丹利做過利率交換的人，同樣會受到影響。就這樣，大家都增加了過去所沒有的金融風險，要嘛誠實揭露這些風險，要嘛把它隱藏起來。

後來出現索辛這號人物，他宣稱有更好的利率交換模型（不過當時德崇證券在信用交換市場並非領導者）。對於一家信用評級良好的績優企業來說，參與交換、長期選擇權交易或其他風險性創新產品是很自然的事。這種企業的特徵是：本身不是銀行（因為銀行必須遵守銀行法規，需要為風險資產預留準備金），願意且能夠在資產負債表上隱藏這些新奇工具的風險。例如，它必須能夠承保一千億美元的次級抵押貸款，又不必向任何人揭露。這家公司不見得非得是ＡＩＧ不可，任何ＡＡＡ級的公司只要財力夠雄厚都可以這麼做，例如巴菲特旗下的波克夏公司（Berkshire Hathaway）或奇異公司。ＡＩＧ只是搶先一步而已。

在一個迅速創造複雜風險的金融體系中，AIG FP 大舉吞下了這類風險。早期這種交易就像是收取保費、承保極不可能發生的事件，為業者帶進不少收入。這種交易的成功吸引許多模仿者跟進——蘇黎世再保險（Zurich Re FP）、瑞士再保險（Swiss Re FP）、瑞士信貸（Credit Suisse FP）、通用再保險（Gen Re FP）。這些都是過去二十年金融交易的核心，如果沒有他們，那些新金融工具的風險全都無所遁形，都會攤在銀行監管單位眼前。在危機來臨時，大家爭相遠離複雜的金融風險，就會一舉掃除這些地方，但在某個時刻，他們的存在對金融界來說似乎是必要的一環，AIG FP就是這類業者的典型。

AIG FP剛成立的十五年間，獲利一直相當驚人，完全沒有任何跡象顯示他們可能會承擔導致虧損的風險，更別說是拖垮龐大的母公司了。一九九三年，索辛離開AIG FP時領了將近二億美元，可見這家公司有如一台超級印鈔機。一九九八年，AIG FP進入了企業信用違約交換的新市場，賣保險給銀行，承保投資級上市公司的違約風險。當時摩根大通的銀行家們才剛發明信用違約交換，接著就去找願意賣出這類交換的ＡＡＡ等級公司，結果找到了AIG FP[3]。以華爾街的標準來說，這個市場一開始還是很單純的。不同國家、不同產業的投資等級公司，確實不太可能同時出現債務違約。不過後來事實證明，出售這類信用違約交換的確是一門好生意。二〇〇一年，由喬・卡薩諾（Joe Cassano）領導的AIG FP，每年可創造三億美元獲利，占ＡＩＧ總獲利的一五％。

---

3 關於他們做這生意的原因和過程，可參閱《金融時報》記者吉蓮・邰蒂（Gillian Tett）在著作《愚人之金》（*Fool's Gold*）裡的詳盡敘述。

貍貓換太子，從頭到尾沒有人吭聲

但到了二十一世紀初，金融市場分兩階段，使出貍貓換太子的絕招。

第一階段，是把原本用來計算企業信用風險的公式，套用在消費信用風險上。銀行原本透過AIG FP 來承保他們給IBM和奇異放款的風險，現在則叫 AIG FP 來承保比較混亂的放款，例如信用卡債、就學貸款、汽車貸款、優級房貸、飛機租賃，以及其他可創造現金流量的任何東西。

第二階段，是從二〇〇四年年底開始，以金額較龐大的美國次級房貸取代學貸、車貸等貸款。「問題是，」AIG FP 的一位交易員指出，「這次組合裡多了其他東西，但我們以為這些和以前承保的東西一樣。」

例如以高盛為首的華爾街銀行請 AIG FP 承保的「消費貸款」組合裡，原本次級房貸只占二％，現在變成九五％。短短數個月內，AIG FP 就做了五百億美元的BBB級次貸債券信用違約交換。

沒人對此吭過一聲，AIG執行長馬丁．蘇利文（Martin Sullivan）、負責 AIG FP 的卡薩諾都沒說什麼，AIG FP 康乃狄克州辦事處負責賣出信用違約交換給華爾街大銀行的艾爾．佛斯特（Al Frost）也沒說半句話。根據大家的說法，那些交易在 AIG FP 裡沒經審查就直接批准，AIG高層也照單全收。每位相關人員顯然都以為他們不過是收取保費，承保的風險和近十年來承保的其他東西基本上都相同。

當然不是，他們現在已經變成全球最大的次貸債券持有者了。

把BBB變成AAA？賺大錢囉！

當李普曼看到高盛在找願意賣大量又便宜的次貸債券保險的銀行時，他馬上就猜到了賣方的身分。

在次貸債券發行者與交易員的小圈子裡，消息很快就傳開了——AIG FP在賣AAA級次貸債券的信用違約交換，一年費用才〇．一二%。十二個基點！李普曼不知道高盛如何說服AIG FP，讓他們拿企業貸款的價格為蓬勃發展的次貸市場提供同樣的保險。他只知道高盛接連創造了好幾筆數十億美元的交易，把高達兩百億美元BBB級次貸債券的未來損失全都轉給AIG承擔。這實在太驚人了：這家保險公司一年才收數百萬美元的保費，卻承擔了兩百億美元的倒帳風險。

高盛在幾個月內靠著債券交易室裡的幾個鬼才，以及一位名叫安德魯．戴弗曼（Andrew Davilman）的業務員，就完成了這些交易；而戴弗曼本人也因為這些交易，很快就晉升為執行董事。高盛的交易員因此賺進十五億到三十億美元的獲利，即使以債市的標準來看，這都是相當驚人的數字。

在這個過程中，高盛創造了一種證券——合成次貸債券擔保債權憑證（the synthetic subprime

mortgage bond–backed CDO，簡稱CDO），因為太隱晦太複雜，投資人和信評機構一直都沒弄懂。就像信用違約交換，CDO原是用來重新分配公司債和公債的違約風險，但現在也搖身變成隱藏次貸風險的工具。

它的邏輯和原始次貸債券一樣。在發行次貸債券時，你是把好幾千筆貸款集合起來，假設它們極不可能同時違約，然後把這座債券高塔銷售給投資者，債券在高塔的樓層越高，風險和報酬越低。在發行CDO時，你則是集合一百種不同的次貸債券（通常是高塔底層那些風險較高的債券），用它們堆疊出另一座全新的高塔。

你可能會問，為什麼要用一座座高塔去推疊另一座高塔呢？簡單的答案是：它們離地面太近，更容易被淹沒（也就是虧損），因此它們的信用評等較低（BBB），而BBB級債券比位於高層的AAA級債券更難出售。

比較完整的答案是：如果你可以想辦法讓這些BBB級債券變成AAA級（不管是用多不老實或牽強的方式），藉此降低它們給投資人的風險觀感，就能賺大錢。這就是高盛巧妙設計出來的東西，他們為了解決出售底層債券的問題，想出了這個巧妙的解決方案，簡直神乎其技。高盛從一百種不同的次貸債券高塔中收集了一百個底層（一百種不同的BBB級債券），然後說服信評機構：這些東西雖然表面上很像，但其實並不一樣，是另一種多元的資產組合！這實在荒謬極了，這一百個高塔全都位於低窪區，洪水一來，全都會被淹沒。

不過沒關係，高盛與其他華爾街銀行為每筆CDO的評等，付了相當豐厚的費用。信評機構收了錢，於是宣布這些新債券高塔有八〇％都屬於AAA等級。

說穿了，CDO就是一種為美國中下階層的「信用漂白服務」。對華爾街來說，它則是一台點石成金的機器。

覺得投資很安全？錯了，這只是專為你打造的假象

一九八〇年代，房貸債券誕生的原始目的，是重新分配房貸的相關風險。房貸可透過管道，轉給願意以最高價買進債券的投資人，讓屋主支付的房貸利率可因此降低。總之，這項創新的目的，是為了讓金融市場更有效率。

但是今天，同樣的創新精神卻套用在相反的目的上：透過複雜化來隱藏風險。這等於是市場付錢請高盛的債券交易員，把市場變得更沒效率。

在薪水停滯及消費狂潮中，缺錢的美國人對貸款有無限渴望，卻未必有能力償還。但是從華爾街金融商品設計師的觀點來看，這些人集體無法償還貸款，可以被解釋為「個別因素」造成，你只要假設這一堆次貸和另一堆次貸所面臨的風險不同（例如佛羅里達的次貸債券和加州的次貸債券不一樣）就可以了，金融商品設計師就能夠創造出安全的假象。

而 AIG FP 竟然對這種假象信以為真。

在高盛房貸債券交易室工作的人都非常聰明，他們在校成績出色，全是常春藤盟校的高材生。不過，把ＢＢＢ級債券漂白成ＡＡＡ級債券所蘊藏的獲利商機，不是天才也看得出來；真正需要天才的地方，是去找出兩百億美元的ＢＢＢ級債券來漂白。

在原始的債券高塔中，只有一層的債券被評為ＢＢＢ級。因此，在十億美元的垃圾房貸裡，可能只有兩千萬美元最爛的ＢＢＢ級債券。換句話說，要創造十億美元完全由ＢＢＢ級次貸債券組成的ＣＤＯ，你得放款五百億美元現金給消費者才行。這需要時間和努力，而信用違約交換，兩者都具備。

貝瑞買進十億美元的信用違約交換，這筆交易可從幾種角度來思考。第一種是把它想成簡單的保險合約，貝瑞每半年支付一次保費，換取十億美元債券違約時的保障。如果貝瑞投保的ＢＢＢ級債券證實沒事，他就收不到半毛錢；但如果那些ＢＢＢ級債券違約了，他會拿到十億美元。當然，貝瑞並未持有任何ＢＢＢ級的次貸債券，所以他根本沒有債券需要「投保」，這就好像他為某個有火災紀錄的貧民窟買火險一樣。對他（及艾斯曼）來說，信用違約交換其實不是什麼保險，純粹只是投機，目的是和市場對賭——這是第二種思考方式。

這種新金融商品還有第三種比較複雜的思考方式：把它想成是次貸債券近乎完美的複製品。貝瑞購買的信用違約交換，其現金流量與他對賭的ＢＢＢ級次貸債券現金流量如出一轍。貝瑞每年支付的二．五％保費，是比照ＢＢＢ級次貸債券付給實際債券投資人的利息（亦即與LIBOR[4]的利差）。當這些債券違約，賣給貝瑞十億美元信用違約交換的人就會賠錢，虧損金額和實際債券持有人的損失一樣。

一切都是假的，只有下注的錢是真的

表面上，這些針對次貸債券從旁下注的交易，很像金融版的夢幻足球（fantasy football）[5]，是一種無害、甚至有點好玩的複製品。不過，夢幻足球和夢幻金融是有區別的。當夢幻足球的玩家把傳奇四分衛裴頓．曼寧（Peyton Manning）拉進自己的球隊時，並沒有創造出第二個曼寧。但當貝瑞根據長灘儲蓄銀行的次貸債券買進信用違約交換時，他卻讓高盛創造出和原始債券幾乎一模一樣的另一種新債券，只不過這種新債券沒有實際的房貸或購屋者。

所以，要創造十億美元的ＢＢＢ級次貸債券，高盛其實根本不需要先貸放五百億美元的房貸，

---

4 LIBOR是倫敦銀行同業拆款利率（London Interbank Offered Rate），以往大家認為這是近乎無風險的，現在則否。

5 譯註：一種遊戲，讓玩家當球隊領隊，以現實世界球員自組想像的球隊，根據那些球員在真實比賽的實際表現計分。如此一來就可以和其他玩家自組的想像球隊一較高下。

只需要吸引貝瑞或其他看衰市場的人挑一百種不同的ＢＢＢ級債券，然後為每種債券各買一千萬美元的信用違約交換就行了。等組合湊好以後（專業術語稱為「合成ＣＤＯ」，其實是指完全由信用違約交換組成的ＣＤＯ），他們會拿去讓穆迪和標準普爾做評等。「信評機構其實並沒有自己的ＣＤＯ評級模型，」一位前高盛ＣＤＯ交易員表示，「銀行會把自己的模型拿給穆迪說：『這看起來如何？』不知怎的，約八〇%的ＢＢＢ級債券一下子全變成了ＡＡＡ級債券，剩下的二〇%信評較低，通常比較難賣，但它們還是可以神奇的湊成另一堆東西，再加工處理成更多的ＡＡＡ級債券。這部機器先把一〇〇%的鉛，變成含八〇%黃金和二〇%鉛的礦石，然後再把剩下的鉛，變成八〇%的黃金。」

細節很複雜，不過這台印鈔機的目的可一點都不複雜：把許多高風險的貸款，轉變成看起來低風險的債券，其中多數是ＡＡＡ級；然後再把評級最低的債券又湊在一起，再把其中多數變成ＡＡＡ級的ＣＤＯ。接著，由於房貸貸放的速度無法創造足夠的劣級債券，於是他們用信用違約交換，一再複製現有債券裡最糟的部分。高盛在貝瑞與ＡＩＧ之間當仲介，貝瑞付出二五〇個基點（二·五%）買進信用違約交換，ＡＩＧ僅以十二個基點（〇·一二%）賣出那些債券的信用違約交換，那些債券都經由合成ＣＤＯ漂白，如今掛著ＡＡＡ的評級。

這其中還有些不容易說清楚的細節[6]（例如有些鉛是直接賣給杜塞道夫的德國投資人），不過等一切塵埃落定後，高盛大約賺進二%的無風險獲利，而且所有獲利在期初就認列了。交易雙方

（不論是多方或空方）都不必以現金交易，雙方只要和高盛簽一張合約就能成交，雙方押注的原始標的（房貸）與此交易完全沒半點關係，這些房貸的存在，似乎只是為了讓這些投資人下注而已。「合成金融工具」（synthetics）的市場，移除了和次貸有關的風險限制。想押十億美元的賭注，你不再需要累積十億美元的實際房貸，你只需要在市場上找到願意和你對賭的人。

難怪高盛會突然那麼急著以每筆一億美元的龐大規模，將信用違約交換賣給貝瑞。

---

6 親愛的讀者，如果你已經讀到這裡，你不僅值得讚許，也值得了解這個複雜問題的答案：如果貝瑞是唯一買進次貸債券信用違約交換的人，他買了十億美元的信用違約交換，那麼剩下和AIG對做約一百九十億美元交易的空方是誰？答案是：第一，貝瑞率先買進信用違約交易後，其他人也立刻跟進，其中包括高盛自己。也就是說，高盛販售自家交易員創造的債券給顧客，以便自己和那債券對賭。第二，相對於貝瑞的信用違約交換，還有另一種比較原始、凌亂、緩慢但可接受的替代方法——實際的現貨債券（cash bond）。一位前高盛衍生性金融商品交易員表示，高盛針對AIG賣給高盛的信用違約交換，買了那些信用違約交換所承保的部分債券（以比該層級收益還低的成本，買進某些CDO的AAA層級），宣稱整個組合已經毫無風險，並把那些交易隱藏在資產負債表外。當然，整個交易並非毫無風險。萬一AIG破產了，那些保險就毫無價值，高盛可能失去一切。如今，大家要求高盛解釋他們究竟做了什麼時，高盛都不願透露，他們連對自己的股東也不做透明化的揭露。「如果讓一群專業的舞弊調查會計師審查高盛的帳冊，他們會對高盛藏匿事情的高超技巧大為震驚。」一位前AIG FP的員工如此表示，他協助揭開整個亂局，也和高盛的對應窗口相當熟稔。

一直以來，高盛的債券交易員都不在乎貝瑞對賭的次貸債券。他們把貝瑞買的保險塞進合成CDO裡，轉給AIG FP。AIG FP賣給高盛約兩百億美元的信用違約交換，這表示高盛每年可賺約四億美元的無風險獲利。這些交易的存續期間和債券相同，大約是六年，所以隨手一算就能算出高盛交易員的總獲利約為二十四億美元。

這一切太扯了，這些蠢蛋正在製造災難！

華爾街這種從債市榨取利潤的最新技巧，理論上應該會引起質疑才對。AIG FP的交易員按理來說應該都很精明，為什麼會做這種交易？如果信用違約交換是一種保險，為什麼不是比照其他保險接受監管？例如，為什麼AIG FP不需要為這些交易預留準備金？為什麼穆迪和標準普爾願意讓這種垃圾房貸債券，和美國公債一樣享有AAA評級？為什麼高盛內部沒人站出來說「這一切太扯了，這些蠢蛋正在製造災難」？

顯然，這些問題在局內人腦中出現的速度，遠不如另一個問題：怎樣才能進行高盛做的那種交易？

尤其德意志銀行，當該銀行得知高盛率先開發出這種骯髒勾當時，還覺得自己晚了一步很丟臉。和高盛一樣，德意志銀行也是這類深奧衍生性金融商品的領先造市者之一，如果有愚蠢的德國人想買美國次貸的衍生性商品，德意志銀行應該會率先找上他們。

但是這一切，都不是李普曼會關心的問題。德意志銀行的CDO業務並非由李普曼負責，而是一位名叫麥可．拉蒙（Michael Lamont）的老兄。李普曼只是負責買賣次貸債券的交易員，順便買賣次貸債券的信用違約交換。但是，由於很少有投資人願意和次貸債券市場對賭，於是李普曼的老闆叫他去找像貝瑞這種願意和市場對賭的買家。如果李普曼向德意志銀行的CDO部門購買信用違約交換，他們也可能在AIG FP覺醒以前，和AIG FP做這些交易。「李普曼是被迫做空CDO的。」德意志銀行CDO部門一位前資深人員表示，「雖然我說『被迫』，但沒有人可以真的強迫他做任何事。」負責德意志銀行CDO營運的人確實對李普曼施加了一些壓力，但負責人自己對於做空次貸債券這事始終感到不安。

不過，至少有一個不錯的理由可以讓李普曼聽話：驚人的獲利正等著他。

市場越不透明、證券越複雜，華爾街大銀行就能賺越多。市場對上市公司股價的評價，老實說沒多大價值，因為買賣雙方都可以從公開資訊上看到合理的股價，券商的佣金也因為競爭而大幅壓縮。相反的，有關「次貸債券信用違約交換」的評價卻可能是一座金礦，畢竟這是一種複雜的證券，它的價值又源自於另一種複雜的證券。除了德意志銀行，另一家大舉投入信用違約交換市場的券商只有高盛，所以一開始幾乎沒什麼價格競爭。供給方面又多虧有AIG FP，幾乎是無限供應。問題在於需求——亦即想做貝瑞那種交易的投資人。令人難以置信的是，在這個金融史上的關鍵時刻（之後市場就兵敗如山倒，一發不可收拾了），次貸市場的唯一限制竟然是：願意和這個市場對賭的投資人，太少了。

為了說服投資人願意和次貸債券市場對賭（亦即說服投資人願意購買信用違約交換），李普曼需要一套更好的新論點，於是，厲害的中國計量學家登場了。

李普曼要徐幼于研究房價上漲對次貸的影響，最後徐幼于得出一張圖表，畫出不同房價水準（上漲、持平、下跌）下的違約率。李普曼看著那張圖，接著又看了一遍，這些數字連他看了都大吃一驚。房價根本不需要崩盤，只要漲幅趨緩就行了。當時房價仍在上漲，但違約率已逼近四％。如果違約率升至七％，投資等級最低的債券（BBB-）就毫無價值了。如果違約率升至八％，等級次低的BBB債券也將價值歸零。那是二〇〇五年十一月，李普曼覺得手上握有一堆次貸債券的信用違約交換，真是太好了。這不是在買保險，而是在做空，在下賭注，而且他喜歡這賭注的賠率。

對李普曼而言，這是新玩意兒。一九九一年李普曼從賓州大學畢業後到瑞士信貸工作，從那時起他交易過多種以消費貸款抵押的債券，例如車貸、信用卡信貸、房產淨值貸款，但一直沒機會做空債券，因為不可能借券。對這類債券，他和其他交易員只能選擇喜歡或不喜歡，從來沒有「討厭」的選項。但現在，他可以選擇討厭債券、去做空它了。

不過，做空債券等於和主流逆勢而行，這對李普曼來說倒是新的風險，就像他對其他人說的：「如果你投入某個行業，裡面只有一種選擇，即使你做不好，老闆也不會怪你。」現在，選擇不只有一種，萬一他選錯了邊、和次貸市場對賭，結果賭輸了怎麼辦？老闆可以輕易地把責任怪到他頭上。

既然這麼棒，你幹嘛賣給我？

於是，李普曼開始四處拜訪投資法人。他投入次貸市場不是為了尋求真相，而是為了找有說服力的推銷辭令。現在，他認為自己有一套巧妙的方式可以幫客戶致富。以前他買賣信用違約交換的佣金的確很高，但那些費用和這次的潛在獲利相比，簡直小巫見大巫。李普曼現在可不是在「賣」信用違約交換，而是在送禮——看好了，這可是我送你的大禮喔！

投資法人搞不清楚李普曼葫蘆裡賣什麼藥，至少一開始並不清楚。

「我覺得他有某種自戀人格失調症。」一位聽過李普曼推銷，但並未和他交易的基金經理人表示。「他嚇到我們了，」另一位基金經理人說：「他來跟我們推銷這種工具，聽起來非常合理，但對我們來說，風險在於如果我們賭對了，然後呢？怎麼脫手？他掌控了市場，可能是我們唯一可以出脫交易的對象。他說：『除了透過我，你沒辦法離開這個泳池。你向我要毛巾時，我會把你的眼珠子挖出來。』他真的這麼說，要把我們的眼珠子挖出來，這傢伙想說什麼就說什麼。」某種程度上，大家喜歡他這樣有話直說，但後來他們還是決定不要拿自己的眼珠子開玩笑比較好。這位基金經理人說：「李普曼這個人的缺點，就是太坦白了。」

有時候客戶會直接回絕李普曼，說：「如果這交易真的那麼棒，你為什麼要賣給我？」他也聽到其他比較少見的理由，例如有人說買進信用違約交換，等於是在付保費而已，而且要等美國屋主違約才有錢賺。要知道債市投資人就像債市交易員一樣，生性就不喜歡先付錢才能做的交易，他們會找那種躺著就能收錢的交易（有位債市投資大戶甚至把自己的遊艇命名為「正利號」〔Positive Carry〕，意思是「投資收益」高於該項投資的「融資成本」），每年付二%的費用只是為了參與交易，這實在令他們難以苟同。

有些投資人也提出其他的反對理由。「我無法向我的投資人解釋信用違約交換」是李普曼常聽到的回應，或是「我有個親戚在穆迪工作，他說這個東西（意指次貸債券）沒問題」，或「我跟貝爾斯登談過，他們說你瘋了」。李普曼花了二十個小時向一位避險基金經理人推銷，原本以為自己好不容易說服對方了，結果那位經理人打電話給在某家建商任職的大學室友後，就改變了心意。

不過，所有聽過李普曼推銷的投資人最普遍的回應是：「我同意你的分析，但做空次貸市場不歸我管。」

「所以才是機會啊！」李普曼回應說，「正是因為這市場根本沒人管。」

當然，也不歸李普曼管。他原本的任務只是收費，從買賣雙方各收取一點費用。但是現在對於市場與他的老闆，他也開始有不同的想法。李普曼剛開始或許是在半推半就下做空，但到了二〇〇五年年底，他全面投入，把整個投資部位拉抬到十億美元。在德意志銀行華爾街總部的十六樓裡，有數百位高薪員工買了次貸，再把它們包裝成債券出售。另一群人則把那些債券中最糟糕又滯銷的層級以及債券的信用違約交換組合成ＣＤＯ。李普曼的空頭部位越大，這些人和業界人士暗地裡對他的鄙視就越強烈（因為這一行很快就變成華爾街獲利最好的事業）。

李普曼每年必須為信用違約交換支付數千萬美元的保費，而且有一度損失越來越大。因為信用違約交換的買家同意在標的次貸債券存續期間支付保費，所以只要標的債券還在，信用違約交換的買賣雙方都有義務提出擔保品，以因應價格的變動。令人驚訝的是，次貸債券的價格一直上升，李普曼的信用違約交換部位居然在幾個月內蒸發了三千萬美元。他的上司一再要求他解釋為什麼要做這些交易。「很多人認為，李普曼根本是在糟蹋自己的時間和公司的錢。」德意志銀行一位資深主管表示。

李普曼沒有屈服於壓力，相反的，他想到了一個讓壓力消失的方法：搞死這個新市場。

ＡＩＧ幾乎可說是ＡＡＡ級ＣＤＯ（也就是用ＢＢＢ級次貸債券重新包裝成ＡＡＡ級的ＣＤＯ）的唯一買家，所以ＡＩＧ是和信用違約交換買家對做的另一方。如果ＡＩＧ不再買債券（確切的說，是不再為債券違約提供保險），整個次貸債券市場就可能會崩盤，那麼李普曼的信用違約交換就值錢了。

二〇〇五年年底，李普曼飛到倫敦，想讓這件事發生。他和 AIG FP 的湯姆・菲文斯（Tom

Fewings）見面，菲文斯是直接向卡薩諾負責的員工。這些日子以來，李普曼持續為他的簡報增添數據，他拿出最新版的「做空房產淨值債券的中級分券」簡報，向菲文斯詳細說明他的論點。菲文斯沒提出什麼異議，李普曼在離開ＡＩＧ的倫敦辦公室時，覺得自己應該已經說服菲文斯了。果然，李普曼造訪AIG FP沒多久，AIG FP就不再出售信用違約交換。更棒的是，AIG FP還暗示，他們其實想買一些信用違約交換。李普曼預期自己可以賣他們一些，所以又囤積了更多的部位。

一時間，李普曼覺得自己改變了世界。他走進AIG FP，告訴他們德意志銀行和其他華爾街銀行是怎麼耍弄他們的，而他們也聽懂了。

| 第4章 |

這是座金礦，而且只有我看到

發現藏身細節裡的貪婪魔鬼

其實，他們真的搞不清楚狀況。

AIG FP內部第一個驚覺公司的瘋狂亂象並提出警告的人，並不是湯姆．菲文斯（他早就忘了和李普曼見過面），而是吉恩．帕克（Gene Park）。帕克在AIG FP康乃狄克州的分部工作，座位離信用違約交換的交易員很近，所以大致上知道他們在做什麼。

二〇〇五年年中，帕克在《華爾街日報》頭版看到一篇關於新世紀公司（New Century，一家房貸業者）的報導。他注意到新世紀的股利很高，心想著要不要買那家公司的股票。不過，深入研究新世紀後，他發現這家公司名下有許多次貸，他可以從公司的陳述中看出，這些貸款的品質都很糟糕。

不久後，他接到一位失業中的大學老友打來的電話。這位老友很拮据，但銀行一直想放款給他，讓他去買他負擔不起的房子。正是這通電話，讓帕克心生警覺。他想起有位同事艾爾．佛斯特說過，AIG FP

和華爾街銀行做了許多信用違約交換的生意。一年前，佛斯特可能一個月做一筆十億美元的交易，現在則是一個月做二十筆。

「我們和華爾街的每一家銀行都有交易，除了花旗。」一位交易員說：「花旗覺得他們可以自己吃下風險，把風險掛在自己的帳上，我們則扛下其他所有銀行的風險。」當交易員問佛斯特，為什麼華爾街突然這麼急於和ＡＩＧ做這些交易時，「佛斯特會說，他們喜歡跟我們往來，因為我們很有效率。」

帕克推斷，AIG FP承保的這些消費貸款組合已經變質了。這些組合中現在所包含的次級貸款遠比大家所想像的要多，萬一美國屋主大量違約，ＡＩＧ並沒有那麼多資金可以承受損失。當帕克在一次會議中提出這點時，卻被卡薩諾斥責了一番。

沒人想得罪他，因為錢實在太好賺了

掌管AIG FP的喬．卡薩諾在布魯克林大學念政治系，爸爸是警察。他非常重視服從，掌控欲很強，職業生涯（先是在德崇證券，然後到AIG FP）大都在後台，而不是在前台當債券交易員。AIG FP上上下下對這位上司的看法出奇的一致：卡薩諾對金融風險沒什麼概念，但很擅長威嚇及質疑下屬。「AIG FP在他的帶領下，好像一個獨裁國家。」一位在倫敦的交易員表示，「卡薩諾對人頤指氣使，會羞辱員工，然後再發給一大筆金錢做為補償。」

「有一天卡薩諾打電話給我，為了一筆交易虧損對我發飆。」另一位在康乃狄克的交易員表示。「他說：『你賠的錢都是我他媽的錢。跟我說一遍。』我說：『什麼？』『跟著我說：卡薩諾，這是你他媽的錢！』所以我就照著說了：『卡薩諾，這是你他媽的錢！』」

「整個公司文化變了，」第三位交易員說：「大家都怕得要死，開晨會簡報時，大家都盡量不惹他生氣。如果你批評公司，他就會像火山爆發一樣。」第四位交易員說：「卡薩諾總是說：『這是我的公司，你是為我工作。』看到你拿一瓶水，他會走過來說：『這是我的水。』公司的午餐是免費供應的，但卡薩諾會隨時讓你覺得那是他出的錢。」第五位交易員說：「在卡薩諾帶領下，前執行長沙維奇（Tom Savage）在任時常出現的辯論和討論都停了。我現在對你說的話，也會對沙維奇說，但換成是卡薩諾，那就算了吧。」第六位交易員說：「應付卡薩諾的最好方法，就是一開口就說：『你說得對。』」

交易員口中的卡薩諾，就像頭怪物似的。第七位來自康乃狄克辦公室的員工說：「有一天他進來辦公室，發現健身房裡有人沒把舉重機的槓片歸位，就在辦公室裡走來走去，留意有誰看起來壯壯的，想找出那個使用健身器材的傢伙。卡薩諾大喊：『是誰把他媽的槓片留在他媽的舉重機上？是誰把他媽的槓片留在他媽的舉重機上？』」

怪的是，不管是對績效好或績效差的交易員，卡薩諾發飆的機率都差不多，因為他發火並不是因為財務虧損，而是只要看不順眼就發脾氣。更怪的是，即使被他飆過，薪水似乎也不會受影響。很多交易員就算平常被他罵到臭頭，但收到年終獎金時，又會開心得不得了。AIG FP 裡沒人想得罪卡薩諾，因為錢實在太好賺了。當一個管理者只看重忠誠和服從，他唯一能用的手段，就是用錢收買人心。

不過，錢雖然可以當成管理工具，但效果還是有限。如果你想和高盛做交易，你最好確實知道高盛在玩什麼把戲。AIG FP 可以吸引到聰明才智媲美高盛的人才，但他們有一個對自己公司的業務不夠了解、又因為沒有安全感而是非不分的主管，導致他們的能力大受箝制。

他們無知得難以置信，卻又無知得理所當然

二〇〇五年年底，卡薩諾讓佛斯特升官，打算另外找個人接替佛斯特的位置，做為與華爾街債券交易室往來的窗口。不過這個職務的工作，實際上就是只要華爾街交易員來問「要不要承保十億美元消費貸款的抵押債券」時，一口答應就是了。基於種種原因，帕克很有可能是這個職務的接替人選，所以他決定稍微研究一下 AIG FP 所承保的貸款。

研究結果讓他大為震驚：這些原本應該由多種消費貸款所組成的東西，如今幾乎全是美國次貸。帕克私下做了一番調查，他去問最直接參與決定出售信用違約交換的人：這些消費貸款中，次

貸占的比例是多少？他問了幫卡薩諾設計信用違約交換定價模型的耶魯大學教授蓋瑞・戈登（Gary Gorton），戈登猜次貸比例不超過一〇％。他問了倫敦的風險分析師，對方則猜二〇％。「沒有半個人知道，實際上比例高達九五％！」一位交易員表示，「我相信卡薩諾也不知道。」如今回想起來，他們的無知令人難以置信。不過話說回來，整個金融體系本來就是靠無知賺錢的。

當卡薩諾要帕克到倫敦，想「升」他接掌新職位時，帕克已經知道自己不想碰這燙手山芋。他告訴卡薩諾，硬逼他接他就辭職。卡薩諾當然很生氣，痛罵帕克太懶，說他找藉口逃避。

當卡薩諾從帕克口中獲知，自己的公司竟然持有五百億美元「偽裝成ＡＡＡ多元消費貸款」的「ＢＢＢ次貸債券」時，他首先想的是要怎樣合理化這些訊息。他心想，這些保費都是天外飛來的橫財，這些債券要違約，美國房價必須先下跌才行，而他才不相信美國各地的房價會突然下跌。畢竟，穆迪和標準普爾都把這些東西評為ＡＡＡ級！

不過，卡薩諾也同意去聽聽華爾街大銀行怎麼說，弄清楚這些交易的邏輯，了解這些貸款是如何轉變成ＡＡＡ級債券的。於是，他和帕克等人開始和德意志銀行、高盛等公司的交易員開會。對方都堅稱，美國房價突然下跌的可能性不大。「他們的說法都一樣，」一位在場的交易員表示，「他們會回顧過去六十年的房地產歷史價格，指出美國房價從來不曾全國同步下跌。」（不過在和高盛見面兩個月後，一位 AIG FP 交易員遇到高盛的人，這次對方改口說：「你千萬別講出去，你是對的，這些東西會爆！」）

讓AIG FP交易員震驚的是：對於次貸市場的分析竟然這麼少。基本上，整個次級房貸市場就只賭一件事：美國房價永遠不會下跌。當卡薩諾終於明白這一點，他馬上調整策略：二〇〇六年年初，他公開同意帕克的看法，宣布AIG FP不再繼續承保這類交易，至於已經承保的部分將繼續承保。

回到當時，這個決定對AIG FP來說似乎沒什麼大不了。畢竟，他們每年獲利近二十億美元。即便在高峰期，整個信用違約交換業務對總獲利的貢獻也只有一．八億美元。卡薩諾不爽帕克，拖了一段時間才同意帕克的看法，主要還是因為帕克竟然膽敢忤逆他。

最該看清楚醜陋真相的人，往往最看不清

前述AIG FP內部上演的戲碼，李普曼當然一無所知。他還以為是他成功說服了AIG FP，後來才發現不是那麼一回事。他一直沒搞懂AIG FP既然已經知道風險高，為什麼還留下那麼多的曝險部位？AIG FP的確沒再賣信用違約交換給華爾街的銀行，但也沒有採取任何措施來為已賣出的五百億美元避險。

即便如此，李普曼認為市場還是有可能崩盤，只要AIG FP拒當交易的多方，應該就沒人會去接，這樣一來次貸市場的交易就會戛然而止。但，最詭異的來了：市場幾乎不為所動。原來，華爾街的銀行找到了新買家，為這些最危險的BBB級次貸債券找到另一個藏匿之所。但新買家究竟是

誰，有好一段時間大家都搞不清楚，連李普曼也毫無頭緒。

次貸市場繼續加溫，貸放對象的債信越來越糟，但怪的是，保險金額（亦即信用違約交換價格）卻不升反降。二〇〇六年四月，李普曼在德意志銀行的上司要他為自己荒謬的賭注提出說明。他們希望李普曼像高盛那樣，仲介買賣雙方、賺手續費就好。後來李普曼與上司達成協議：只要李普曼可以證明，當他不得不賣出那些空頭部位時，會有人願意馬上接手，他就可以繼續留住空頭部位。也就是說，他必須為手中持有的信用違約交換，培養一個比較活絡的市場。他想繼續下注，就得找更多人加入他的陣營。

二〇〇六年夏季，李普曼想到了一個新的比喻：拔河。提供次貸的銀行（包括德意志銀行在內）拉著繩子的一端，他自己則拉著繩子的另一端，他需要找更多人跟他一起拉才行。而且這些隊友會付錢給他，然後自己也能賺到錢。

李普曼很快就發現，他最希望能看清次貸市場醜陋真相的人（也就是專做次貸債券交易的基金），其實最不可能看清真相，他們只看到這些年來的假象。「離市場越近，就越難看清市場的荒謬」這話聽起來奇怪，卻絲毫不假。

發現這點後，李普曼開始去找那種會因為房價下跌或營建股下跌而遭受很大損失的投資人。剛開始，他試圖告訴對方：既然房價上漲時你賺了很多錢，所以何不花點小錢買點保險來避免崩盤危機、減少損失？結果發現訴諸「貪婪」這招沒效。於是，他改為訴諸「恐懼」。

他取得了「新世紀公司」這家主要次貸業者的大股東名單，其中最主要的股東是一支名叫「尖端夥伴」的避險基金。李普曼請德意志銀行業務員幫忙安排見面，但該業務員不知道的是，其實尖端夥伴裡有好幾支基金（尖端基金不是單一基金，而是由數支獨立管理的避險基金所組成），其中做多新世紀股票的，不在曼哈頓，而是尖端旗下另一支在美國西岸的小基金。

看衰市場的李普曼，遇上更看衰市場的艾斯曼

所以當李普曼抵達艾斯曼位於曼哈頓中城的會議室時，艾斯曼一開口就嚇了他一跳：「我們這裡不是做多新世紀公司的尖端，而是做空的尖端。」

李普曼這才發現，原來艾斯曼早已開始做空那些次貸公司（例如新世紀和因迪美銀行〔Indy-Mac Bank〕）以及建商（例如托爾兄弟）的股票。只是他們仍不滿意目前的做空方式，因為他們不是直接和這些公司對賭，而是和「市場對這些公司的看法」對賭。這種做空方式的成本較高，主要原因是這些都屬高股息公司，股票借券費用通常較貴，例如新世紀的股息是二〇%，借券一年的成本是一二%。為了做空一億美元的新世紀股票，艾斯曼每年得付三千兩百萬美元。

李普曼本來是想用「市場末日快降臨了」來恐嚇對方，但這下他走運了：他剛好碰上比他更看壞次貸市場的人。

艾斯曼是李普曼遇過最了解這個市場——市場特質與腐敗——的人。李普曼覺得，艾斯曼應該會卯起來豪賭。所以當艾斯曼拒絕他時，他非常不解。幾個月後，艾斯曼新找來的首席交易員丹尼·摩斯和研究員文森·丹尼爾請他再來說明一遍時，他更加疑惑了。

對於一個總是圖利自己的人，你永遠不知道他會圖利自己到什麼程度。基本上，打從第一眼看到李普曼，摩斯就不相信這個人。「他媽的李普曼」是摩斯稱呼李普曼的方式，例如：「他媽的李普曼和你講話時從來不正眼瞧你，我就覺得這個人不可靠。」丹尼爾則是認為這一切對德意志銀行來說肯定有好處，否則德意志銀行怎麼會縱容這傢伙到處破壞自家的生意？對摩斯和丹尼爾來說，李普曼就是債券市場的典型化身，意思是指他「存在的目的就是為了坑殺客戶」。

接下來的幾個月裡，摩斯和丹尼爾打了三次電話讓李普曼過來，李普曼都來了，光是這點就讓他們更加懷疑李普曼的動機。大費周章從華爾街開車到曼哈頓中城來，他到底圖什麼？李普曼每次都滔滔不絕的講，摩斯和丹尼爾只能瞪著他。他們的會議就像後現代主義文學：雖然說故事的人不可信，但故事本身聽起來是真的。丹尼爾常會打斷李普曼，問他：「其實我很想知道，你到底為什麼會來找我們？」每次一講到這，接下來就是對李普曼的連番質疑，李普曼也一一回答——

問：如果這點子真的那麼棒，你怎麼不乾脆辭掉德意志銀行的工作，創立一個避險基金，自己大撈一筆？

李普曼答：成立避險基金需要六個月，但情勢隨時可能逆轉。

問：如果真那麼好康，你幹嘛平白把好康的讓給我們？

答：我沒有讓，你要買多少我都供應。

問：最好是啦，但你何必專程跑來告訴我們呢？

答：你們買進及賣出我都會收費，畢竟我也需要付電費。

問：這是零和遊戲，賭注的另一邊是誰？誰是那個白痴？

答：杜塞道夫，愚蠢的德國人，他們完全相信那些信評公司，他們很信規則。

問：這是德意志銀行的主要業務，為什麼會允許你跟他們唱反調？

答：我對德意志銀行沒什麼好效忠的……我就只是在那裡工作罷了。

問：狗屁！你是拿他們薪水的，搞不好是你們CDO部門的人派你做空市場，然後來騙我們上鉤？

答：你見過我們CDO部門的人嗎？

到最後，摩斯和丹尼爾乾脆不再假裝自己想聽有關信用違約交換和次貸債券的內容了，他們只希望李普曼說溜嘴，證實自己就是他們所認定的卑鄙小人。「我們想摸清楚次貸市場的實際狀況。」丹尼爾說：「我不相信他真的需要我們，因為他手上已經持有夠多做空的商品了，為什麼還要來找我們？」

至於李普曼，則覺得自己像被拷問的證人一樣，這些傢伙一心只想逼供。幾個月後，他找上先驅資本（Harbinger Capital）的菲爾．法爾康（Phil Falcone）推銷點子，法爾康當場就買了數十億美元的信用違約交換。他對次貸市場的理解可能只有艾斯曼等人的十分之一，但他信任李普曼。最後一次見面時，丹尼爾終於直言：「真是不好意思，我只是一直在想，你到底會怎麼坑我？」

華爾街心裡有數：這些債券，評級都被高估

他們一直在猜想：李普曼到底葫蘆裡賣什麼藥？直到出現兩則重要新聞。

第一則是二〇〇六年五月，標準普爾宣布將調整評等次貸債券的模型，調整日是二〇〇六年七月一日，在此日期前發行的次貸債券，仍沿用較不嚴謹的舊模型。消息一出，次貸債券發行量暴增。「他們塞爆了通路。」丹尼爾說：「都想趕在調整日前，套用舊的評等模型發行更多次貸債券。」這種對新評等機制的恐懼，顯示華爾街大銀行心裡很清楚：他們發行的這些債券，評級都被高估了。

另一則消息，則和房價有關。艾斯曼常和瑞士信貸的房市分析師艾薇．澤爾曼（Ivy Zelman）討論，澤爾曼認為衡量房價是否合理的簡單標準，是房價中位數相對於年收入的比率。以往美國的

比率約是三比一，二〇〇四年年底，比率升至四比一。「很多人說這個比率和其他國家差不多，」澤爾曼表示，「但問題不單是四比一而已，洛杉磯的比率已經高達十比一，邁阿密是八．五比一。然後別忘了，很多買家不是真的買家，而是投機客。」[1]二〇〇五年年中，「房屋出售」的看板開始增加，此後一路從未停過。二〇〇六年夏季，凱斯－席勒房價指數（Case-Shiller index）達到高峰，全美房價開始下跌。一年之內，美國房價下跌二％。

照理說，這兩則消息（評等標準提高及房價下跌）應會重創次貸債市，導致這些債券的保險價格上揚。但意外的是，債券的保險價格不升反降，最爛的BBB級次貸債券的保費現在一年不到二％。「我們終於和李普曼做了一筆交易。」艾斯曼說。

完成第一筆交易後，李普曼馬上把艾斯曼等人加入他越來越長的電子郵件收件人名單中。直到房市崩盤以前，李普曼會不時發送房市相關資訊給客戶。「每次李普曼向我們兜售，丹尼爾和我都會互看對方，然後說不。」摩斯說。他們會聽李普曼的建議，但只聽一部分。他們還是無法相信來自華爾街債券部門的人。

社會底層的血汗，成了華爾街垂涎的新金礦！

和貝瑞不一樣。貝瑞關注的是貸款結構，做空的是貸款組合中包含他認定會違約的貸款類型。

艾斯曼等人關注的，則是次貸的「借方」與「貸方」。

次貸市場觸及的對象，是過去與華爾街八竿子打不著關係的社會底層，這些人的信用評等，介於第五到第二十九級——也就是說，他們的信用等級比全國七一%人口更糟。在這些貧窮的美國人中，哪些人比較可能違約？違約後會怎樣？房價下跌多少，他們的房貸會出事？哪家貸款機構的弊端最嚴重？哪家銀行發行最多這種有問題的次貸債券？來自美國哪個地方的哪種人最揮霍無度？明明失業率差不多，為什麼喬治亞州的違約率是佛羅里達州的五倍？為什麼印第安那州的違約率是二五%，加州只有五%？不是說加州人比較愛亂花錢嗎？為什麼會這樣？

丹尼爾與摩斯飛去邁阿密，走在那些靠著次級貸款的資金蓋起來的空盪盪社區，他們目睹了情況有多糟糕。「他們打電話告訴我：『老天，這裡簡直是個災難。』」艾斯曼回憶道。

於是，他們進一步對這些次貸進行了信用分析。理論上，這種分析應該在貸款批准前就要先做的。然後，他們要找出哪些人是騙子、哪些人是傻瓜。

「我第一次意識到情況有多糟，」艾斯曼說：「是當我要李普曼給我一份二〇〇六年發行的債

1 澤爾曼因為對房市看法悲觀，不受華爾街雇主青睞，後來辭職成立自己的顧問公司。「事後要看清一切並不難，」她表示，「想知道何時房價會跌則相當困難。」澤爾曼偶爾會和艾爾曼討論，每次談完後都對自己的看法更有信心，對世界的看法更加悲觀。「你偶爾需要一些肯定，確定自己沒瘋。」她說。

券清單，並且列出其中『無證明房貸』（no-doc loan）比例較高的債券組合時。」因為艾斯曼相信，房貸市場有嚴重的詐欺現象，他想做空那些不需要借款人出示收入或工作證明、就把錢借給對方的銀行。「我以為李普曼送來的清單上，這種貸款會占二〇％左右，沒想到他寄來的清單裡，每一個組合裡的無證明貸款比率都超過五〇％！」

接著他們打電話給華爾街的銀行，請他們提供次貸債券清單，找出其中貸款品質最糟——也最值得一賭——的債券，然後大舉做空。最有賺頭的空頭部位（也就是由最有可能違約的次貸所組成的債券）有幾個特色：

第一，這種貸款集中在華爾街人士所謂的「沙州」，也就是加州、佛羅里達、內華達及亞利桑那等幾個州。這次房市熱潮中，「沙州」房價漲最快，因此一旦行情反轉也可能跌得最凶。當房價下跌後，加州原本很低的違約率就會開始飆高。

第二，這些貸款通常是由比較可疑的信貸業者貸放出去的，例如華盛頓互惠銀行（Washington Mutual）獨資擁有的長灘儲蓄銀行，就是金融亂象的代表。長灘儲蓄銀行是第一家採用「貸款並證券化」模式的機構，現在更積極放款給新的購屋者，幾乎來者不拒。

第三，這種貸款中的「簡易貸款」或「無證明貸款」的比率高於平均值，也就是說，放款過程可能涉及詐欺不實。艾斯曼等人覺得，長灘儲蓄銀行專門找信用不良和無收入證明的屋主，接受浮動利率的房貸。這樣一來，借錢的人完全不需要付頭期款，而且只要提出要求，即可延付利息。南加州的不動產部落格上充滿了各種濫用金融工具的案例，都是由所謂的三十年期選擇權指數型房貸（option adjustable-rate mortgage, option ARM）創造出來的。例如，在加州的貝克斯菲爾德（Bakersfield），一位年收入僅一萬四千美元又不會講英文的墨西哥籍草莓農，全額貸款買了價值七十二萬四千美元的房子。

貪婪的魔鬼，藏身在信用評等的細節裡

越是逐一研究那些債券，艾斯曼等人就越能看出業者賺取暴利的手法。例如，最新流行的方式，竟然是貸放巨額資金給貧困的移民。

艾斯曼的女傭來自南美洲，有一天她來找艾斯曼，說自己打算在皇后區買一棟房子。艾斯曼說：「那個價格高得離譜，然後銀行居然還提供她免付頭期款的浮動利率貸款。」艾斯曼勸她，申請傳統的固定利率貸款比較好。接著，二〇〇三年他請來照顧雙胞胎女兒的保母也打電話給他。「她來自牙買加。」艾斯曼說：「她說自己和姊姊在皇后區，擁有六間房子。我問她：這是怎麼回事？」原來，當她們買了第一間房子後，房價上揚，放款機構建議她們重新抵押貸款二十五萬美元，然後用那筆錢又買了另一間房子。後來這間房子的價格也漲了，她們又如法炮製。「她們先後買了五間房子，房價開始下跌後，她們還不出貸款。」

艾斯曼那位收入不高的保母可以獲得貸款，並非偶然，全是拜穆迪和標準普爾這兩大信評公司的模型之賜。就像製造業，貝爾斯登、雷曼兄弟、高盛、花旗等華爾街大銀行都有一個相同目標：盡可能壓低原物料（房貸）成本，盡量拉高最終產品（抵押債券）的售價。最終產品的價格，視信評機構的評等而定。至於信評機構如何產生評等，號稱是機密，穆迪和標準普爾都宣稱不可能被操縱。但華爾街的人都知道，操作這些模型的人最可能被操弄。

「那些在華爾街找不到工作的人，才會到穆迪工作。」一位原高盛交易員、後來轉行當避險基金經理人的不具名人士說。

信評公司裡還有階級之分，其中從事次貸債券分級的人階級較低。「在信評公司裡，最好的人才負責做企業信評，」一位幫摩根士丹利設計房貸債券的計量分析師表示，「接著是做優質房貸的人，最後才是做資產擔保放款的，基本上都是群笨蛋。」[2]

相反的，華爾街債券交易室都是年薪七位數的高手，他們唆使這些年薪才五位數的笨蛋，盡可能給這些最爛的貸款最好的評級。靠著常春藤盟校出了名的細膩思考和高效率，他們通常都能達成目的。例如他們很快就發現，穆迪和標準普爾其實沒有逐一評估個別房貸，甚至連看都不看，他們基本上只評估這些「貸款組合」的整體品質。

舉例來說，他們處理 FICO（消費信用）的方式就是這樣。這種信用評分之所以叫 FICO，因為它是一九五〇年代一家名為「費埃哲信用評分機構」（Fair Isaac Corporation）的公司發明的，旨在衡量個別借款人的信用狀況。最高 FICO 得分是八五〇分，最低三〇〇分，而美國的中位數是七二三分。

FICO 評分的計算很陽春，例如借款人的收入就不必納入考量。這種評分方式也很容易被操弄，例如想借款的人可以先申請信用卡貸款，然後馬上償還，藉此來提高 FICO 得分。不過這還不是最嚴重的問題，因為更嚴重的是信評機構**濫用**信用評分的手段。

穆迪和標準普爾向發行機構索取的，並不是「借款人」的「個別 FICO 得分」，而是「整個組合」的「平均 FICO 得分」。表面上，貸款組合中的借款人平均 FICO 得分必須達六一五分左右，才符合信評機構的標準。但要達到這個「平均」分數的方法很多，這其中就隱含著上下其手的龐大空間。所有借款人的 FICO 分數都是六一五的貸款組合，相較於一半 FICO 是五五〇、一半 FICO 是六八〇的貸款組合，前者當然安全得多。那些 FICO 得分為五五〇的人，幾乎肯定會違約，銀行打從一開始就不該核准貸款。但信評模型的漏洞，讓這種貸款也能核准，銀行只要能找到 FICO 分數六八〇的借款人，就能把平均分數維持在六一五。

2 令人不解的是，次貸債券並不屬於抵押債券，而是和信用卡借款、車貸以及其他擔保品比較奇怪的貸款一起被歸為「資產擔保證券」（asset-backed securities, ABS）。

墨西哥農夫採收草莓，華爾街採收農夫的FICO評分

那麼，去哪裡找 FICO 得分高的借款人呢？華爾街債券交易員又找到信評模型裡的另一個盲點（顯然信評機構也沒發現）：所謂「薄檔」（thin-file）FICO 分數，和「厚檔」（thick-file）FICO 分數的差異。

薄檔 FICO 分數是指借款人的信用紀錄較短、檔案較薄（因為借款人沒辦過多少次借款）。例如移民，從來沒有欠債紀錄，也從未申請過貸款，所以他們通常有非常高的「薄檔」FICO 得分。

因此，當你想要利用穆迪或標準普爾的模型來操弄信用評等，一個想貸款七十五萬美元的牙買加保母，或是一個年收入一萬四千美元的墨西哥草莓農，就成了很好用的工具。他們可以讓整個貸款組合「看起來」更安全、AAA級債券的比率也會提高。可以這樣說，墨西哥農夫採收草莓，而華爾街採收他的 FICO 評分。

基本上信評機構使用的模型中，充滿了這些被操弄的漏洞。重點是：你要比別人更快發現漏洞在哪。舉例來說，信評機構給「浮動利率」的分數比給「固定利率」高，也不在乎房市蓬勃或低迷。他們似乎忘了「無證明貸款」潛藏著舞弊空間，無視二胎房貸（這種屋主通常寧可讓銀行收走房子，也不想還款）的存在。

只要能發現信評機構一個新漏洞，聰明的華爾街銀行在市場上就能多掌握一個優勢：因為越糟

糕的貸款，收購成本越低。至少在別的同業發現同一個漏洞前，這家華爾街銀行享有一種特殊優勢，他們會打電話給放款機構說：「別告訴任何人，如果你可以提供我更多高薄檔 FICO 得分的貸款組合，我會比別人多付一些錢購買。」信評機構的錯誤越是不可思議，華爾街銀行的獲利機會就越大。

那是個近在咫尺的大金礦，更棒的是，只有我知道

二〇〇六年夏末，艾斯曼和他的小團隊都不知道這些事，他們只知道華爾街的投資銀行顯然有專人負責操弄信評機構模型。在理性市場中，信用評等較差的債券，定價理應比較低。所有次貸債券，都是按穆迪的評等定價——只要是AAA級的債券，交易價格都一樣；所有BBB級債券，也都是以同一價格交易，就算兩個BBB級債券之間，存在著明顯差異，價格也一樣。因此，定價被高估最多的，通常是那些評等錯得最離譜的債券。而那些債券的評等會這麼離譜，正是華爾街銀行操弄的結果。「我實在他媽的不敢相信他們竟然容許這種事情發生！」艾斯曼說：「這話我應該說了有上千次了。」

艾斯曼想不通信評機構是怎麼上當的，他必須自己去找原因。所以他的團隊展開了長達數個月的調查，深入追蹤那種最被高估的債券。找了一個月後（也就是向李普曼買了第一筆信用違約交換

以後），丹尼爾和摩斯飛到佛羅里達州奧蘭多，參加一場次貸債券會議。

會議名稱叫 ABS East，看起來有點不知所云。這其實是為一小群人所辦的秀展，與會者包括次級抵押貸款業者、包裝及銷售次貸的華爾街銀行、投資次貸債券的基金經理人、為次貸債券做評等的信評機構，以及律師。丹尼爾和摩斯原本以為自己只是禮貌性的參訪了一個小產業，沒想到，這個產業的規模竟然大得驚人。

「竟然有這麼多人靠這個行業為生！」丹尼爾說：「那時我們才意識到，券商的債券部門就是靠這個行業壯大的。」

這也是他們第一次和信評機構的人面對面接觸，李普曼答應幫他們安排和這些人見面，但條件是絕口不提他們正在做空次貸債券。

他們約了穆迪及標準普爾的人，在奧蘭多麗茲卡爾頓飯店的房間裡見面。標準普爾的人說話很謹慎，倒是穆迪那位女士意外的直率。例如她說，雖然她負責評估次貸債券，但當她覺得有些債券應該降級時，公司也不會允許她這麼做。她得先列出她認為應該降級的債券，之後會收到一份准許降級的清單。

「她說，她列出一百檔債券，收到的清單卻只有二十五檔，公司完全沒解釋原因。」摩斯說。

當天多數問題都是丹尼爾提出的，不過摩斯後來對參加這種會議越來越感興趣。「丹尼爾有個習慣的手勢。」摩斯說：「他只要一興奮，就會把手指放在嘴巴上，把手肘擱在桌子上，說『我想問個問題……』每次我一看到他把手往臉上放，就知道他抓到什麼重點了。」

「我不明白的是，」丹尼爾把手放在下巴，「你們有兩個看似相同的債券，為什麼其中一個是AAA級，另一個不是？」

「做決定的不是我。」那位穆迪女士說，表情有些不安。

「還有一件事我也不明白，」丹尼爾說：「你們是怎麼把全部由次貸組成的債券評為AAA級的呢？」

「這問題問得好。」

被抓包了吧！

「她幫了大忙！」摩斯說：「因為她完全不知道我們的目的。」

他們從奧蘭多打電話告訴艾斯曼，不管他覺得這個產業有多爛，實際情況都只會更爛。「奧蘭多那次還不是什麼代表性的會議。」丹尼爾說：「那只是次要的會議而已，真正代表性的會議，在拉斯維加斯召開。我們跟艾斯曼說：你一定要去拉斯維加斯一趟！」

他們知道自己發現了天大的祕密，整個二〇〇六年夏季到秋初，他們的表現就像意外發現藏寶圖一樣，儘管藏寶圖上只有幾個模糊的方向。

這段期間，艾斯曼的太太發現，先生每天回家的心情一反常態的好。「我很高興。」維勒莉說：「我心想，謝天謝地，他終於找到一個可以盡情發揮的工作了。」艾斯曼說：「我找到一座金礦，而且沒有其他人知道。」

| 第5章 |

賭三把，連贏三把

誰說散戶不能翻身

艾斯曼找到的，確實是金礦。

但不是只有他看到。

二〇〇六年秋季，李普曼已經向二百五十個投資大戶推銷過他的想法，也在德意志銀行的業務會議或電話會議上對數百人說過。根據博跡避險基金資料庫研究（PerTrac Hedge Fund Database Study）顯示，二〇〇六年底市場上共有一萬三千六百七十五支避險基金，還有數千家其他類型投資法人，李普曼盡可能透過各種方式，找到這些潛在投資者。

不過，最後投入這個新市場的投資者，大約只有一百多位。其中，多數投資者並不是要做空次貸市場，而是單純的投資避險。其中還有少部分是利用信用違約交換，賭不同次貸債券之間的相對價值。例如，他們賭「由大量加州貸款組成的債券」比「少量加州貸款組成的債券」表現更差；或是賭某些次貸債券的AAA級表現優於BBB級；或者賭雷曼兄弟或高盛發行的債券（這兩家都以包裝美國最糟房貸而惡名昭彰），不如摩根大通或富國銀行的債券。

一款新金融病毒，一群幸運的感染者

只有為數更少的投資人（介於十到二十人之間），才是想直接和總價值數兆美元的次貸市場對賭。光是這一點，就是一件極不尋常的事：這場可以預見的災難，竟然只有這麼少人注意到！

這些人當中，包括以下的避險基金：明尼亞波利的白盒（Whitebox）避險基金、波士頓的包普斯特財務管理集團（The Baupost Group）、舊金山的暢行資本（Passport Capital）、紐澤西的埃姆里奇（Elm Ridge）避險基金，以及一群紐約的避險公司，例如埃利奧特合夥事業（Elliott Associates）、雪松山資本合夥事業（Cedar Hill Capital Partners）、QVT金融公司（QVT Financial）、法爾康的先驅資本合夥事業等。他們的共通點是：都直接或間接聽過李普曼的論點。

二〇〇六年年中，前貝爾斯登債券交易員凱爾．巴斯（Kyle Bass）在達拉斯設立了海曼資本（Hayman Capital）避險基金。基金成立後，他很快就買了次貸債券的信用違約交換。巴斯是從紐澤西錦旗資本（Pennant Capital）的艾倫．傅尼葉（Alan Fournier）那裡聽到了這個想法，而傅尼葉是從李普曼那邊聽來的。一位美國房地產投資大戶傑夫．格林（Jeff Greene），在聽了紐約一位避險基金經理人約翰．鮑爾森的談話後，也買了數十億美元的次貸債券信用違約交換。而鮑爾森自己，也是聽了李普曼的推銷。

高盛倫敦分公司的一位自營交易員，聽說紐約德意志銀行有個交易員提出一個非常有賺錢機會的論點後，特地飛越大西洋和李普曼見面，然後買了十億美元的次貸債券信用違約交換。希臘的避險基金投資人西奧．帕努斯（Theo Phanos），在亞利桑那州鳳凰城的德意志銀行會議上聽到李普曼的論點後，也馬上跟進下注。

如果你像追蹤病毒那樣，用圖示畫出這個論點的傳播路徑，就會發現多數路徑的源頭都指向李普曼，他就是感染源。只有一個人有資格，說自己是比李普曼更早的帶原者，那就是始終蟄伏在加州聖荷西的貝瑞，但他又很少和別人往來。

我喜歡做空債券，乾脆玩大一點

在這些大手筆和次貸債券對賭的少數投資人裡，還有一個為數更少的族群：投入這種交易到了**著迷**地步的人。在他們看來，眼前正在發生的事不僅影響金融體系，也將影響整個社會，他們和次貸市場對賭的金額之大（相對於他們的資本來說），使得他們已經不像傳統基金操盤者，而是完全變成另一種人。

鮑爾森可說是其中資本最雄厚的一位，所以也是最知名的例子。當初，貝瑞想籌募專門投資次貸債券信用違約交換的基金，結果失敗。九個月後，鮑爾森卻成功了。之所以能成功，是因為鮑爾森對投資人說明時，並不是把重點放在強調什麼「必定會發生的災難」，而是強調這是一種「很划算的避險工具」。

鮑爾森比貝瑞大十五歲，在華爾街也更有名氣，但就某方面來說，他仍是華爾街的局外人。「我打電話到高盛打聽鮑爾森這個人，」二〇〇六年年中一位鮑爾森接觸過的富豪表示，「他們告訴我，他只是三流的避險基金經理人，根本不知道自己在做什麼。」但鮑爾森最後募集到數十億美元的資金，他表示，之所以能看清次貸市場，是因為他一直都在找被高估的債券對賭。

「我很喜歡做空債券，因為下檔風險有限。」他告訴我，「這是一種不對稱的賭局。」他震驚的發現，買信用違約交換比放空現貨債券更簡單、也更便宜，儘管它們所賭的東西一樣。「剛開始我買五億美元，他們問我，想不想做十億？我心想，既然要玩，何不玩大一點？於是，兩三天內我就卯起來買了兩百五十億。」鮑爾森從來沒遇過一個市場，可以讓投資人做空兩百五十億美元，而市場價格卻完全不為所動。「如果我們想買，還可以買到五百億美元。」

即使到了二〇〇六年夏季，房價開始下跌，仍然只有少數人看清市場的醜陋真相——套用鮑爾森的說法是「正妹面具背後，其實是張老巫婆的臉」——並採取行動。這少數人能讓我們理解金融體系發生了什麼事，就像飛航空難的倖存者能幫助我們了解空難事件的發生始末。這些人本質上幾乎都是怪咖，只是古怪之處不太一樣。

鮑爾森對於做空不良貸款有極高的興趣，在說服別人加入時，也異常地有說服力。貝瑞一心只想和外界保持距離，專注於探索投資市場的動機與數據。艾斯曼則是堅信，踩在中下階級美國人頭上賺錢，是一種惡劣的行徑，次貸市場更是剝削窮人的大毒瘤，終究會帶來毀滅。

他們各有各的立場，有著市場主流所欠缺的洞察力以及面對風險的態度。如果當時這種態度能更普遍，或許就有可能預防這場災難了。

看到別人沒看見的漏洞，是種什麼樣的感覺

其實，市場還有一個連專業投資大戶都沒發現的大漏洞，但查理．雷德利（Charlie Ledley）看到了。

雷德利是個怪人。在他看來，想在華爾街賺大錢，就要找出華爾街認為最不可能發生的事，然後去賭那件事會發生。雷德利和合夥人常做這種事，也經常成功，所以他們知道市場容易低估劇變的發生機率。

即便如此，二〇〇六年九月，當他翻閱朋友寄給他的文件時（一份關於做空次貸的簡報，作者是德意志銀行一位名叫李普曼的人），他的第一個想法是：天底下怎麼會有這麼好的事？他從沒做

過次貸債券，對房地產幾乎一無所知，債市的術語也讓他一頭霧水，他甚至不確定德意志銀行會賣次貸債券信用違約交換給他——這是投資法人參與的市場，他和合夥人班．霍克特（Ben Hockett）及傑米．麥伊（Jamie Mai），在華爾街眼中根本稱不上投資法人。

「我看到這個東西時，心想，怎麼可能會有這種事？」然後他把自己的想法，連同以下問題一起寄給合夥人：那些比我們聰明的人，為什麼沒有做空？

新創事業，本來就不容易被外界看好。二〇〇三年年初，麥伊和雷德利想開一家資金管理公司，更讓人覺得不可思議。兩個三十歲男人，嘉信理財（Schwab）的帳戶裡只有十一萬美元，公司就設在加州柏克萊朋友家後方的車庫裡，取名為康沃爾資本管理（Cornwall Capital Management）公司。他們不知哪來的自信，認為自己有投資天分。兩人曾短暫於紐約的私募基金葛盧合夥事業（Golub Associates）工作過一段時間，但沒有做過實際投資決策。

麥伊身材高大、英俊挺拔，一副公司負責人的氣派，但一開口就破功，從明天的日出到人類的未來，他都缺乏信心。麥伊有個習慣，話講到一半會停下來「嗯，啊」幾聲，結巴一下，彷彿他對自己的想法有疑慮似的。雷德利更糟：他臉色蒼白得像殯葬業者，做起事來就像故意拖延一樣。問他一個簡單的問題，他會默默地凝視著空氣，像忘詞的演員一樣點頭和眨眼，等他終於開口時，那突然冒出的聲音又會讓你嚇一跳：他竟然會說話！

同年齡的人都覺得他們兩人隨和、隨性、好奇多問，聰明但缺乏明確目標，是那種高中畢業十五年同學會時，會帶著滿臉鬍碴及坎坷人生故事出席的人。雷德利在安默斯特學院（Amherst College）念完大一就休學了，當過柯林頓第一次選總統時的義工，選後回校園完成學業，但他還是對賺錢比較有興趣。

麥伊從杜克大學畢業後的第一份工作，是在美國東岸為富豪運送帆船。「當時我才發現……嗯……嗯……我必須培養一個專業。」他說。二十八歲時，他休了十八個月長假，和女友一起環遊世界。後來落腳柏克萊，倒不是為了尋找什麼賺錢機會，只是因為女友想搬到加州。

雷德利本來根本不想搬到柏克萊。他在曼哈頓長大，只要過個橋或隧道離開曼哈頓，就會像灰姑娘的馬車一樣變回南瓜。他之所以搬到柏克萊，是因為一起投資的點子和那十一萬美元都是麥伊的，連他睡覺的車庫也是麥伊的。

公開市場上，很多人為了瘋狂的理由做奇怪的事

他們雖然沒錢、沒把握，但對金融市場倒是有自己的想法——精準的說，是兩個相關的想法。曾在私募基金工作的經驗，讓他們相信：**比起公開市場，非公開市場更有效率**。雷德利說：「在非公開市場中，雙方通常都有經驗豐富的精明顧問，不會有人對一件東西的價值毫無基本概念。但在公開市場上，大家關心的是每季盈餘，而不是事業的長遠發展，很多人會為了各種瘋狂的

理由，做出一些奇怪的事。」

他們也認為，公開交易的金融市場裡，缺乏對整體大局感興趣的投資人，例如投資美股的人只買美股，買日本債券的人只關心日本債市。雷德利說：「甚至有些人什麼都不做，就只投資歐洲中型醫療保健債券。不只是金融界這樣，現代生活中也常可見到這種只專注特定領域的現象，大家似乎都對整合思考沒什麼興趣。」金融業願意付極高薪資，給很多非常專精於特定領域的人，但卻只願意花很少錢，去聘請那種能在不同市場之間配置資金、具備全球觀點的人才。

二〇〇三年年初，康沃爾資本管理公司才剛開業，這意味著麥伊和雷德利要比過去花更多時間待在柏克萊的車庫裡（也是雷德利的臥室）。

他們要找的，不只是「無效率市場」，而且是要「以全球為範圍」，找出無效率市場，包括股市、債市、貨幣市場、大宗物資市場等等。

除此之外，他們還有另一個想法。

當時，他們偶然發現了一家名叫第一資本金融公司（Capital One Financial）的信用卡公司。這家公司想出一種很聰明的方式，放款給信用評分差的美國人。雖然該公司的主要業務是信用卡而非房貸，但面對的客群都來自同樣的社會階層——也就是數年後市場崩盤後，再也無法獲得房貸的那些人。

整個一九九〇到二〇〇〇年代，第一資本都宣稱自己有比其他同業更好的方法，分析次優信用卡用戶的債信，並計算放款給他們的風險成本，市場也深信不疑。一九九〇年代末期，數家競爭對手垮了，他們則安然度過該產業的風暴期。但是，二〇〇二年七月，第一資本的管理高層主動透露，他們和兩個政府主管機關（儲貸機構監理局和聯準會）正在討論該為潛在的次優貸款損失提列多少準備金。

消息一出，第一資本的股價暴跌，兩天就跌了六〇％。因為市場開始質疑第一資本其實沒有比同業高明，只是比較會隱藏損失而已。市場也開始猜測，主管機關可能已發現第一資本詐騙事證，準備開罰。各種傳出的間接證據，讓一切看起來似乎罪證確鑿，例如美國證管會（SEC）宣布他們正在調查第一資本剛請辭的財務長，因為他在公司遭調查的消息曝光、股價重挫的兩個月前，就已經出售了持股。

但接下來的六個月裡，第一資本持續以驚人速度獲利，並強調自己並無不法，而且主管機關調查中的兩百億美元次優貸款組合其實並沒有多大虧損。儘管如此，公司股價依舊毫無起色。

用一種市場罕見的方法，成功一夕致富

雷德利和麥伊開始研究這起事件。他們去參加業界會議，打電話給各種不認識的人，纏著他們打聽消息，例如賣空者、第一資本前員工、曾為第一資本提供諮詢的管理顧問、競爭對手，甚至是

主管機關的人員等等。

雷德利說：「我們發現，外界流傳的訊息很有限，我們得到的訊息和其他人一樣。」他們認為，第一資本在貸放次優貸款方面可能確實有更好的方法。

所以，現在只剩下一個問題：這家公司真的是由騙子經營的嗎？

這不是兩個三十多歲、帳上只有十一萬美元資金、想投身金融市場的人能回答的問題，但他們總覺得該找出答案。於是，他們去找第一資本執行長理查．費爾班克（Richard Fairbank）的大學同學，打聽費爾班克的人品。麥伊也去翻閱第一資本呈報證管會的 10-K 年度報告，想看看公司裡有哪些人，或許會答應和他見面。雷德利解釋：「如果我們直接找執行長，他一定不會答應見我們。」

最後，他們找到位階較低的彼得．許納爾（Peter Schnall），剛好是負責次優貸款組合的副總裁。雷德利表示：「我感覺他們似乎對各種詢問習以為常了，因為當我們表明想和許納爾談談時，對方一口就答應。」雷德利和麥伊自我介紹時，對於康沃爾資本是什麼樣的公司輕描淡寫的帶過。「這很有趣，」麥伊說：「大家都覺得問人家手上有多少錢不禮貌，所以你也沒必要主動透露。」

他們問許納爾，能否在他們投資第一資本前先去拜訪他，問他幾個問題。雷德利表示：「其實我們真正想做的，是看他像不像個騙子。」

他們發現，許納爾非常有說服力，而且他也買進自家公司的股票。所以見面之後他們認為，第一資本被主管機關調查並不是關鍵，因為這家公司基本上是誠實的。麥伊表示：「外界覺得第一資本可能是騙子，但我們認為：可能不是。」

接下來發生的事，讓他們意外地透過一種金融市場罕見的方法，成功一夕致富。

市場上大家習以為常的模型裡，藏著……

自從和主管機關纏鬥的消息傳出，第一資本的股價在後續的六個月，一直在三十美元左右狹幅震盪。但每股三十美元，顯然不是雷德利和麥伊心目中的「合理」價格。在他們看來，這家公司如果是騙子，股價應該是零；如果像雷德利和麥伊所見的那樣誠實，股價該值六十美元。

就在這時，麥伊正好讀完葛林布雷的著作《你也可以成為股市天才》（也就是促使貝瑞成立避險基金的那本書），葛林布雷在書中最後提到，他用一種叫做「長期選擇權」（Long-term Equity AnticiPation Security, LEAP）的衍生性金融商品（這種金融商品提供買家以固定價格買股票的權利）賺了很多錢。

葛林布雷解釋，有時候買股票的選擇權，比直接買股票好。這個論點在價值投資者的世界裡，算是異端邪說，因為買選擇權意味著你有能力抓出被低估的股票，而且知道價格什麼時候會變，所以傳統的價值投資者會避免使用選擇權。葛林布雷的論點很簡單：如果股價在某個即將發生的事件（日期已知，例如合併日或開庭日）後會明顯變動，價值投資人就可以放心地運用選擇權，印證自己對股票的看法。

這讓麥伊想到了一個點子：買進第一資本的長期買權。「那時的情況有點是這樣的：我們覺得這支股票前景不錯，但天啊，它的選擇權價格也太便宜了吧！」

接下來兩年半內，以每股四十美元買進第一資本的買權，才三塊多美元，那實在太不合理了。第一資本和主管機關的爭議應該在幾個月內就會有定論，有了定論後，股價要不是跌至零，就是跳漲至六十美元。

麥伊進一步研究後發現，華爾街常用「布萊克－休斯選擇權定價模型」（Black-Scholes option pricing model）為 LEAP 定價，但這模型有一些奇怪的假設，例如，它假設未來股價是呈鐘形的常態分配。如果第一資本現在每股三十美元，這個模型會假設未來兩年股價漲到三十五美元的機率高於四十美元，漲到四十美元的機率高於四十五美元，依此類推。這樣的假設，對完全不清楚該公司狀況的人來說很合理，但卻忽略了一個關鍵：當第一資本的股價變動時（它的股價一定會變），只會大幅變動，不會小幅調整。因此，康沃爾資本馬上買了八千張 LEAP，潛在損失頂多只是購買選擇權的兩萬六千美元，但是，潛在獲利卻沒有上限（至少理論上如此）。

沒多久之後，主管機關還第一資本清白，股價馬上飆漲。康沃爾資本的選擇權部位總值五十二萬六千美元，雷德利說：「太過癮了！」

「竟然有人會以那麼便宜的價格賣我們長期選擇權，實在令人難以置信。」麥伊說：「所以我們又去尋找更多類似的長期選擇權。」

用小額資金，賭一賭發生機率不高、但賠率很高的事件

這也成了他們絕佳的獲利策略：先買進某家韓國公司的股票，或豬肉，或是第三世界貨幣的便宜買權或賣權（只要是價格有可能出現劇烈變化的東西，他們都買），接著再用選擇權去買賣標的物獲利。選擇權很適合他們兩人的個性：永遠不必確定任何事。他們認為，很多人（以及整個市場）對本質上不確定的事太過肯定，無法為極不可能發生的事件估算合適的機率。麥伊和雷德利不輕易相信自己的看法，但看到別人的看法錯誤時，又能精確反應。

每當發現誘人的機會時，其中一人便開始用詳盡的簡報搭配PowerPoint投影片分析。他們其實沒有簡報對象，做簡報只是要確認彼此的想法是否合理。他們只有在覺得即將發生戲劇性轉折時，才會投入市場，用小額資金押注那種預估發生機率不高、但賠率很高的事件。他們對韓國股票或第三世界貨幣沒什麼概念，但他們其實也不需要了解，只要發現賭任何證券的價格變動很便宜，便可以雇用專家幫他們釐清細節。「我們一直以來都是採用這種投資型態。」麥伊表示，「靠著那些比我們懂更多的聰明人，來幫我們研究。」

他們押注第一資本嘗到甜頭後，接著又從經營困難的聯合泛歐有線電視（United Pan-European

Cable，簡稱UPC）取得了類似成果。這一次他們的資金更多，所以買了五十萬美元的買權，履約價格和市價差距極大。等UPC大漲時，他們現賺了五百萬美元。麥伊說：「我們真的樂翻了！」接著，他們又賭上一家為病患宅配氧氣筒的公司，二十萬美元賭金也很快就變成三百萬美元獲利。

「我們賭三把，連贏三把。」雷德利表示，「我們樂歪了，我第一次覺得自己可以長久做這件事。」

記住：世事並不是連續的，別做蠢事！

他們要不是真的運氣太好，就是意外發現了現代金融市場的嚴重缺陷。

本質上，他們並不確定自己在賭什麼，就像雷德利說的：「我們究竟是真的厲害，還是純粹運氣好，其實很難說。」不過他們沒花時間多想，因為他們知道自己其實要搞懂的事情太多了，尤其是金融選擇權。他們曾經雇用一位加州大學柏克萊分校的統計系博士班學生，但有一次他們要這位員工研究豬肉的期貨市場時，他就辭職了。「後來我們才知道他吃素。」麥伊說：「他本來就不認同資本主義，而豬肉完全超出他的忍受極限。」

於是，他們只好自己努力研究許多複雜的金融理論。麥伊表示：「我們花很多時間自己做布萊克–休斯模型，看改變模型的各種假設時會發生什麼事。」最讓他們意外的發現是：這個模型可以讓他們以極便宜的成本，投機可能出現兩極結果的情境。舉例來說，如果隔年股票可能跌到零，或是漲到每股一百美元，那麼以每張三美元的價格出售履約價五十美元的一年期買權，實在不是個好主意，但市場的確常做這種蠢事。華爾街用來評價衍生性金融商品模型時，往往假設金融市場是一個有序、連續的過程。但世事未必連續，通常會因為意外而導致價格瞬間出現劇變。

他們從事的，是所謂「事件導向投資」（Event-driven investing），這個詞可能是他們自創，也可能是從別處聽來的，字面上看起來沒什麼特別，但實際上非常有趣。

有一天，雷德利突然對乙醇的期貨市場感興趣。其實他對乙醇所知不多，但他看到乙醇享有每加侖五十美分的政府補助，所以理論上交易價格應該比每加侖汽油多五十美分。雷德利發現二〇〇五年年初，乙醇有陣子的交易價格竟然比石油少了五十美分。雷德利不明白原因，也一直找不到答案，但他買了足以裝滿兩節車廂的乙醇期貨，還因此登上《今日乙醇》雜誌（*Ethanol Today*，他原本不知道有這本雜誌）的頭條。這筆交易把康沃爾資本的期貨經紀人搞得很火大，因為他們後來必須在芝加哥的某個儲料場收下裝滿乙醇的車廂，但從這筆生意賺到的費用卻少得可憐。「這交易在處理上的麻煩，遠比資產本身複雜許多。」雷德利表示，「我們這種小規模的投資人，通常不會跨資產類別做交易。」

「我們做的事，通常會讓投資者跳腳，」麥伊說：「但這種事在我們這沒發生過，因為我們根本沒有投資者。」

他們曾經也想過，把賺來的錢交給有證照、優秀的專業操盤手。於是他們在紐約跑了幾週，面試避險基金經理人。「他們聽起來都很棒，」麥伊表示，「但你看他們的績效曲線圖，其實都是平的。」

所以他們決定還是自己投資。

你是小散戶？來，給你最糟的價格、最爛的服務

開業兩年後，康沃爾資本管理的資金已達到一千兩百萬美元，並把總部和住家從柏克萊的車庫搬到曼哈頓的辦公室：位於格林威治村藝術家朱利安·許納貝（Julian Schnabel）工作室的其中一層樓。

他們也把投資帳戶，從嘉信理財轉到貝爾斯登。他們一直很想和華爾街的大型銀行往來，所以對他們的會計師提過這個想法。雷德利說：「會計師說他認識艾倫·葛林柏格（Alan Greenberg），可以介紹我們認識，我們說太好了。」

葛林柏格是貝爾斯登前董事長兼執行長，是華爾街的傳奇人物，也是一些投資大戶的經紀人。他在貝爾斯登的辦公室，當時仍保留著。當康沃爾資本把資產轉存到貝爾斯登後，果然就看到對帳

單上掛著葛林柏格的名字。

兩人第一次接觸華爾街大銀行的感受，就像他們在金融市場的多數境遇一樣，充滿了驚喜，也令人費解。就像剛剛說的，他們連葛林柏格都沒見過，就成了他的客戶。

「我們是無足輕重的小咖，」雷德利說：「從來沒見過他。」每次他們想和葛林柏格見面，這種神祕感就越明顯。他們有葛林柏格的電話號碼，但每次打過去都是別人接的。雷德利說：「真的很詭異，偶爾葛林柏格會自己接電話，但他只會說：『等一下。』接著就換祕書來接單。」

後來，他們終於得到和這名華爾街傳奇人物見面的機會，不過那次見面非常短暫，以至於他們無法確定自己見到的到底是葛林柏格本尊，還是一位扮演葛林柏格的演員。「我們被帶進門三十秒，真的只有三十秒，然後就莫名其妙被請出門了。」麥伊說。

「我們一直覺得葛林柏格不太對勁。」雷德利說。這個現在被他們稱為「扮演葛林柏格的演員」的人，始終沒幫他們解決一個最大的問題。

他們只是小散戶，華爾街對他們來說簡直莫測高深。雷德利表示：「我從來沒踏進過華爾街大銀行，只能透過別人的描述來想像裡面是什麼樣子。」為了做想做的交易，他們必須讓華爾街銀行以為他們是熟悉華爾街門道的人。麥伊說：「小散戶是次等公民，你會得到最糟的價格、最爛的服務，什麼都是最壞的。」

面對生活中的極端事件，你選擇戰或降？

班．霍克特是麥伊在柏克萊的新鄰居，三十出頭，在德意志銀行東京分行銷售與交易衍生性金融商品九年。和麥伊及雷德利一樣，他有種異於一般金融界人士的溫和氣息。

「我入這行時單身，二十二歲。」他說：「現在有妻小和一隻狗，我討厭這一行，討厭自己下班回家的樣子，不希望孩子在這樣的環境中長大。所以我想，我得離開這裡。」他遞出辭呈時，上司要他列出對工作的不滿。「我告訴他們，我討厭進辦公室、討厭穿西裝、討厭住在大城市。」結果他們告訴他，愛穿什麼就穿什麼，想住哪裡就住哪裡，想在哪工作都可以，只要繼續為德意志銀行效勞就行。

於是，霍克特從東京搬到舊金山灣區，帶著德意志銀行給他的一億美元資金，在舒適的柏克萊山（Berkeley Hills）新家做交易。他合理懷疑自己可能是柏克萊那一帶，唯一在市場上尋找信用衍生性商品套利機會的投資人，所以當他發現同一條街上那個整天想著環遊世界的傢伙，竟然在找金融突發事件以便投資長期選擇權時，他感到相當意外。

霍克特和麥伊常一起出去遛狗，麥伊常向霍克特打探華爾街及金融市場的消息，最後終於說服霍克特辭去正職，加入康沃爾資本。

於是，霍克特辭去德意志銀行的工作，但很快就發現自己又回到孤軍奮鬥的模式，因為雷德利發現自己已經有能力搬回紐約，於是決定搬回曼哈頓。後來麥伊和女友分手，也急著搬回紐約。

他們是一群志同道合的怪咖，三人看法一致，都覺得市場常會低估極端改變的機率。不過，雷德利和麥伊主要是對金融市場的災難機率感興趣，但霍克特還會分出一點心思，注意現實生活中發生災難的機率。因為他認為，很多人也會低估現實生活中的災難，因為一般人通常不願多想這種事。

在市場和現實生活中，大家面對極端事件的反應，通常有兩種：戰或降。「戰，指的是拿起武器；降，則是認為反正都死定了，什麼都不必做。」雷德利和麥伊屬於後者，當霍克特對他們說全球暖化可能導致海平面上升六公尺，他們只是聳聳肩說：「反正我也阻止不了，何必擔心呢？」或「萬一真的發生了，反正我也不想活了。」

「他們是兩個曼哈頓單身漢。」霍克特說：「他們的想法是：『如果不能住在曼哈頓，我們也不想活了。』」雷德利和麥伊對金融市場極端變化的機率感興趣，卻一點也不關心市場以外出現極端變化的可能性，這點讓霍克特很訝異。「我則是努力為自己和孩子做好準備，以因應不可預知的環境。」霍克特表示。

這種念頭，雷德利和麥伊希望霍克特自己想想就好。例如，沒有人需要知道霍克特在舊金山北部鄉下買了一座偏僻到連條路都沒有的小農場，萬一世界末日來臨，他可以在那裡種植蔬果，自給自足。不過，霍克特覺得光自己想太可惜了，尤其這種世界觀又和他們的投資策略那麼類似——在他們的談話中，往往三句不離意外與災難的可能性。

有一天，雷德利和霍克特通電話，雷德利說：「你不喜歡冒險，但你卻住在山上，那座山又剛好位於斷層線上，而現在房市又處於空前的高點。」

「然後霍克特只回我他有事要忙，就匆匆掛上電話了。」雷德利回憶，「後來我們大概有兩個月都聯絡不上他。」

「當天我一掛上電話，」霍克特說：「心想說快，得趕快把房子賣掉才行！」當時他的房子值一百萬美元以上，如果出租給別人，每月租金頂多兩千五百美元。「房價是每年房租收入的三十倍以上。」霍克特說：「一般的經驗法則是在十倍時買房，在二十倍時賣房。」二〇〇五年十月，他們舉家遷離斷層線，改為租屋居住。

兩個在市場上投機的聰明人，就算賠錢也沒什麼大不了

在霍克特眼中，雷德利和麥伊不像專業基金經理人，比較像是業餘玩家，又或者就像他形容的「兩個在市場上投機的聰明人」。不過，他們「以低價參與罕見金融市場劇變」的投資策略，和他不謀而合。

這種策略並非萬無一失（其實失敗次數比成功還多），有時他們企盼的變局沒發生，有時他們甚至不知道自己在做什麼。有一次，雷德利發現石油期貨市場出現奇怪的價格差異，很快就買進一

筆石油期貨並賣出另一筆，以為自己逮到了好機會，結果發現是自己擺烏龍，原來「一筆是無鉛汽油，另一筆是柴油」，麥伊說。

另外有一次，他們的假設正確，但結論還是錯了。「有一天霍克特打電話告訴我，說泰國會發生政變。」麥伊說，但報上完全沒出現泰國暴動的新聞，可說是真正的獨家消息。「我說：『拜託，霍克特，你瘋了，怎麼會有政變？你人在柏克萊，是怎麼知道的？』」霍克特說他剛和以前的新加坡同事談，那人一直密切關注泰國脈動，他很確定要快點投入泰銖市場，買超便宜的三個月泰銖賣權。一個禮拜後，泰國軍方果然推翻了民選總理，但問題是：泰銖價位動也不動！「我們預測正確，卻賠錢了。」麥伊說。

不過，依據他們所採取的策略，就算賠錢也沒什麼大不了，因為賠錢本來就是策略的一部分。事實上他們虧損的次數遠比獲利次數多，但相較於獲利，虧損的金額（投資選擇權的成本）可說微不足道。

對於自己的成功，雷德利和麥伊只能歸因於直覺，倒是曾在華爾街上班的霍克特，對於自己的成功原因解釋得比較清楚：**金融選擇權的定價，有系統性偏誤**。市場經常會低估價格激烈變動的可能性，並且假設「遙遠的未來」和「現在」相似。還有，股票、貨幣或大宗物資的波動，會影響選擇權價格，選擇權市場通常也會依據現貨市場最新近（recent past）的波動來判斷未來的可能波動程度。當ＩＢＭ每股三十四美元、近一年「價格波動很大」時，近期以每股三十五美元買ＩＢＭ股票的買權不太容易被低估。但如果黃金「過去兩年價格穩定」、維持約一盎司六百五十美元，那麼未來十年用一盎司兩千美元買黃金的選擇權，就可能被嚴重低估了。選擇權的期間越長，用布萊克－休斯選擇權定價模型產生的結果就越可笑。這也意味著：對那些不使用這個模型的人來說，賺錢的機會也越大。

你們憑什麼跟我們往來？厚臉皮……

三人當中最不按牌理出牌的是霍克特，但有趣的是，別人眼中康沃爾資本是「傳統投資法人」的形象，卻是靠他塑造出來的。

霍克特對華爾街交易室的運作瞭若指掌，所以他知道當華爾街大銀行不把雷德利和麥伊視為專業投資法人，而將他們看作「業餘避險基金」時有多吃虧。投資散戶在交易所可獲得的最長期選擇權是LEAP，那是一種兩年半的普通股選擇權。霍克特告訴雷德利和麥伊：「你們知道嗎，如果你們把自己塑造成專業投資法人，就可以打電話給雷曼兄弟或摩根士丹利，買任何東西的八年期選擇權，想不想試試看？」

當然想啊！雷德利和麥伊非常渴望直接和這些業者——高盛、德意志銀行、貝爾斯登等最先進、計量導向的交易室——交易，因為他們才是這些價格被低估的選擇權的源頭！這種直接交易的資格，叫 ISDA（他們稱之為「打獵執照」），是國際交換及衍生性金融商品協會（International Swaps and Derivatives Association）所推出的，也是貝瑞購買第一筆信用違約交換以前，所取得的協議。只要取得 ISDA，理論上你就能和華爾街銀行直接交易。

問題是，儘管他們的投資績效很好，但資金很少，而且只操作自己的錢。在華爾街，他們頂多算是「高淨值散戶」，亦即有錢人。有錢人從華爾街得到的服務比中產階級好，但和投資法人相比還是次等公民。更重要的是，華爾街通常不會找有錢人買賣不在公開交易所交易的衍生性金融商品，例如信用違約交換，儘管這些金融商品已日漸成為華爾街的交易主軸。

二〇〇六年年初，康沃爾資本的資金規模已成長到近三千萬美元，但是對華爾街出售信用違約交換的交易室來說，數目還是少得可憐。

麥伊說：「我們打電話給高盛，馬上就聽出他們不想和我們做生意，雷曼兄弟還嘲笑我。他們就好像堅不可摧的堡壘，你要嘛攀越上去，要嘛從底下挖洞鑽進去。」雷德利說：「摩根大通直接拒絕和我們往來，他們說我們太麻煩了。」

的確如此。他們只有小孩的資金，卻想被當成大人看待。雷德利說：「我們想從德意志銀行買白金選擇權，他們說：『抱歉，我們沒辦法和你交易。』」當你不想花錢找華爾街的人幫你管理資金，而想自己管理時，華爾街會讓你付出代價。「沒人願意接我們的單，」麥伊說：「我們到處打電話，每筆交易至少要一億美元。」

碰了幾次壁後，當他們打給瑞銀時，已經知道當對方詢問有多少資金時不要回答。麥伊說：「我們學會瞎掰，閃過那個問題。」結果，瑞銀仍然回絕他們，只是花了比較長的時間。「他們問：『想做空多少？』」雷德利回憶，「我們說不是很多，他們又問：『你們有多常交易？』我們說不是很常，然後對方沉默了好一會兒，接著才說：『讓我跟老闆說一下。』之後我們就再也沒接到他們的回覆了。」

與摩根士丹利或美林等公司聯繫的結果，也沒好到哪去。雷德利說：「他們會說：『讓我看看你們公司的宣傳資料。』我們回答：『呃，沒有那東西。』接著對方會說：『好吧，那讓我看看你們的委託文件。』但我們也沒有委託文件，因為我們沒有別人委託的資金。『好吧，那讓我們看看你有多少資金。』『呃，也沒有很多。』這時他們會說：『好吧，那讓我們看看你的履歷就好。』」如果雷德利和麥伊與基金管理業有任何關聯（例如曾經待過基金管理公司之類的），或許在談生意的時候會好一點，偏偏他們什麼都沒有。「每次問到最後，對方都會說：『所以你們究竟有什麼？』」

有厚臉皮，外加三千萬可以隨意運用的資金，還有一個深信市場末日即將來臨的前衍生性商品交易員。「雷德利和麥伊向券商申請 ISDA，兩年過去都沒下文，他們真的不懂訣竅。」知道華爾街大銀行運作的霍克特說。

幸好，他們沒去上廁所

雷德利一直沒弄懂霍克特是怎麼辦到的。

德意志銀行原本規定資金要在二十億美元以上才算投資法人，但霍克特說服了德意志銀行，把康沃爾資本放入他們的「投資法人平台」上。霍克特表示，關鍵在於找對人、用對方熟悉的語言。不久，德意志銀行就有個小組同意來拜訪，看看康沃爾資本是否值得獲得法人的特殊待遇。「霍克特很有一套。」雷德利說。

德意志銀行有一套規定叫做「了解客戶」（Know Your Customer, KYC），倒不是真的要徹底摸清客戶底細，但規定員工必須至少親自造訪客戶一次。雷德利和麥伊一聽到對方要來訪，終於第一次覺得自己把辦公室設在格林威治村這種比較另類的地方，似乎不是個好主意。

「我們有門面問題。」麥伊含蓄的點出問題所在。樓梯間飄著剛漆上的油漆味，樓下唯一的廁所也亂七八糟。雷德利說：「我當時心想：『萬一到時候有人要上廁所，麻煩就大了。』」康沃爾資本的小小空間裡沒有半點金融味，位於建築後方一個偏暗的房間，有紅色磚牆，往外通往叢林般的小花園，比較像是情侶拍拖的場景，而不是購買信用違約交換的地方。

麥伊說：「對方來訪時，是有一、兩次小尷尬，因為我們辦公室樓下是裁縫工作室，他們可以聽到裁縫師工作的聲音。」不過，幸好德意志銀行的人都沒去上廁所。最後，康沃爾資本順利取得了 ISDA 資格。

但他們發現，德意志銀行這份協議中，對康沃爾資本的要求較多，對德意志銀行的要求卻很少。例如，當康沃爾資本和德意志銀行的交易出現「價內選擇權」時，德意志銀行不需要提列保證金擔保，康沃爾資本只能祈禱德意志銀行會依約還錢。相反的，如果交易對康沃爾資本不利，他們則得每天補繳保證金。不過當時他們並沒特別在意（他們後來和貝爾斯登簽的 ISDA 裡也有類似條款），光是可以向李普曼直接購買信用違約交換，他們就開心死了。

急著想賺錢的年輕人，無法相信竟然有這種交易存在

接下來，該做什麼呢？他們是急著想賺錢的年輕人，無法相信竟然有這種交易存在，也不知道這種交易還會存在多久，為此他們討論了好幾個月。對他們來說，李普曼說的那一套雖然誘人，卻不屬於他們熟悉的領域。康沃爾資本不曾買賣過次貸債券，但他們可以看出信用違約交換其實就是一種金融選擇權——你付一筆小錢，只要有足夠的次貸借款人違約，你就發了。而現在的情況是：他們只要付一點錢，就可以賭一場看起來幾乎確定會發生的劇變。

他們為自己做了另一個簡報，雷德利說：「我們心想：世上怎麼會有這麼好康的事！我竟然可以用這種價格買到ＢＢＢ級次貸債券的信用違約交換？哪個腦筋清楚的傢伙會冒這個險？價格實在

低得離譜，沒有道理。」當時是二〇〇六年十月初，六月時全美房價首次開始下跌。五週後的十一月二十九日，次貸債券指數ABX首次出現利率短缺（interest-rate shortfall）。借款人無法付息償還風險最大的次貸債券，已經有房貸開始違約了，但以那些房貸為標的的債券價格仍不為所動。

「那正是詭異的地方。」雷德利說：「貸款已經開始出問題了，我們還在問：『究竟是誰站在交易的另一邊？』我們聽到的說法都是CDO，所以我們進一步追問：『誰是CDO？什麼是CDO？』」

通常雷德利和麥伊跨入一個新市場（發現某個潛在事件可能發生，似乎值得賭一把）時，都會找該領域的專家當嚮導。這一次，他們比平常花了更久的時間才找到幫手。

雷德利說：「我對資產擔保證券（ABS）有概略的了解，但不知道什麼是CDO。」最後他們才明白，「語言」在金融市場內扮演的角色，和在市場外不同。以債市來說，許多語言的設計不是為了傳達意義，而是要讓外行人搞不清楚狀況。價格太高的債券不叫「貴」（expensive），而是「高貴」（rich），讓它聽起來更像是某種你該買來擁有的東西似的。次貸債券的分級不叫「樓層」（floor），或其他讓債券購買者在腦中產生具體形象的名稱，而是稱為「層級」（tranche）。最底層（最危險的層級）不是「底層」（ground floor），而叫「夾層」或「中層」（mezzanine或mezz），聽起來不像風險投資，比較像是圓頂劇場的高級座位。由次貸債券裡風險最高的中層債券所組成的CDO，也不叫「次貸CDO」，而是「結構型融資CDO」（structured finance CDO，或稱架構式融資）。

雷德利表示：「不同用語讓我們看得一頭霧水。在過程中，我們明白了這些交易為什麼看起來不合理，因為這些用語本身就不合理。」

尤其次貸市場，特別善於模糊焦點。例如，全部以次貸為標的的債券不叫次貸債券，而稱為資產擔保證券（ＡＢＳ）。當雷德利問德意志銀行，究竟資產擔保證券是用什麼資產做擔保時，他拿到一張縮寫清單，其中列有 RMBS、HEL、HELOC、Alt-A 等名詞，還有他原本不知道的債信分類（midprime）。RMBS 是 residential mortgage–backed security（住宅用房貸抵押擔保證券）的縮寫；HEL 是 home equity loan（房產淨值貸款）的縮寫；HELOC 是 home equity line of credit（房屋淨值信貸額度）的縮寫；Alt-A 是連證明文件（例如收入證明）都不需要就貸放出去的垃圾抵押貸款。信用最好的借款人屬 A 級，Alt-A 是 Alternative A-paper 的縮寫，意指信用最好者的替代選項——這樣講明後，聽起來就更可疑了。

這些已有縮寫代稱的貸款，基本上講白了都是次級貸款，只是債市不想講那麼白。midprime 就是一個玩文字遊戲的例子，狡猾的債市玩家看到火熱的次貸市場，就像奧克蘭的房地產業者發現了一個替土地換個名稱、重新包裝的好機會：奧克蘭市郊曾經有個社區，後來改名為洛克里茲（Rockridge），當地房價也因為改了名字而上漲。在次貸市場裡，現在有個類似的東西，就叫做 midprime。midprime 其實就是 subprime，卻故意不那麼稱呼。雷德利說：「我花了一段時間才了解，這些玩意兒其實都指同一件事，華爾街不過是讓信評機構接受不同的名稱，好讓這一切看起來像多元的資產組合。」

刻意找風險看起來非常高、發生機率非常低的交易

雷德利、麥伊、霍克特投入次貸市場時，想做的正是貝瑞及艾斯曼正在做的交易。於是他們開始找最糟的次貸債券，準備做空。他們很快就了解了FICO得分、貸放成數、二胎房貸、加州和佛羅里達州的嚴重狀況，以及債券本身過於樂觀的架構（最底層的BBB級債券只要標的貸款組合出現七％的損失，價值就變零了）。

不過，他們最後做的交易，卻和其他對賭次貸市場的人截然不同，最終的獲利也比較高，因為他們賭的，是CDO較上層的「AA級債券」。

在搞清楚這一切之後，他們發現自己有兩個優勢。第一，他們進入市場很晚，剛好在市場崩盤前夕。雷德利說：「我們之所以能夠進展得很快，是因為看了很多有說服力的分析，不必自己從頭開始。」另一個優勢，則是他們的投資方式和一般人不太一樣——他們刻意去找機率非常低、風險非常高的交易。他們在市場上尋找的，是那種「實際勝算是一〇：一，但以一〇〇：一的勝算計價」的賭盤。

「我們找的是無追索權貸款[1]。」雷德利表示：「槓桿的目的是為了放大效果，就像你手上有一根鐵棍，對它施加一點壓力就可以產生很大的力量，我們想找的，就是這種只要世界稍微改變，就會造成價格劇烈變動的點。」

接著是CDO登場。他們或許不知道什麼是CDO，但CDO和他們的想法一拍即合，因為只要世界稍微改變，就能造成CDO的價格劇烈變動。在他們眼中，CDO本質上就是一堆BBB級次貸債券。華爾街和信評機構合謀，把這些債券包裝成多元資產組合，但明眼人都可以看出，整個市場其實都受到同樣的經濟因素左右，因此只要一檔BBB級次貸出問題，多數次貸都會出問題，就像佛羅里達州的次貸和加州的次貸，都會在同時間、因同樣原因違約。

然而，由BBB級債券組成的CDO，有八成的信用評級都高於BBB（亦即AAA、AA或A級）。只要標的貸款出現七％違約，BBB級債券的價值就會變成零。不過，光是那七％的違約，就足以讓所有由BBB級債券組成的CDO（無論先前的信用評比是哪個等級），價值完全歸零。

「我們花了好幾週才完全弄懂，因為這實在太詭異了。」雷德利說：「當我們越了解CDO是什麼，就越覺得：見鬼了！這真是他媽的瘋狂，根本是詐騙！你或許無法在法庭上證明這是詐騙，但它就是詐騙！」

當市場相信自己的謊言，放手一搏吧

這也是千載難逢的機會：市場似乎相信了自己的謊言，對CDO裡一般認為安全的AA級債券收取的保費，比被視為危險的BBB級債券便宜許多。如果每年用〇·五％的費用對賭CDO的AA級債券就能達到一樣的效果，那又何必付二％的費用對賭BBB級債券呢？如果只付四分之一的錢就能得到一樣的效果，他們可以把投資規模放大四倍。

他們打電話給華爾街每一家大銀行，看看有沒有人會勸阻他們買AA級CDO的信用違約交換。「這真的看起來好到令人難以置信。」麥伊說：「當有某種東西看起來好到令人難以相信時，我們會去找出原因。」

德意志銀行一位名叫瑞奇·里洛（Rich Rizzo，他在李普曼底下工作）的員工，就曾試著勸退他們。里洛解釋，把CDO信用違約交換加以標準化的ISDA協議（這和把抵押債券信用違約交換加以標準化的ISDA協議不一樣）在數個月前才出爐（二〇〇六年六月），至今還沒有人買AA級CDO的信用違約交換，這表示它們可能沒有流動市場。沒有流動市場就無法保證讓他們在想賣時

1　編按：這種貸款的借款人不能按期償還貸款時，貸款的機構只能處分抵押物，而不能處分借款人的其他財產，因此對貸款機構而言風險較高。

就能賣出，或取得合理的價格。

「里洛還提到另一點，」雷德利回憶，「他說情況就算惡化，不會糟到連CDO都變糟。」

但康沃爾資本不這麼認為。雖然他們不確定次貸違約的數量是否會多到導致CDO也崩垮，可是他們確定德意志銀行自己也不知道，沒有任何人知道。一筆AA級CDO的保險可能有個「適當」的價格，但絕不是低到離譜的〇．五％。

玩文字遊戲，連取名都不誠實

如果你想賭CDO，當然就得知道CDO裡到底有什麼，但是，他們也不知道。光是取得這些資訊就困難重重，由此可見多數投資人都是乾脆跳過「實質審查」的步驟。每一個CDO都包含一百檔不同的次貸債券，這些債券又包含了數千筆不同的貸款，幾乎不可能看出是哪檔債券或哪些貸款。

他們原以為，信評機構應該最清楚，結果發現，連信評機構也說不出個所以然。「我打電話給標準普爾，問他們能否告訴我，CDO裡包含了哪些東西。」雷德利說：「他們說：『喔，這點我們也正在了解。』」穆迪和標準普爾看到這些BBB債券，直接假設它們是多元組合，並賦予它們評級，實際上連這些債券是什麼東西都不知道！市場上有數百檔CDO（過去三年內總共創造出總值四千億美元的CDO），但據他們所知，沒有一筆是經過適當審查的。

後來，雷德利找到一個可靠的資訊來源，說明CDO的內容，那是一家名為印台克斯（Intex）的數據公司。但那家公司不願回他電話，他猜想對方可能沒興趣和小散戶打交道。後來他終於找到一個雷曼兄弟架設、名為LehmanLive的網站[2]。

但LehmanLive也沒法具體告訴你CDO裡面有什麼，你只可以大略看出一些重要資訊，例如背後的債券是哪一年發行的、其中有多少是次貸債券等等。雷德利和麥伊把資料投影到辦公室的紅磚牆上，開始找出具備下列兩項特質的CDO：

一、全部以近期次貸組成的債券比例最高的CDO；

二、包含別的CDO比例最高的CDO。

CDO還有一個詭異的現象：它們通常是由其他CDO的層級重新包裝而成，而且應該都是華爾街覺得很難銷售的層級。更怪的是，它們通常環環相扣：CDO「甲」會包含一部分的CDO「乙」，CDO「乙」包含一部分的CDO「丙」，CDO「丙」也包含一部分的CDO「甲」！

---

2 即使現在雷曼兄弟已經消失，LehmanLive仍是尋找許多CDO內容的關鍵來源。

想在ＣＤＯ裡找出垃圾債券，就像在流動廁所裡撈垃圾一樣——問題不在於你能不能找到，而是你很快就覺得你已經撈夠了。

這些ＣＤＯ的名稱都很不誠實，完全看不出內容、發行者、管理者，例如卡瑞納、寶石、南極座第三、冰川資金。麥伊說：「它們的名字看起來毫無章法，我們從來沒想到，其中有很多是以紐約州阿迪朗達克國家公園（Adirondacks）裡的山命名的。」

你們為什麼不乖乖買股票就好，幹嘛買這麼奇怪的商品

他們很快就列出最爛的ＣＤＯ，詢問了幾家券商。過去，為了爭取與大券商直接往來，他們吃盡苦頭。現在，他們想找到次貸債市裡願意跟他們往來的經紀人，這種苦頭又重來一遍。雷德利說：「我們打電話去，他們都說：『你們為什麼不乖乖買股票就好！』」貝爾斯登甚至不相信這幾個沒什麼錢的年輕人，不僅想買信用違約交換，而且還是那麼特殊、沒人買過的信用違約交換。

「我記得嘲笑過他們。」一位接到他們首次詢問的貝爾斯登信用違約交換業務員表示。

他們打電話給德意志銀行時，電話被轉接給一名二十三歲、手上沒半個客戶的菜鳥業務員。「我之所以認識霍克特和雷德利，」這位年輕人說：「就是因為德意志銀行裡沒人想理他們。」他們只有二千五百萬美元，對德意志銀行來說實在是微不足道，沒人想接他們的電話，銀行裡的人甚

至還拿他們公司的名字開玩笑，他們說：「『坑我喔』（康沃爾的諧音）又打來了！」

不過，德意志銀行又一次證明，他們是華爾街上最願意和康沃爾資本往來的業者。二〇〇六年十月十六日，李普曼的交易室賣了價值七百五十萬美元、一檔名叫松山（Pine Mountain，沒人知道為什麼取這名字）的AA級CDO信用違約交換給他們。四天後，貝爾斯登也賣給他們五千萬美元的信用違約交換。「他們不知怎麼認識了葛林柏格，所以我們只好和他們交易。」一位貝爾斯登的信用違約交換業務員表示。

我們已經在射飛鏢，只是想射得更準一點

雷德利和麥伊持續打電話給他們能想到的任何人，不放過任何和這個新市場有點關係的人。他們希望有人能解釋，為什麼這個市場看起來那麼瘋狂。

一個月後，他們終於找到並雇用了一位市場專家——大衛．柏特（David Burt）。《機構投資者》（*Institutional Investor*）雜誌有一份熱門名單「固定收益二十大新星」，用來衡量債市工作者的收入排名。柏特的大名榮登在次貸市場的收入排行榜上，他曾為貝萊德（BlackRock）一兆美元的債券基金（美林擁有一部分）評估次貸信用，主要任務是幫貝萊德在債券出問題之前挑出問題債券。離開貝萊德後，柏特打算募一筆基金自立門戶，投資次貸債券。為了支應日常開支，他答應以

每個月五萬美元的酬勞，當康沃爾資本的顧問。

柏特手中握有驚人的資料和分析模型，例如他可以按郵遞區號告訴你，在各種房價水準下，次貸市場會出現什麼變化，甚至告訴你某一檔次貸債券價格可能會出現什麼變化。他認為，運用這些資訊的最好方法，就是買進看起來比較安全的次貸債券，同時把不安全的次貸債券賣出。

不過，康沃爾資本這三人對於業內人士這種複雜的操盤手法不感興趣，如果你相信整個次貸市場即將崩盤，實在不必浪費時間去挑什麼報酬率最好的次貸債券。他們把選好的CDO清單交給柏特，問他的看法。「當我們不了解自己為什麼會做某件事時，總是希望有人可以解釋給我們聽。」麥伊說：「但是柏特也說不出個所以然。」柏特只能告訴他們，他們可能是第一個買AA級CDO信用違約交換的人。

他們還是不放心，他們覺得CDO市場應該有很多東西是他們不懂的。麥伊說：「我們已經要射飛鏢了，只是想射得更準一點。」

幾週後，柏特給他們的分析報告，讓柏特本人及他們都大感意外，因為他們挑得太好了。雷德利說：「他說：『哇，你們好厲害，這些CDO裡面真的有很多非常糟糕的債券。』」不過當時他們還不知道，這些CDO裡的債券，其實是債券的信用違約交換，也就是說，他們的CDO並不是普通的CDO，而是合成CDO。他們也不知道這些違約交換的標的債券，是貝瑞、艾斯曼及其他人精心挑選要對賭的市場。總之，從很多方面來說，他們仍然被市場蒙在鼓裡。

當然，關鍵是不要變成賭桌上的傻蛋。二〇〇七年一月，雷德利和麥伊僅有三千萬美元資金，卻握有價值一．一億美元的AA級資產擔保CDO的信用違約交換。賣給他們信用違約交換的人，還是摸不清他們的目的。「他們的賭注是資本的好幾倍。」一位年輕的德意志銀行經紀人說：「而且他們做的是CDO的信用違約交換，這東西整個銀行大概只有三、四個人懂。」

迎接大收割！一齣有史以來最精采的金融大戲即將登場

對於自己在做什麼，雷德利等人也似懂非懂。

「我們對這種交易有點著迷。」雷德利說：「我們盡量找人詢問，但還是搞不清楚是誰在和我們對做。我們一直希望，能有人告訴我們做錯了，也一直在想自己哪根筋不對。我們內心有種強烈的感覺：我們是不是瘋了？」

當時，離市場反轉還有幾個禮拜，危機即將登場，但他們並不知道。他們誤打誤撞闖入的這座戲院，正準備上演一齣有史以來最精采的金融大戲。但當時他們不敢確定，唯一確定的，是還有很多他們不知道的事情。

有一天在電話上，貝爾斯登的信用違約交換業務員提到，一年一度的大型次貸會議將在拉斯維加斯舉辦五天，次貸市場的大咖都會參加。貝爾斯登正為客戶規畫一場特殊的戶外活動：安排客戶在拉斯維加斯的靶場學習各種槍枝（從葛拉克手槍到烏茲衝鋒槍應有盡有）的射擊。

雷德利說：「小時候，爸媽連玩具槍都不准我玩。」於是，他和霍克特一起飛到拉斯維加斯，和貝爾斯登玩射擊，同時也去那裡找找看有沒有人能向他們解釋，為什麼和次貸市場對賭，是錯的。

｜第6章｜

蜘蛛人的賭城之旅

複雜的設局，掩蓋人的愚蠢

跟艾斯曼打高爾夫球，和跟其他華爾街人士打球很不一樣。通常在開球前，會有一點小尷尬，因為艾斯曼的穿著老是不符高爾夫球場的規定。

二〇〇七年一月二十八日，他穿著運動短褲、T恤和球鞋，來到拉斯維加斯的頂級巴厘海高爾夫球俱樂部（Bali Hai Golf Club）。陌生人為之側目，丹尼爾和摩斯也覺得很不好意思。「拜託，艾斯曼。」摩斯對這位算是他老闆的人懇求道：「人家這裡有規定，你至少穿一件有領子的上衣吧。」於是艾斯曼搭球車到俱樂部會所，買了一件連帽衫，直接把連帽衫套在T恤外面，任何人一看都知道，這傢伙剛買了一件連帽衫來蓋住T恤。

艾斯曼穿著連帽衫、運動短褲、球鞋，開始打起第一桿。揮桿時他似乎不太有把握，比較像是在練球。他對剛剛那球的落點不滿意，於是從球袋裡拿出另一顆球，丟到比較好的位置。接著，丹尼爾把球打到球道上，摩斯打到深草區，艾斯曼則打到沙坑。他走向沙坑，抓起球，把球扔到丹尼爾的球附近。你要說他「作弊」也不太對，因為他擺明的做，完全沒有絲毫掩飾的企圖，他甚至沒有注意到自己這麼做有哪裡不對。就算他第九次從沙坑裡拿起球，或假裝球沒打進水裡，他還是可以泰然自若地擺出那種無所謂的表情。

丹尼爾說：「因為他的記憶是選擇性的，過去就算有創傷也不會留下傷痕。」你可以說艾斯曼打球像個孩子，也可以說他像個刻意破壞規矩的人，反正兩者的結果都一樣。「怪的是，他球打得還不錯。」摩斯說。

市場就是不崩盤，我還能撐多久？

打了一輪高爾夫球後，他們到永利飯店（Wynn hotel）參加德意志銀行舉辦的飯局。這是艾斯曼第一次參加債市圈的聚會，他一點頭緒也沒有，所以完全交由李普曼安排。

結果李普曼在一家餐廳租了個包廂，艾斯曼等人心想，請這頓飯李普曼應該別有意圖。丹尼爾說：「這個人就算有單純的動機，這單純動機下通常會隱藏著另一個算盤。」總之，任何由李普曼安排的飯局一定有隱藏的目的，這次，又會是什麼目的呢？

原來，是李普曼遇到麻煩了：美國房價下跌，次貸違約率上升，但次貸債券卻不知怎的穩如泰山，信用違約交換的價格也是動都不動。李普曼現在已經做空一百億美元的次貸債券，一年光保費就要一億美元，看起來還不知道要撐多久。摩斯說：「他顯然已經被逼瘋了。」

到目前為止，李普曼的巨額賭注來源，都是靠艾斯曼這些投資人買賣信用違約交換時，支付給他的手續費。但是現在，投資人信心開始動搖。有些早期被李普曼說服的人，懷疑華爾街業者在次貸債市中動了手腳，還有些投資人認為與自己對賭的另一方，可能掌握了他們不知道的內幕。另外還有人看到價格穩如泰山，也不想繼續賭下去了。原本為了參加這場拔河比賽，李普曼找來一群人跟他一起拉繩子，現在，隊友們紛紛想鬆手，他擔心，艾斯曼可能是其中之一。

岡田餐廳的鐵板燒包廂由四區組成，每桌都有一大塊鐵板和一位專屬廚師。李普曼刻意安排做空次貸債券的避險基金經理人分散坐在每一桌，和那些債券的買方坐在一起。他希望讓這些避險基金經理人看到，跟他們對賭的另一方有多愚蠢，然後不再懷疑對方掌握什麼他們不知道的內幕。

這招滿有效的，摩斯和丹尼爾原本就一直擔心，自己是這場交易裡的傻瓜。「我們了解次貸市場，很肯定這些次級貸款會出事。」丹尼爾說：「但令我們不安的是債市，我們之所以來到拉斯維加斯，就是覺得萬一受騙，至少知道自己是怎麼死的。」

艾斯曼坐在李普曼和一位名叫鄒文（Wing Chau，音譯）的人之間。鄒文說，他經營一家名為哈定諮詢（Harding Advisory）的投資公司。

當艾斯曼詢問哈定諮詢公司確切提供什麼樣的諮詢服務時，鄒文表示自己是CDO管理人。

「我不知道有CDO管理人這樣的工作，」艾斯曼說：「我不知道那有什麼好管理的。」之後艾斯曼完全記不得鄒文長怎樣、穿什麼、來自哪裡、當天吃喝了什麼，他什麼都忘了，只記得鄒文對市場的說法。

深入虎穴，但千萬別打草驚蛇

隔著鐵板，摩斯一直在觀察被李普曼刻意安排坐在艾斯曼旁邊的這個人。他身材矮胖，挺著華爾街的肥肚（不是久坐產生的小腹，而是像松鼠冬眠前撐滿肚子一樣），從羅德島大學畢業後，在巴布森學院取得商學院學位，職業生涯幾乎都是在令人昏昏欲睡的壽險公司裡做著令人昏昏欲睡的工作。但那些都過去了，現在他顯然已經改頭換面，變得非常富有。摩斯說：「他臉上有種自鳴得意的笑容，似乎在說：我比你厲害。」

摩斯不認識鄒文，但當他一聽到鄒文是次貸CDO的買家時，就知道對方是誰了：一個傻佬！摩斯說：「其實我不想和他說話，因為我不想嚇到他。」

當摩斯和丹尼爾看到李普曼把艾斯曼安排在一個傻佬旁邊時，他們都有同樣的想法——這下慘了！艾斯曼一定會控制不住自己，他會發現這傢伙是個傻瓜，然後直言開嗆。

怎麼辦？他們需要這些傻瓜，只有傻瓜才會承接交易的另一方，而他們還想做更多的交易。

「我們不想讓他們知道我們在做什麼，」丹尼爾說。他們看著艾斯曼拿毛豆蘸公用醬油，放入嘴裡吸一下後又蘸一次，再吸。他們在一旁等著慘劇爆發，除了靜觀其變，完全無能為力。

艾斯曼聽別人說話的方式很奇特，他不是「聽」你說什麼，而是把聽到的東西丟到大腦中某個遙遠的區塊，先決定你說的話值不值得聽，同時想著自己要說什麼，所以他永遠都沒聽進你第一次說的話。如果腦中那個區塊偵測到你剛說的話有點意思，它會傳送訊息給大腦中樞，然後艾斯曼會以最專注的態度說：「你剛說什麼？再說一遍。」當你再說一次時，艾斯曼就真的在聽你說話了。而當他那麼專注的看著你時，你會覺得受寵若驚。「我一直看著他們兩人。」摩斯說：「我看到艾斯曼一直重複：**再說一次，再說一次。**」

後來，每次艾斯曼要開始向別人解釋金融危機的起源時，都會先從他和鄒文的見面談起。這下，他完全了解所謂夾層CDO（主要由BBB級次貸債券組成）和合成CDO（完全由BBB次貸債券的信用違約交換組成）的重要性。艾斯曼說：「你得了解這點，那是驅動末日的引擎。」

艾斯曼畫了好幾個債券高塔，第一座塔是原始次貸的集合，塔的最高層是AAA級，下面是AA級，一直往下排到最危險的BBB級底層（亦即艾斯曼對賭的債券）。華爾街把這些最爛的BBB級債權，組合成另一座債券高塔──擔保債權憑證（CDO）。他們之所以這麼做，是因為信評機構會將這些CDO中的八〇%債券列為AAA級。然後，這些債券可以再賣給只能投資高評級債券的投資人，例如退休基金、保險公司等等。

這是艾斯曼第一次知道，駕駛這艘末日之船的，就是鄒文這種人。那傢伙掌控著大約一百五十億美元的資金，全部投資在由BBB級抵押債券擔保的CDO上，或者用艾斯曼的話來說就是：「比原始債券更下三濫的垃圾。」一年前，AAA級的次貸CDO（也就是絕大部分的CDO）主要買家是AIG，如今AIG已經退出市場，主要買家變成鄒文那樣的CDO管理人。

鄒文為風險最高的次貸債券，創造了龐大的需求。在此之前，這種債券基本上根本沒人敢要。而對次貸債券的需求，回過頭來刺激新次貸的供應。也就是說，這個和艾斯曼一起共用醬油的傢伙，讓成千上萬的美國人申請到根本沒能力償還的貸款。

碰巧，尖端夥伴事業已經花了很多時間挖掘這些貸款的真相，他們知道違約率已足以讓鄒文的整個投資組合破產。

「老天，」艾斯曼對他說：「你現在一定很慘。」

「不會啊。」鄒文說：「我已經把所有東西賣光了。」

「再說一次。」

沒道理啊，CDO管理人的工作就是挑一家華爾街銀行，請對方提供他次貸債券，以便拿來做為CDO投資人的擔保品。他必須審核那些債券，追蹤每檔CDO裡面一百檔左右的次貸債券，淘汰有問題的債券，換成比較好的債券。不過，也只是理論上如此。實務上，把錢交給鄒文購買AAA級CDO的投資人（包括德國的銀行、台灣的保險公司、日本的農會、歐洲的退休基金，以及必須投資ＡＡＡ級債券的其他單位等等）之所以會投資，就是因為他們以為這些投資標的萬無一失，不會虧損，不需要追蹤，甚至不需要多加思考。實際上，ＣＤＯ管理人幾乎不用做什麼事，這也是為什麼很多人都想跑來當ＣＤＯ管理人。

「紐澤西的兩個人加一台彭博機」是華爾街對典型ＣＤＯ管理人的描述。這兩個傢伙的警覺性越低、對ＣＤＯ裡的ＢＢＢ級次貸債券越照單全收，就越受華爾街大銀行歡迎。ＣＤＯ存在的唯一目的，就是讓這些大銀行可以把手中的次貸風險轉嫁給別人。華爾街最不樂見的，就是那種會問很多尖銳問題的人。

一場精心安排的飯局上，他終於親眼見到了敵人

ＣＤＯ管理人是一種有點像雙面諜的角色：表面上他們替投資法人服務，實際上是為華爾街債券交易室服務。為了取信大型投資法人，ＣＤＯ管理人通常自己會留著ＣＤＯ的權益層（equity tranche），或稱第一損失部位（First Loss），這是次貸違約時最先倒楣的層級。話雖如此，實際上在投資法人認購時，ＣＤＯ管理人就先收取〇．〇一％的手續費，投資法人要贖回時，ＣＤＯ管理人還可再收取手續費。聽起來好像不多，但是當你不花什麼心思與人力就能經手上百億美元的資金時，手續費便能積少成多。幾年前，鄒文還在紐約人壽公司管理投資組合時，年薪是十四萬美元。

他當CDO管理人一年，就已經賺了兩千六百萬美元，若是在紐約人壽，他得工作六輩子才能賺到這麼多錢。

此刻，鄒文以得意洋洋的口吻向艾斯曼解釋，他把標的次貸違約風險全都轉嫁給付錢的大型投資法人了。他的任務是當個CDO「專家」，但其實沒花多少時間擔心CDO裡有什麼。他說，他的目標就是讓他的組合繼續成長，他現在績效很好，從二〇〇七年一月到九月市場崩盤之間，哈定諮詢公司將會是全球最大的次貸CDO管理者。此外，哈定也是美林CDO的主要買家，美林不僅以迅速生產CDO聞名（美林的產量是第二名的兩倍），也以大量生產垃圾而惡名昭彰（他們的CDO後來被證實是最爛的）。

「他說他『管理』CDO，」艾斯曼說：「但管理了什麼？我感到震驚的是，這個市場竟然瘋狂到讓一個人管理CDO組合、卻不用承擔任何CDO風險。我心想，你這渾蛋根本不在乎投資人。」鄒文的真正角色，其實是充當華爾街銀行的白手套——讓投資人聽到美林的CDO並非由美林自己管理時，會覺得比較放心。

李普曼特地把鄒文安排在艾斯曼身邊，是有原因的。因為他知道鄒文即使察覺到艾斯曼的敵意，也不會表現出來；相反的，鄒文會以「我比你更懂」的傲慢語氣反擊艾斯曼。「後來他說了一件事，讓我十分震驚。」艾斯曼說：「他說，我很愛你們這些做空我市場的人，沒有你們，我就沒東西買了。」

再說一次。

「他告訴我，『你越是覺得自己是對的，就會做越多交易；你做越多交易，我就有越多產品。』」

不管那傢伙買什麼，我都要做空

這下艾斯曼終於懂了，為什麼次貸市場可以這麼瘋狂。他們原本只顧著向高盛及德意志銀行下旁注、賭BBB級次貸債券崩盤，卻始終搞不懂這些銀行為什麼也來者不拒。現在，他終於明白：信用違約交換的誕生，就是用來複製更多的次貸債券。**信用不好的美國人申請房貸的速度，已經跟不上投資人對CDO的需求**。所以華爾街需要他的賭注，來合成更多的CDO。

「讓這麼多財力不佳的借款人貸款、購買負擔不起的房子，已經無法滿足他們了。」艾斯曼說：「他們現在乾脆憑空捏造一百倍！這就是後來為什麼整個金融體系虧損的規模，遠遠大於次貸債券。當時我才明白，我們幫他們做了更多生意。我心想：政府容許這麼做嗎？」

鄒文當然不知道，自己是李普曼特地挑選出來的道具，目的是要讓艾斯曼相信與他對賭的人不是騙子就是笨蛋，而鄒文也恰如其分的扮演了這個角色。

喝清酒的時候，鄒文告訴艾斯曼，手上有五百億美元的垃圾CDO，比什麼都沒有好，因為他是靠交易量收取手續費的。他告訴艾斯曼，他最怕的就是美國經濟走強，導致避險基金不再對次貸債券下更大賭注。聽了他的說法，艾斯曼心想：為什麼他的交易對手所期待的未來情境，居然會和他所期待的一樣？那些保險公司、退休基金等投資法人，為什麼會把資金交給鄒文這種人管理？

答案只有一個：ＡＡＡ評級，讓每個人都有藉口忽略自己所承擔的風險。

隔著鐵板燒的蒸氣，摩斯和丹尼爾密切觀察著艾斯曼和鄒文的互動。他們感覺這兩人似乎還滿聊得來的，但是晚餐結束後，他們看到艾斯曼緊抓著李普曼，指著鄒文說：「不管那傢伙買什麼，我都要做空。」

李普曼以為他是在鬧著玩，但艾斯曼是認真的：他真的想和鄒文對賭。「李普曼，」艾斯曼說：「我想做空他買的債券，不管他買什麼。」在這之前，艾斯曼只買了一筆次貸債券信用違約交換。從現在起，他要專買鄒文ＣＤＯ的信用違約交換。

「他終於親眼見到了敵人。」丹尼爾說。

報公帳，去靶場玩一天

雷德利從牆上挑了一支貝瑞塔手槍、一把短管霰彈槍及一把烏茲衝鋒槍，準備體驗一下華爾街銀行圈的休閒活動。

出發去拉斯維加斯之前，雷德利給即將和他會合的合夥人霍克特，以及沒跟來的麥伊寫了一封電子郵件。他在郵件上問：「對方都沒有要我們事先申請參與會議，你們覺得我們會不會被耍了？」這不是他們第一次未獲邀請就直闖別人舉辦的活動，當然也不會是最後一次。麥伊說：「通常當你直接出現在現場，他們都會放行。」

在拉斯維加斯，雷德利只知道幾位在貝爾斯登負責次貸業務的人，但從未與他們見過面。不過對方寄電子郵件告訴他，在抵達拉斯維加斯後，別去會場找他們，而是到這個離市中心數英里的室內靶場會合。「我們週日會去打靶……」信一開頭就這樣寫道。

雷德利看到信以後大吃一驚，打電話問他們這是什麼意思。「我心想，所以你們是去玩打靶的嗎？」

一月二十八日週日下午，在拉斯維加斯的靶場上，要辨識貝爾斯登的CDO業務員並不難。他們穿著卡其褲和馬球衫，旁邊圍著一群穿黑色緊身T恤的魁梧男子。收銀機後方，手槍、霰彈槍、自動步槍掛滿了整面牆，相當壯觀。右邊是形形色色的槍靶，有賓拉登的照片、賓拉登的殭屍畫像、各種戴頭巾的蓋達恐怖分子、一個黑人小孩攻擊美麗的白人婦女、揮舞著手槍的亞洲流氓等等。

「他們掏出貝爾斯登的信用卡買子彈，」雷德利說：「然後我開始挑選槍枝。」他選了烏茲槍，並從槍靶牆上挑了海珊的巨照。霰彈槍的後座力會讓肩膀瘀血，烏茲槍的殺傷力雖大卻比較溫和。雷德利說：「其實貝瑞塔手槍也不錯，但烏茲槍實在太酷了。」

離開靶場時，雷德利仍滿心疑惑：為什麼貝爾斯登的人找他去打靶？對方人是不錯，但從頭到尾沒談到任何有關次貸或CDO的事。

「真的很詭異，因為我從來沒有見過這些人，而且我是唯一去靶場的貝爾斯登客戶。」雷德利說：「他們幫我付了所有打靶費用，我說：『我可以自己付錢。』但他們堅持把我當客人招待。」當然，在華爾街工作的人想將去靶場玩樂一天的費用報公帳，最安全的方法就是邀客戶一起前往。而最適合招待的對象，就是業務量微不足道、不用太在意對方是否喜歡這種玩樂方式的客戶。這些雷德利完全沒想到，可見他其實還不夠憤世嫉俗。

但是，情況很快就改變了。

我才不管七年後會怎樣，我只要它再撐兩年就好

隔天早上，雷德利和霍克特在威尼斯人飯店的大廳裡閒晃。「每個想推銷東西的人都打了領帶，所有要買東西的人都沒打領帶。」霍克特說：「我們找不到一個可以打聽消息的對象。」他們從頭到尾只認識一個人，就是他們每個月花五萬美元請來評估CDO的大衛·柏特，不過沒關係，他們本來就是打算來參加開放式研討會、演講和座談的。

霍克特說：「我們想去認識一些業內人士，雷德利會刻意在演講後跑去找講台邊的人搭訕。」他們想找的，是和自己看法相左、具說服力的對象。

雷德利的挑戰，是怎樣讓對方在毫無防備的情況下，講出真正的看法。雷德利說：「每次我們得到的反應都是：『等一下，你們是哪個單位的？』他們往往很不解，為什麼我們會出現在那裡？」

後來，雷德利順利找到一個信評機構的人，來檢視康沃爾資本的論點。只見對方疑惑地看著他，問：「你們真的知道自己在做什麼嗎？」這些業內人士並不認同雷德利的觀點，但也提不出有說服力的反論。他們為次貸ＣＤＯ辯護的主要理由是：ＣＤＯ買家永遠不會消失，而且在房貸的短暫歷史中，從來沒出現過大量違約事件。

在賭場裡，輪盤賭桌的上方螢幕會列出最近二十次轉盤的結果。當玩家看到過去八次連續轉到黑色時，會驚嘆這樣的機率實在太罕見，並且認為那顆小銀球接下來落到紅區的機率很高。這正是賭場特地列出賭盤最近幾次結果的原因：**幫賭客欺騙自己，給他們押注所需要的虛假信心**。

在次貸市場裡，大家都在以同樣的伎倆欺騙自己，用統計上無意義的短期歷史資料預測未來。「通常當你做交易時，可以在交易的另一邊找到一些腦袋清楚的人。」霍克特說：「但這次，我們找不到這種人。」

「和我們談過的人裡，沒有一個能清楚說明，為什麼次貸不會崩盤。」雷德利說：「沒有人真正想過這問題。」

雷德利曾經問一位貝爾斯登的ＣＤＯ業務員，七年後這些ＣＤＯ會變成什麼樣子？對方告訴他：「七年後？我才不管七年後會怎樣，我只要它再撐兩年就好。」

三個月前，當康沃爾資本買進第一筆價值一億美元ＡＡ級次貸ＣＤＯ的信用違約交換時，他們認為自己是以便宜的賭金，押注一個不太可能發生的事件——以一年五十萬美元的保費，換取賺一億美元的機會。當時信評機構認為違約機率是一：二〇〇，但他們認為機率其實更高，可能是一：十。儘管如此，就像他們過去多數的賭注一樣，其實勝算不大。

然而，與次貸市場的人談得越多，他們就越覺得ＡＡ級債券違約的可能性很高。霍克特的腦子裡閃過一個念頭：這些人認為次貸市場不太可能崩盤，是因為崩盤意味著大災難，而他們認為恐怖的大災難幾乎不可能發生。

缺乏道德良知的賤人，那些債券一文不值

會議的第一天早上，他們跟著上千人一起走進寬敞的會場，參加開幕典禮。當天那場照說是一場座談會，但與會者大都無心交流、座談，而是比較想發表自己精心準備的論點。接下來三天，雷德利一行人觀察了十幾場類似的活動，每一場都很乏味。

不過，其中有一場很不一樣，因為主持人似乎喝醉了，反正有點不太正常。

這個人名叫約翰・德瓦尼（John Devaney），他所管理的避險基金「聯合資本市場」（United

Capital Markets）投資了次貸債券。這個名為「美國證券化論壇」（American Securitization Forum，簡稱ＡＳＦ，聽起來比什麼「次貸協會」體面多了）的會議，德瓦尼已經贊助了十年。如果次貸債券圈裡有所謂的精神領袖，德瓦尼算是其中之一。他很愛炫富，有一幅雷諾瓦的名畫、一架灣流噴射機、一架直升機，當然還有一艘遊艇。這次，他還重金請來知名脫口秀主持人傑．雷諾（Jay Leno）到現場表演。

德瓦尼看起來像剛狂歡了一夜，沒睡飽就來會場似的。當天，他對次貸市場提出了一連串批評，顯然是臨時起意。

「太令人意外了。」雷德利說：「他心血來潮，滔滔不絕地說起信評機構都是缺乏道德良知的賤人，大家心知肚明那些債券一文不值。他講出了我們早就在懷疑的事情，雖然這實在不是以他的身分該講的話。他講完後，全場鴉雀無聲，沒有人試圖辯解，大家顧左右而言他，當作他剛剛什麼話也沒說。」[1]

對雷德利等人來說，一則以喜，一則以憂。一方面，終於能聽到業內人士點出真相，讓他們覺

---

1 市場崩盤後，德瓦尼破產，被迫變賣遊艇、飛機和雷諾瓦的名畫（賺了不少）。對外界的批評，他也提出回應。他透過美通社（PR Newswire）發表多篇隨筆，其中一篇寫道：「誠實的人，才會坦承自己錯了，我二〇〇七年做多，我錯了。」雷德利說：「我一直沒搞懂，德瓦尼明明對當時的市場很有意見，為什麼最後還會賠錢？」

得安心；但另一方面，如果市場因此覺醒，這種瘋狂現象就不會持續太久了。雷德利三人原本以為，他們還有充裕時間，考慮清楚要不要買更多AA級次貸CDO的信用違約交換。「那場演講讓我們提高警覺，我們可能只剩一個禮拜可做交易。」

但問題是，雷德利等人仍然很難找到願意和他們交易的華爾街銀行。他們唯一的供應來源貝爾斯登，現在對射靶的興致比對交易還高；其他銀行則把他們當笑話看——「坑我喔」資本公司。

不過，在拉斯維加斯，他們的運氣來了。

他們意外發現，這位他們聘來分析CDO的顧問，居然在業界頗有分量。「柏特在拉斯維加斯就像上帝一樣。」雷德利說：「我們開始跟著他到處走。『剛剛和你談話的人是我們的顧問，我們也可以和你聊一下嗎？』」柏特介紹雷德利認識一位摩根士丹利的女士，名叫史黛西・斯特勞斯（Stacey Strauss），她的工作就是盡快找到想買信用違約交換的投資人。雷德利一直搞不懂，她為什麼願意打破摩根士丹利的高標準，決定和康沃爾資本做生意。

雷德利也去找一位替美聯銀行（Wachovia Bank）分析次貸債券市場的男子攀談，他剛好也參加了德瓦尼主持的那場震驚四座的座談會。在座談會上，他和其他與會者都假裝沒聽到德瓦尼說的話。德瓦尼說完後，這位美聯銀行的人接著上台，就次貸債券市場的基本面還很穩健發表了簡短談話。當他下台時，雷德利突然上前問他，既然美聯銀行這麼樂觀，能不能賣他一些信用違約交換。

市場和賭城一樣，全為了激發你的不理性而打造

和鄒文共進晚餐後的隔天早上，艾斯曼醒來時，除了看到大得驚人的巴洛克式天花板壁畫，也第一次看清債券市場的真面目。

外觀是總督宮風格、裡頭是但丁《神曲》式裝潢的威尼斯人飯店裡，此刻塞滿了上千名穿著商務休閒服的白種人，他們都直接或間接靠次貸業為生。就像拉斯維加斯的一切，威尼斯人飯店從頭到尾，都是為了激發與強化不理性而打造的：在這裡，白晝感覺像夜晚，夜晚像白晝，到處都是吃角子老虎機與吐百元大鈔的提款機，豪華的飯店房間是如此便宜。

所有這一切，都是為了改變你對機率與金錢的感受。而這一切，讓艾斯曼心情很差，因為他根本不喜歡賭博。「賭場上的機率，我一點概念也沒有。」他說。每天活動結束後，丹尼爾會花點小錢去賭場玩撲克牌，摩斯則和李普曼等人去玩骰子，而艾斯曼會回房睡覺。

不過，債券交易員愛擲骰子這件事，倒是很有趣。擲骰子為玩家提供了一種「操之在我」的錯覺（畢竟是自己擲骰子），以表面上看起來複雜的賭局設計，來掩蓋人的愚蠢。「不知怎的，這些人擲骰子時，居然真的相信自己有能力左右骰子。」丹尼爾說。

僅僅數年前，成千上萬的金融專業人員大都各有所司，如今則是拿他們從次貸債券賺到的錢來擲骰子。艾斯曼比世界上任何人都更了解，次貸曾經是資本市場中一個微不足道、被冷落的產業。

才短短幾年間，這個產業已經變成華爾街上驅動獲利與就業的最大動力。從經濟學的角度看，這種現象完全沒道理。

艾斯曼說：「就像看著一台毫無思考能力的機器不斷運轉，停不下來。」他覺得這很像是你搬進新房子之後，走進一個看起來很小的衣櫃，結果竟然抵達一個寬廣的大廳。「我參加過很多投資研討會，」艾斯曼說：「一般來說能有五百人出席就已經很好了，但這場次貸研討會卻有多達七千人參與，光是看到現場沒半個來自股市的人，就可以知道他們不懂這玩意兒。我們一個人也不認識，還以為只有我們在做空。」

艾斯曼沒興趣聽別人演講，也沒興趣參加座談會，他只想和市場內部人士私下談談。李普曼介紹他認識德意志銀行裡負責向投資者兜售ＣＤＯ的人，這些德意志銀行的人也好心幫艾斯曼等人安排和債市的業者見面，例如放款業者、把貸款包裝成抵押債券的銀行、把債券重新包裝成ＣＤＯ的銀行家，以及為每個階段護航的信評機構等等。唯一沒參與這場大會的，是最終的借款人，包括美國的購屋族。不過換個角度看，他們也在現場——也就是幫大家端飲料、轉輪盤、擲骰子的那些人。「賭城越來越旺，」摩斯說：「到處都是背負著貸款的購屋族。」摩斯有位朋友，在狂歡一晚回來後告訴摩斯，他遇到一個有五筆房貸的脫衣舞孃[2]。

辦一場研討會，鼓勵大家生產與買進金融垃圾

德意志銀行指派一位名叫萊恩．史塔克（Ryan Stark）的CDO業務員，負責緊盯艾斯曼，以免艾斯曼惹麻煩。「出發之前，我就開始收到史塔克的電子郵件。」摩斯說：「因為他對於我們來參加這場大會感到很不安，在郵件裡反覆強調『我只是想把出席的目的說清楚』、『我只是想說清楚為什麼出席……』，他想確定我們沒忘記，我們是來買債券的。」德意志銀行甚至還特別為出席這場大會的次貸債券買家製作了一份文宣。

「這場大會的目的，基本上就是想鼓勵大家繼續生產與買進那些垃圾。」摩斯說：「他們從來沒想過，居然會有做空債券的人，跑來這種場合打聽消息。我們若想找到願意跟我們談談的人，唯一方法就是假裝我們跟他們一樣做多。德意志銀行的人一直跟著我們，以確保我們不會破壞他們的生意，他們派一個業務員過來，就是為了監視我們。」

監視艾斯曼當然沒有意義，他視自己是改革者、社會弱勢的代言人，誓與惡勢力為敵。可以這麼說：他覺得自己就像蜘蛛人。他太太會對別人說「我先生覺得自己和蜘蛛人過著同樣的生活」，他也不以為意。

---

2 兩年後，拉斯維加斯變成全美房屋止贖（home foreclosure，因無法償還貸款而喪失贖回抵押品權利）案例最多的地方。

艾斯曼覺得自己和彼得．帕克（Peter Parker，蜘蛛人的凡人身分）有許多相似之處，不過這點他倒是沒有四處跟人家說。例如上大學的時間、主修的科目、結婚的時間等等，喔還有，他念法學院時，每看到一本最新的蜘蛛人漫畫，都會想從漫畫中看見自己人生的下一個轉折。艾斯曼知道怎樣抓住故事重點，透過故事來詮釋世界。而蜘蛛人，就是他用來詮釋自己的故事之一。

什麼樣的豬頭銀行，會放款給連第一筆錢都付不出來的人？

德意志銀行搞什麼把戲，蜘蛛人一點都不關心，不過當天早上首選抵押貸款公司（Option One）執行長的演講，倒是引起蜘蛛人的注意。

首選公司是布洛克集團（H&R Block）旗下事業，艾斯曼是在七個月前（二〇〇六年六月）首選公司宣布他們的次貸組合出現虧損時，開始注意到這家公司。這則虧損消息令人意外，是因為首選公司的主要業務，是提供貸款給消費者，然後再把貸款賣給華爾街，照理說是沒有承擔風險的。

原來，問題出在這些交易裡有一條規定：如果借款人的第一次房貸無法償還，那麼華爾街就有權將這筆貸款退還給首選公司。摩斯說：「什麼樣的人會貸款買房子、卻不付第一筆錢？」或者也可以這樣問：「什麼樣的豬頭銀行，會放款給連第一筆錢都付不出來的人？」艾斯曼問道。

在演講中，首選公司的執行長聲稱問題已經解決，目前他預期貸款的違約率僅為五％。

艾斯曼一聽馬上舉手，摩斯和丹尼爾心想這下不妙。「當時不是觀眾提問的時間，」摩斯說：「那傢伙看到艾斯曼舉手，便問他有什麼事嗎？」

「你說的五％，是指機率，還是可能性？」艾斯曼問。

執行長回答，是機率，然後打算繼續他的演講。

艾斯曼再度舉手，還揮了起來。摩斯心想：「喔，完了。」把身體縮得更低。丹尼爾說：「艾斯曼每次都說，你一定要假設他們在說謊，他們一定說謊！」摩斯和丹尼爾當然知道艾斯曼的看法，但他們覺得艾斯曼沒必要在這個場合，用這種方式表達。

艾斯曼舉手，並不是為了提問。只見他用拇指和食指，圍成一個圈。

「還有問題嗎？」執行長顯然有點惱怒的說。

「沒。」艾斯曼說：「我只是要說零，你違約率是五％的可能性是零。」次貸實際上的虧損，比這個數字高太多了。那傢伙正準備回應時，艾斯曼的手機響了。艾斯曼不僅沒掛斷手機，反而把手機從口袋裡掏出來接聽。

「抱歉，」他起身說道：「我得接個電話。」就這樣，他走出演講會場。

其實打電話來的是他太太。「根本沒什麼重要的事。」她嘆口氣說道：「他只是利用我這通電話離開現場。」

別找麻煩，交給信用評等公司就對了

不過在那之後，艾斯曼似乎領悟到什麼事，因為他不再挑釁，而是試圖更深入挖掘。他在拉斯維加斯的賭場走來走去，不可思議地看著眼前的盛況：現場估計有七千人，大家似乎都對眼前的世界感到滿意。這個社會正面臨嚴重的經濟問題，但卻把問題掩藏起來。這場騙局的主要受益者，竟然是金融仲介業者。怎麼會這樣？艾斯曼一度還懷疑自己可能理解錯了。

「他一直說：『這到底是怎麼一回事？這賭場裡都他媽是些什麼樣的人？』」摩斯說。

對於第二個問題，最簡單的答案是——對未來感到樂觀的人。目前為止，次貸市場只漲不跌。那些人只要喊「買」，就能成功賺到錢。但是現在，他們其實都應該要喊「賣」，卻不知道怎麼做。

「我們都知道，債券業的人總覺得自己知道的比別人多。」艾斯曼說：「一般來說，的確是如此。但我不是債券業的人，現在卻和整個產業對賭。我想知道，他們是不是真的知道什麼我不知道的事，次貸即將崩盤真的有那麼明顯嗎？情況真的那麼簡單嗎？」他和放款業者、銀行家及信評公司的人見面，想找出他一直未發現到的情報。

「他處於學習模式。」丹尼爾說：「當他迷上一個主題時，好奇心會凌駕抗拒心。他開始整合資訊，設法梳理出整個事件的全貌。」

艾斯曼基本上相信最壞的結果即將到來，也讓他在二〇〇七年左右的金融市場上享有很大的優勢。他不相信政府會採取什麼行動，阻止大企業欺壓窮人。不過，在自由市場上，或許有某些機構，具備遏止亂象的能力。照理說，信評機構就是這樣的單位。隨著證券越來越複雜，信評機構的角色也越來越重要。

今天，人人都知道怎樣評價美國公債，但幾乎沒人能搞清楚由次貸債券組成的CDO到底是什麼。理論上，應該要有一個獨立的單位，針對這些不透明的風險貸款進行評價。「在拉斯維加斯那幾天我漸漸明白，這整個龐大的產業都在盲目的相信信用評等。」艾斯曼說：「只要相信評等，就不需要想太多。」

第一次認識信評公司的人……啊，原來都像公務員

艾斯曼已經在華爾街工作近二十年，但就像股市裡絕大多數人一樣：他從來沒和穆迪或標準普爾裡的人坐下來好好談過話。現在，艾斯曼終於見到這些人，結果被這些人的程度嚇了一跳。其實摩斯和丹尼爾也感到震驚。「信評公司的人就像公務員一樣。」丹尼爾說。整體而言，他們的權力比債市裡任何人都大；但個別看，他們都只是小嘍囉。

「他們的薪水太低。」艾斯曼說：「最聰明的人才都跳槽到華爾街，然後回頭幫華爾街的老闆

操弄信評公司。理論上，能當上穆迪分析師是分析師的最高境界才對，結果卻正好相反。高盛怎麼評奇異公司的債信，根本不會有人在意，但如果是穆迪調降了奇異公司債信的評等，那就是不得了的大事。所以，穆迪的分析師怎麼會想去高盛上班呢？理論上，應該是高盛的分析師會想去穆迪，穆迪的人應該是菁英中的菁英才對。」

今天，整個次貸產業靠著信評機構壯大，但是在信評機構工作的人，卻幾乎不屬於這個產業。他們在飯店大廳裡走動時，還可能被誤認為某家銀行的低階行員，或是某家次貸業者公司裡微不足道的小員工，總之就是朝九晚五的上班族。

光看兩件事，你就可以了解這群人：一，他們在拉斯維加斯穿西裝；二，他們身上西裝的價格。在那裡，幾乎每個人都穿休閒服，少數真正的重要人物是穿著一套三千美元的義大利製西裝（華爾街的男人有一點令人費解，他們或許對高級西裝的品質一無所知，卻可以一眼辨識別人身上西裝的價格）。而信評機構的人會穿著平價百貨買來的藍色西裝，搭配過度相稱的領帶，以及漿得太硬的襯衫。

他們不是玩家，也不認識玩家。他們給雷曼兄弟、貝爾斯登、高盛發行的債券評等，卻從來不知道在雷曼兄弟、貝爾斯登、高盛裡頭靠著鑽信評模型漏洞賺大錢的傢伙叫什麼名字，也不知道這些傢伙做什麼事。他們所知道的，似乎只足以讓他們完成工作。他們膽小、怕惹事、不敢冒險，就像摩斯所說的：「你不會在賭桌上看到他們。」

媽的這不只是信貸，根本是龐氏騙局

這回在拉斯維加斯，艾斯曼才發現：「所有我擔心的事，信評機構完全不在意。我記得當時坐在那裡，心想著天啊，這真的很糟。通常當你遇到一個很聰明的人，你會知道對方是聰明人；當你和法學大師理查・波斯納（Richard Posner）講話，你會知道對方就是法學大師波斯納；而當你和信評機構的人談話，你也會知道那就是信評機構的人。」

從信評機構的所作所為來看，他們一心只想著如何與華爾街銀行做更多生意、盡可能從華爾街賺取更多費用。穆迪原本是私人企業，二〇〇〇年變成上市公司後，營收大幅成長，從二〇〇一年的八億美元增加到二〇〇六年的二十億三千萬美元，其中有很大比例的成長（鐵定超過一半，但他們拒絕對艾斯曼透露確切數字），是來自所謂的結構型融資。想做到這些生意，就得迎合結構型融資業者的要求。

「我們逢人就問兩個問題，」丹尼爾說：「你如何預測未來的房價？你如何預估房貸壞帳所帶來的虧損？」這兩家信評公司都說，他們預期房價上漲，房貸壞帳虧損約為五％。如果這是真的，那就表示即使是評級最低的BBB級次貸債券，都不會有問題。「彷彿大家一開始就都協議好五％這個數字似的。」艾斯曼說：「他們都說五％，彷彿都屬於同一個政黨，都有相同的主張。」[3]讓艾斯曼覺得不可思議的是，他在拉斯維加斯完全沒遇到半個質疑這種說法的人。

拉斯維加斯之行，讓艾斯曼等人對美國債市的態度變得更加堅定，就像丹尼爾所說的：「我們終於懂了：『媽的！這不只是信貸，根本是龐氏騙局！』」現在，他們不再擔心「這些債市的人知道什麼我們不曉得的事」，而是想著：「這些人應該去吃牢飯吧！他們知道自己在做什麼嗎？」

摩斯認為，絕大多數這個產業裡的人都利欲薰心，無視自己製造出來的風險。向來比較悲觀的丹尼爾說：「這些人當中的白痴比騙子多，但通常位居高位的多半是騙子。」

信評機構算是這個產業中層級最低的，而他們的員工似乎真的不知道自己被華爾街大銀行騙得有多嚴重。他們在拉斯維加斯遇到的第三家信評公司（也是規模最小的）是惠譽（Fitch Ratings），丹尼爾對那次見面記憶猶新。「我知道，在這個產業眼中你們太小咖，」他盡可能委婉的對他們說：「大家只在乎兩家大公司，再來才是你們。如果你們想被重視，讓大家注意到你們，何不走一條自己的路，當一家誠實的信評公司呢？」

他原本以為對方聽懂他的好意，結果相反，他們似乎覺得被冒犯了。丹尼爾說：「他們愣在那裡，好像不懂我在講什麼似的。」

去拉斯維加斯之前，他們做空次貸債券的部位不到三億美元。回來後，他們對賭鄒文創造的CDO，把做空部位一舉拉到五．五億美元。不過，他們沒有就此打住。回辦公室的第一天，他們就以每股七三．二五美元做空穆迪的股票。接著，開始尋找更多像鄒文這樣的人。

3 艾斯曼等人在拉斯維加斯時，也和弗雷蒙次貸公司（Fremont Investment & Loan）的經營者大衛・威爾斯（David Wells）見面。威爾斯也表示他預期損失是五%。九月時（九個月後），弗雷蒙宣布他們有三〇%的次貸違約，貸款組合損失超過四〇%（也就是說，即使他們出售抵押的房子，還是有將近一半的放款無法回收）。

第7章

挖掘寶藏中

他們把利空硬拗成利多，別上當

二〇〇七年一月三十日，從拉斯維加斯回來的雷德利和霍克特，確信整個金融體系已經瘋了。「我告訴我媽：『我想，我們面對的可能是民主資本主義的終結。』」雷德利說：「但我媽只是說『是喔』，然後認真問我要不要試試吃鯉鹽[1]。」

過去，雷德利和麥伊所採取的投資策略，讓他們不需要像別人一樣有什麼「確定」的想法。如今，他們自己對次貸的未來如此「確定」，讓他們感到既新鮮又不安。麥伊在一則寫給兩位合夥人的訊息裡提到：我們這不是在賭社會全面崩解嗎？政府會讓這種事情發生嗎？

「如果CDO的利差（spread）持續擴大，」[2]他寫道：「就意味著一場全球金融大亂可能爆發……然後美國聯準會介入……我想接下來的問題是：金融崩解的規模要大到什麼程度，才會出現『大到不能倒』？」

昨天還急著賣，今天突然不賣了

拉斯維加斯那場大會的目的之一，是要提升大家對市場的信心。但大會結束後，與會者們回到交易室的第二天，市場就開始崩解了。

二〇〇七年一月三十一日，BBB級次貸債券（用來創造次貸CDO的債券）的公開交易指數ABX，從九三．〇三跌到九一．九八，跌幅超過一點。過去幾個月以來，這個指數一直是小幅下滑（從一百跌至九十三），所以這次暴跌讓大家很震驚，也讓雷德利有點扼腕，因為他們發現自己可能錯失先機，沒機會押更多注了。

一開始，摩根士丹利那位女士的確信守承諾，幫他們在十天內搞定通常要協商數個月的ISDA合約。她傳給雷德利一張清單，上面列著摩根士丹利願意賣給他們的AA級CDO信用違約交換[3]。雷德利熬夜研究該對賭哪幾檔CDO，但等到他打電話給那位女士時，摩根士丹利已經改變心意。

她原本說，雷德利可用約一百個基點（一年保費是投保金額的一%）買保險，但隔天雷德利打電話去交易時，價格已經翻了一倍以上。雷德利說這價格不合理，因此她和她的老闆稍微降低了價格。二〇〇七年二月十六日，康沃爾資本以一百五十個基點向摩根士丹利買了一千萬美元的CDO信用違約交換，那檔CDO取名叫「灣流」（Gulfstream），沒人知道為什麼取這名字，反正也沒人在乎。

五天後的二月二十一日，市場開始交易一種名為TABX的ＣＤＯ指數。這是第一次，雷德利和市場上其他人可以在螢幕上看到這些ＣＤＯ的價格。康沃爾資本若想確認自己的想法是否正確，找再多業內人士打聽，還不如觀察這個指數的變化。

指數開始交易的第一天，ＡＡ級債券組合——也就是康沃爾資本做空的標的——重挫，當天指數收在四九．二五，也就是跌了一半以上。這下，市場上出現了大脫鉤：華爾街銀行一方面以面額（亦即一百美元）出售低利率的ＡＡ級ＣＤＯ；另一方面，他們以四十九美分的價格交易這個由同樣債券組成的指數。摩根士丹利和德意志銀行的業務員連忙寫電子郵件給雷德利，解釋他不該從這

---

1 譯註：預防及治療躁鬱症的藥物。

2 任何債券的「利差」，簡單來說就是指支付給投資人的利率差額。而部分假定的無風險報酬率（risk-free rate），指的是美國國庫長期債券（U.S. Treasury bonds）支付給投資人的比率。

3 小提示：思考這些債券高塔時，把它們簡化成三層比較方便：底層叫做「權益層」（equity），最先承受虧損，非投資級債券。第二層是「中層」或「夾層」，由ＢＢＢ級債券構成。頂層是ＡＡＡ級，通常稱為「高級」或「優先順位」（senior）。實務上分層比這個還細，一檔ＣＤＯ可能有十五個分層，每層評級稍微不同，從BBB-一直到ＡＡＡ（依序是BBB-、ＢＢＢ、A-、Ａ……以此類推）。康沃爾資本做空的是ＡＡ級，雖然標的債券比理論上最保險的ＡＡＡ級風險稍高些，但違約率仍不到一％。

些公開交易的次貸CDO價格，來推斷他對賭次貸CDO的價值，還說這一切非常複雜。

隔天早上，雷德利打電話給摩根士丹利，希望能買更多。「她說：『真的很抱歉，我們不做這種交易了，公司已經改變心意。』」

一夜之間，摩根士丹利從急著想賣，突然完全不想賣了。「接著她把電話轉給她的主管，我們說：『他媽的現在是什麼情況？』主管說：『我真的很抱歉，別的事業單位出了些狀況，導致摩根士丹利最高層下令不能賣。』之後我們就再也沒和他們交易了。」

快墜機了，居然有人還在廉售降落傘

雷德利不知道摩根士丹利為什麼覺悟，也沒去多想。他和霍克特正忙著說服在拉斯維加斯意外逮到的美聯銀行。

「他們沒有半個避險基金的客戶，所以看到我們上門時很興奮。」霍克特說：「他們想把規模搞大。」所以當時的美聯銀行仍願意賣便宜的次貸債券保險。不過，對方其實不願直接和康沃爾資本交易，於是雷德利花了點時間，付錢請一起射過靶的貝爾斯登當中介。二〇〇七年二月，他們大致同意了四千五百萬美元的交易，敲定細節的過程花了好幾個月，直到五月初才完成交易。

「美聯銀行是天上掉下來的禮物。」霍克特說：「就像我們搭機在三萬呎的高空上，飛機快掛了，當時市場上已經沒有別人肯賣降落傘，但美聯居然還有幾套降落傘待售。不過話說回來，也沒人真的認為自己需要降落傘……在那之後，市場就完全垮了。」

資金不到三千萬美元的康沃爾資本，如今買了價值兩億零五百萬美元的次貸債券信用違約交換，而且還為了買不夠多而煩躁不安。

「我們卯足了勁的想買進。」雷德利說：「我們以業者的報價直接出價，他們總是回電說：『哎呀，你差點就買到了！』基本上就像查理．布朗和露西那樣[4]，我們要踢足球，他們就把球抽走。我們拉高出價，他們馬上又把報價拉高。」

這實在沒道理：次貸CDO市場的運轉看起來一切如常，但華爾街的大銀行卻突然不需要買家了。「顯然有人繼續做多，卻不讓我們做空。」雷德利說。

雷德利不確定這些華爾街銀行內部究竟發生了什麼事，但他猜測：內部一定有交易員已經意識到災難將至，紛紛在市場崩盤前退出市場。雷德利說：「從我和貝爾斯登的往來看來，我懷疑如果市面上還有信用違約交換可賣，就是他們自己在買。」

4　譯註：這裡指史努比漫畫裡的查理．布朗、露西和足球。露西每次都讓查理．布朗相信她會抱著足球讓他踢，但是每次都在最後一刻猛然抽走足球，害查理．布朗摔得四腳朝天，苦苦反省自己為何總是上當。

我不是不想改，是沒有本錢改

二月底，貝爾斯登的分析師吉安・辛哈（Gyan Sinha）發表長文，主張次貸債券的價值下跌和債券品質無關，完全是「市場氣氛」造成的。雷德利讀到這篇文章時，心想寫文章的人根本搞不清楚狀況。貝爾斯登的分析師認為，AA級CDO的價格比無風險利率高出七十五個基點，也就是說，雷德利應該可以用一年〇・七五％的保費買到信用違約交換。但實際上，即使他出五倍的價格，貝爾斯登的交易員也不願賣給他。

「我打電話給那個分析師說：『你他媽的在扯什麼？』他說：『資料上就是這樣寫的。』我問他：『所以你們真的以那個價格買賣嗎？』他說：『我現在很忙。』然後就掛掉電話了。」

他們的交易現在看來明顯極了：就像房子已經著火，他們卻買到了便宜的火險。如果次貸市場重視效率，當下就該馬上停止交易。但從二〇〇五年年中到二〇〇七年年初，整整十八個月，次貸債券價格和貸款價值之間的差距越來越大。二〇〇七年一月底，這些債券的價格（也就是由次貸債券組成的ABX指數）開始下跌。一開始是緩緩下滑，後來加速走跌。到了六月初，BBB級次貸債券指數收在六十多點，也就是說，那些債券的價值跌了三〇％以上，所以由這些BBB級次貸債券創造出來的CDO當然也會崩盤。如果柳橙是爛的，榨出來的柳橙汁當然也是酸臭的。

怪的是，這種情況並沒有發生。相反的，在二〇〇七年二月到六月間，以美林與花旗為首的華爾街大銀行，又創造並賣出價值五百億美元的新CDO。「我們整個傻眼，完全不解。」雷德利說：「市場明明已經出問題，大家卻當作什麼事都沒發生。我們很清楚CDO的擔保品已經崩壞，但市場還是如常運作，彷彿一切都沒變。」

這就像整個金融市場原本改變了心意，卻發現它沒有本錢改變心意一樣。華爾街的銀行（尤其是貝爾斯登和雷曼兄弟）持續發表債券市場研究報告，重申市場穩定。四月底，貝爾斯登舉辦一場CDO會議，雷德利設法混了進去。原本議程上列了一場名為「如何做空CDO」的簡報，後來卻臨時刪除，連放上貝爾斯登網站上的簡報投影片，也一併被移除了。

穆迪和標準普爾也趕緊改弦易轍。五月底，這兩大信評公司宣布重新評估次貸債券的評等模型。雷德利和麥伊聘請了一位律師打電話給穆迪，問他們是否未來會用不同標準為次貸債券評等，是否考慮修改已嚴重失真的兩兆美元債券評等。但穆迪表示不可行。「我們說：『你不需要重新評鑑所有債券，只要重新評鑑我們做空的那幾檔就好了。』」雷德利表示，「他們說：『嗯……不行。』」

把爛掉的柳橙榨成汁，轉手賣給客戶

雷德利等人可以明顯看出，華爾街在設法撐住CDO的價格，以便把損失轉嫁給不知情的客戶，從這個敗壞的市場中趁機再撈個數十億美元。總之，他們拿已經爛掉的柳橙榨汁，再把爛柳橙汁賣給客戶。

到了二〇〇七年三月底，「我們已經很確定，」雷德利說：「要不是有人操縱市場，就是大家都瘋了。如此明顯搞詐騙，我們覺得我們的民主體制一定出了問題，我們是真的很害怕。」

他們都認識《紐約時報》和《華爾街日報》的記者，但記者對這件事不感興趣。一位在《華爾街日報》的朋友幫他們牽線，聯絡上證管會，但證管會也沒興趣。證管會的人在曼哈頓下城的辦公室接見他們，客氣地聆聽他們的意見。「我們感覺像去接受心理治療。」麥伊說：「因為我們坐下來，說：『我們目睹了一件瘋狂的事。』」但他們很快就發現對方沒聽懂。「他們用很異樣的眼神看著我們。」雷德利說：「他們對什麼是CDO或ABS一無所知，就算我們一一解說，但我很肯定他們沒聽懂。」證管會後來完全沒再追查這件事。

不過，在整個世界崩壞之前，康沃爾資本還有一個更迫在眉睫的問題——貝爾斯登的崩解。貝爾斯登資產管理公司（Bear Stearns Asset Management）是一家CDO公司，就像鄒文的那家，而且是由母公司暗中支持的貝爾斯登前員工經營。二〇〇七年六月十四日，這家公司宣布他們在次貸債券上虧損，在關閉基金前，必須先出清價值三十八億美元的賭注。

在此之前，康沃爾資本一直不明白，為什麼貝爾斯登會那麼急著賣他們CDO保險，其他公司都不會這樣。「貝爾斯登讓我們看到CDO市場還有流動性，但我搞不清楚他們是怎麼辦到的。」霍克特說：「我們和他們交易時，另一端一直都有買家承接。我不知道我們的交易是否直接進了他們的基金，但我也不知道除此之外還能去哪裡。」

這正是問題所在：貝爾斯登的信用違約交換中，有七成都賣給康沃爾資本。由於貝爾斯登是大銀行，而康沃爾資本則是名不見經傳的小客戶，所以當初貝爾斯登完全不必提列擔保品。現在，康沃爾資本必須面對貝爾斯登還不出賭債的可能性。康沃爾資本很快就發現，與其說貝爾斯登玩次貸債券，不如說是它被次貸債券玩。「他們讓自己從一家本應是低風險的券商，變成一部次貸引擎。」麥伊說。如果次貸市場垮了，貝爾斯登也會跟著垮。

於是康沃爾資本在三月間，從英國滙豐銀行買了一．〇五億美元的貝爾斯登信用違約交換，也就是說，他們在賭貝爾斯登會破產。萬一貝爾斯登垮了，滙豐銀行就得賠他們一．〇五億美元。當然，這只是把他們的風險移轉給滙豐而已。滙豐是全世界第三大銀行，是比較不可能垮台的銀行。

不過，二〇〇七年二月八日，滙豐宣布他們的次貸組合出現意外的大幅虧損，消息一出震驚了市場。滙豐是在二〇〇三年併購家戶融資企業時，跨入美國的次貸業務。家戶融資企業，正是當初讓艾斯曼從華爾街懷疑論者，變成憤世嫉俗者的主要推手。

把利空硬拗成利多，把利多變成大利多

在一般人眼中，價值數兆美元的美國債市日漸腐敗，當然是一場災難。但從避險基金的觀點來

看，卻是一個千載難逢的大好機會。

艾斯曼從一開始管理六千萬美元的股票型基金起家，現在則放空近六億美元的多種次貸證券，他還想再進一步做空。「有時候他就算有想法，也未必能將想法落實在交易上。」丹尼爾說：「但這次他可以。」

不過，艾斯曼仍覺得綁手綁腳，一來是受到尖端風險控管部門的牽制，二來則是受到摩根士丹利的掣肘。

身為尖端首席交易員的摩斯，夾在艾斯曼和尖端風險控管部門之間，左右為難。風險控管部門無法完全了解他們想幹嘛，「他們打電話給我說：『你可以叫艾斯曼拿掉一些這類交易嗎？』於是我轉告艾斯曼，艾斯曼會說：『叫他們滾開。』於是我跟風險控管部門說：『滾開。』」但風險控管部門一直不肯放手，也讓艾斯曼無法盡情的施展拳腳。

「要是風險控管部門對我們說：『放心，你可以再做這金額的十倍。』」摩斯說：「艾斯曼一定會做十倍。」李普曼持續提供各種房市的負面消息給丹尼爾和摩斯，但他們兩個後來乾脆把這些消息藏起來，不讓艾斯曼看到。「我們擔心他會走出辦公室大喊：『給我做空一兆！』」摩斯說。

令人難以置信的是，二〇〇七年春季，次貸債券市場不僅沒有衰退，反而還強勁了一點。「次貸市場的問題，對整體經濟和金融市場的衝擊可望獲得控制。」三月七日的報紙引述了美國聯準會主席柏南克的談話。「授信品質通常在三、四月向來都會好轉。」艾斯曼說：「原因是三、四月時大家會收到退稅。照理說，證券化市場的人應該會知道這一點，但他們竟然在這時候讓信用利差緊縮[5]，在我們看來，這實在蠢斃了。搞什麼，你是白痴嗎？」

讓人跌破眼鏡的是，股市持續上揚。尖端交易室上方掛著一台電視，不斷傳出多頭訊息。「我們關掉了CNBC。」摩斯說：「看到他們完全和現實脫節，實在很沮喪。每次出現負面消息，他們都要硬拗成正面；而有正面消息出現，他們又會大肆渲染。這會影響我們思考，不能讓這種垃圾蒙蔽我們。」

房價只漲不跌？因為信評公司也需要業績

從拉斯維加斯回來後，他們就不斷纏著信評公司及操弄信評模型的華爾街人士，索討更多資訊。摩斯說：「我們想了解的是，怎樣才能讓信評公司降低評級？」

過程中，他們收集到更多令人不安的消息。例如，他們經常不解，為什麼信評公司不更嚴格地評估浮動利率次貸所擔保的債券。次貸借款人本來就容易違約，利率上揚時，很少人會償付利息。這些貸款大都是結構型融資，前兩年借款人可付固定的優惠利率（例如八％），從第三年開始利率

5 編按：這通常意味著市場前景看好、壞帳風險降低。

馬上跳升（例如一二%），之後利率一直維持在高檔。

我們很容易了解，為什麼首選公司與新世紀等次貸業者會偏好貸放這類貸款：因為兩年後，借款人要不是違約，就是以上漲的房價再融資。對這些業者來說，違約其實無所謂，因為他們不用承擔貸款的任何風險，再融資也只是向借款人多收新費用的機會。艾斯曼走訪了信評公司與次貸包裝業的熟人，得知信評公司有一個普遍的假設：當貸款利率升到一二%時，借款人還款的可能性與利率八%時一樣。這表示貸款利率增加時，債券持有人的現金流量也增加，所以信評公司給浮動利率房貸擔保的債券**比較高**的評級。這就是為什麼浮動利率的次貸比率，在過去五年會由四〇%上漲到八〇%。

如今這些貸款大量違約、次貸債券卻穩如泰山，正是因為穆迪和標準普爾尚未更改他們對債券的正式評價。於是，艾斯曼請高盛、摩根士丹利等券商債券部門的業務員來。「每次我們都問一樣的問題。」艾斯曼說：「『在這一切亂象裡，信評公司到底在幹嘛？』我每次都得到同樣的回應，他們都是尷尬一笑，因為他們不想說。」

為了更深入了解，艾斯曼打電話給標準普爾，問他們房價下跌時，違約率會有什麼變化？對方不敢承認他們的房價模型不接受負數。「他們就是直接假設房價會不斷上漲。」艾斯曼說[6]。

最後，艾斯曼和丹尼爾搭地鐵去華爾街，拜訪標準普爾一位叫恩斯婷・華納（Ernestine Warner）的女士。華納在監管部門擔任分析師，監管部門的職責是追蹤次貸債券，如果標的貸款開始違約，就將債券降級。而現在，貸款已經違約了，債券卻並未降級，為什麼？艾斯曼再次懷疑，標準普爾對外有所隱瞞。他表示：「當我們做空債券時，手上只能取得貸款組合的數據。」這些數據只能讓你知道概況，包括平均 FICO 得分、平均貸放成數、無證明貸款的平均數量等，但沒有個別貸款的細節。

例如，貸款組合數據會告訴你，某個組合裡有二五%的房貸有擔保品，但沒告訴你是哪些房貸（所以你無法知道哪些貸款可能違約，哪些比較不可能違約）。我們也不可能判斷華爾街銀行在多大程度上操弄了信評系統。「我們理所當然認為信評公司擁有的資料比我們多，」艾斯曼說：「但其實不然。」

華納所能掌握的數據，其實和艾斯曼等交易員一樣，這實在太扯了——債券價值的仲裁者，竟然無法取得債券的相關資訊。丹尼爾說：「我們問她為什麼會這樣，她說：『債券發行者沒給我們。』我聽到這裡就發火了。『你得向他們要啊！』她看著我們，表情好像是說她不能那樣做。我們說：『這裡到底是誰負責？你是監督者！你他媽的必須叫他們給你資料！』」艾斯曼總結道：「標準普爾擔心，如果向銀行要資料，這些銀行會轉而找穆迪合作。」[7]

身為投資者，艾斯曼可以參加穆迪每季舉行的電話會議，但他只可以聽，不能提問。不過，穆

---

6 後來標準普爾的發言人表示，標準普爾不會有員工說那種話，因為他們的模型可以處理負數。

迪的人都知道艾斯曼很希望有更多互動，執行長雷・麥丹尼爾（Ray McDaniel）甚至曾邀請艾斯曼等人到他的辦公室，所以艾斯曼一直很欣賞他。「做空的人何時受歡迎了？」艾斯曼說：「當你做空時，全世界都與你為敵，明明知道我們做空，還願意見我們的公司，只有穆迪。」

從拉斯維加斯回來後，艾斯曼等人都很確定，整個世界即將發生翻天覆地的變化，所以他們以為麥丹尼爾一定也知道。「但是他一本正經的對我們說，」丹尼爾回憶：「『我相信我們的評等是正確的。』」艾斯曼一聽，馬上站起來問：「你剛說什麼來著？」彷彿聽到金融界有史以來最荒謬的話似的。麥丹尼爾又重複了一次，艾斯曼當場笑了起來。「恕我直言，」臨走前，丹尼爾很禮貌的說：「你太搞不清楚狀況了。」

這不是惠譽，甚至不是標準普爾，而是穆迪！這家公司在信評業的地位崇高，巴菲特還持股二〇％，而公司執行長竟然被出身自皇后區的丹尼爾，說成彷彿是傻瓜或騙子似的。

他們即將被垃圾金融商品搞垮，只是自己還不知道

六月初，次貸市場再度走跌，而這次走跌就再也沒回升過了。

尖端夥伴的投資部位開始反轉，先是一天漲數千美元，後來變成一天漲數百萬美元。「我知道我在賺錢，」艾斯曼經常這樣問：「但誰在賠錢呢？」他們已經做空次貸發行商和營建業者的股

票，現在他們的空頭部位又多了信評公司的股票。「他們為ＣＤＯ評等賺的錢，是為通用汽車公司債評等的十倍。」艾斯曼說：「好日子就要結束了。」

不可避免的，他們也開始關注華爾街的大型投資銀行。「剛開始，我們認為證券化金融商品是華爾街最重要的獲利來源，當這台商品生產機器停擺時，」艾斯曼說：「他們的營收就會萎縮。」

華爾街之所以打造出這個名叫「結構型融資」的新產業，原因之一是這些銀行來自傳統業務的利潤越來越少。股票經紀和其他較傳統的債券經紀業務在網路競爭下，利潤受到壓縮。因此當市場停止購買次貸債券和次貸債券擔保的ＣＤＯ，投資銀行就麻煩大了。

在二〇〇七年年中以前，艾斯曼沒料到這些銀行會蠢到投資自己創造的垃圾。他可以知道這些銀行的財務槓桿在過去幾年內大幅增加，也看得出來這些銀行以借來的錢買進越來越多的風險資產，但是他無法看出這些資產的品質，是ＡＡＡ級公司債或ＡＡＡ級次貸ＣＤＯ。「我們無法確

7 二〇〇八年十月二十二日，標準普爾的前次貸債券分析師法蘭克．雷特（Frank Raiter）在監管和政府改革委員會（Oversight and Government Reform）面前作證，標準普爾內部負責監管次貸債券業務的執行董事認為，「取得貸款細節並沒有必要，也因此駁回了要求貸款組合建立內部資料庫的所有要求。」雷特引用標準普爾ＣＤＯ評等執行董事顧杰達（Richard Gugliada）寫的電子郵件，信中寫道：「針對貸款細節提出的任何要求都完全不合理！多數債券發行商並沒有那些資料，也無法提供。不過，我們必須做出信用評價……提出那些信用評價是你的責任，你的責任就是設計一些方法來做到這一點。」

定，」他說：「他們完全沒有揭露，你不知道他們資產負債表裡包含了什麼樣的垃圾，你只能合理假設，他們會在第一時間就把自己創造出來的垃圾脫手賣給別人。」

然而，艾斯曼整理了一下最新的資訊，並且和這些大銀行與信評公司的人接觸後，他開始懷疑自己原先的想法。第一個新資訊，是匯豐銀行在二〇〇七年二月宣布他們的次貸虧損嚴重，三月再次宣布他們要拋售次貸組合。丹尼爾說：「匯豐銀行是還算正派的公司，照理說應該相對節制才對，所以我們得知消息後心想，天啊！還有很多銀行比他們更糟呀！」

第二個新資訊，是美林的第二季盈餘報告。二〇〇七年七月，美林再次交出驚人的盈餘季報，不過他們也坦承，次貸債券的損失讓他們的營收減少。在大多數投資人看來，這不是什麼重要的訊息，但對艾斯曼來說卻是大新聞——因為美林持有為數不少的次貸債券。美林的財務長傑夫．愛德華茲（Jeff Edwards）告訴彭博新聞社，市場無須過慮，因為「積極的風險管理」已經降低美林對劣級次貸債券的曝險。愛德華茲說：「我不想太深入指出我們在任何時點的確切做法。」但他又指出，市場太過關注美林處理次貸債券的方式，他輕描淡寫的說：「大家過度重視某個國家的某個單一資產類別了。」

艾斯曼可不這麼認為，兩週後，他說服瑞銀的分析師葛蘭．紹爾（Glenn Schorr）陪他去參加愛德華茲和美林最大股東之間的一場會議。愛德華茲一開始就解釋，美林面對的次貸小問題完全在模型的掌控中。一位當時也在場的人士轉述：「會議開始沒多久，愛德華茲還在講他準備好的內容時，艾斯曼就脫口說出：『你的模型是錯的！』現場突然靜得尷尬。這種情況下，你到底該笑，還是該岔開話題繼續開會？只見坐在桌子另一端的艾斯曼開始大動作的整理手上文件，彷彿在告訴大家：『我實在待不下去了。』」

艾斯曼說他當時原本只是想與對方交換意見，但轉念一想卻不想再講了。「沒什麼好說的了，我想通了，這傢伙根本搞不清楚狀況。」

高盛是孩子王，美林是沒人氣的小胖子

表面上，這些華爾街大銀行看起來很穩健。實際上，艾斯曼開始想，問題可能不只是營收損失而已。如果這些銀行真的不相信次貸市場有問題，那麼次貸市場可能就是這些銀行的末日。於是，艾斯曼和他的團隊開始尋找潛藏著的次貸風險：誰在隱藏什麼？

「我們稱之為大尋寶。」他說。他們不確定這些銀行是不是和他們對賭次貸債券的對象，但他越是深入觀察，就越肯定連這些銀行自己也不知道。他會去和一些華爾街的執行長見面，問對方有關資產負債表的最基本問題。「他們也無法回答。」他說：「他們連自己的資產負債表都搞不清楚。」有一次，美國銀行執行長肯．路易士（Ken Lewis）邀他見面。「我坐在那裡聽他講，突然明白了一切，我心想：『天啊，原來他是個蠢蛋！』經營著全球第一大銀行的傢伙，竟然是個蠢蛋！」

於是，他們開始做空美國銀行、瑞銀、花旗、雷曼兄弟和其他幾家銀行。他們無法做空摩根士丹利，因為他們隸屬在摩根士丹利旗下（如果可以做空，他們也不會放過）。他們針對華爾街的大銀行布局空頭部位後，在史福伯登證券（Sanford C. Bernstein & Co.）負責分析這些銀行的知名分析師布萊德・亨茨（Brad Hintz）來拜訪艾斯曼，他想知道艾斯曼在做什麼。

「我們剛做空美林。」艾斯曼說。

「為什麼？」亨茨問。

「我們的看法很簡單，」艾斯曼說：「我們覺得大難臨頭了，而每逢災難，美林都有份，會跟著遭殃。」橘郡（Orange County）因不當投資建議而破產時，美林有份；網路狂潮泡沫破滅時，美林有份；更早之前的一九八〇年代，當第一位債券交易員虧空公司數億美元時，美林承擔了損失。這就是艾斯曼的邏輯，也就是華爾街的順位邏輯：高盛是主導遊戲的孩子王，美林是沒人氣的小胖子，能參加遊戲就已經很高興了。艾斯曼覺得這些銀行像在玩「甩鞭子」（crack the whip）遊戲[8]，美林是排在長鞭子最後面的孩子，最容易被甩開。

詭異的鍊金術，背棄職守的信評公司

二〇〇七年七月十七日，就在聯準會主席柏南克告訴美國參議院，他認為次貸市場虧損不會超過一千億美元的兩天前，尖端夥伴做了一件不尋常的事：自己辦了一場電話會議。他們以前的電話會議通常只有少數人能參與，但這次是完全對外開放。到了這時候，市場上已經知道了艾斯曼的祕密布局，一位知名華爾街分析師說：「真正完全了解真相的人大概只有兩個，艾斯曼是其中之一。」約有五百多人打電話進來，想聽艾斯曼講什麼，外加五百人在會議結束後登入系統聽錄音。

會議中，艾斯曼解釋中層CDO的詭異鍊金術，並說他預期光是這一小塊市場，就會損失三千億美元。他告訴聽眾，想要分析市場，「你們的模型都可以丟了，那些模型都是事後總結，根本不知道這個世界已經變成什麼樣了……這個產業裡的人得真的動腦思考了。」

他還說，信評公司道德淪喪，而且活在破產的恐懼中。他說：「信評公司現在怕得要死，因為他們什麼都沒做，而什麼都沒做會讓他們看起來像蠢蛋。」他預期美國房貸有半數會倒帳，總價值高達數兆美元。「我們正處於這國家有史以來最大規模的社會實驗。」艾斯曼說：「但這不是一場有趣的實驗……如果你覺得情況很糟，我告訴你還會更糟。」

他講完後，下一位演講者是在尖端夥伴管理另一支基金的英國人，他苦笑道：「抱歉，剛剛聽

8　譯註：小孩子在草地或冰上玩的遊戲。一個小孩當鞭子「頭」，其他小孩依序手牽手地牽成一條長鞭。帶頭的孩子可以隨意往任何方向跑或溜冰，後面整條「鞭子」跟著他跑，排越後面的人受力越大，必須抓得越緊，否則會被甩開或跌倒。有人跌倒時，後面的人可以馬上遞補上前，排越前面，地位越穩固。

艾斯曼說世界末日到了，我需要冷靜一下。」語畢，大家都笑了。

當天稍晚，崩盤的貝爾斯登避險基金通知投資人，價值十六億美元的AAA級次貸擔保CDO不是虧損，而是已經不值分文。艾斯曼現在更加肯定，華爾街很多大銀行都不清楚自己面臨的風險，情況岌岌可危。而他之所以這麼肯定，正是來自他和鄒文的那頓晚餐：當時他才了解中層CDO的關鍵角色，並大舉做空那些CDO。

這當然會讓人提出另一個問題：CDO裡面究竟是什麼？

「我不知道那裡面究竟是什麼東西，」艾斯曼說：「你無法分析，你沒辦法說：『給我裡面全是加州次貸的CDO。』沒人知道那裡面有什麼。」就像摩斯說的，他們只知道「那裡面是把我們已經做空的垃圾包在一起」，除此之外，他們就一無所知了。

讀了那篇報導，我高潮了！

接著，新聞出現了。艾斯曼長期訂閱一份在華爾街圈內非常有名、圈外鮮為人知的專刊——《葛朗特利率觀察家》（*Grant's Interest Rate Observer*）。專刊編輯吉姆．葛朗特（Jim Grant）從一九八〇年代中期的債務大週期開始，就一直預言末日即將到來。二〇〇六年年底，葛朗特決定開始調查華爾街創造出來的怪東西CDO。更確切的說，是他讓年輕的助理丹．葛納（Dan Gertner）去研究，看看他能否了解那些CDO究竟是什麼。葛納有化工和MBA學位，他找出向潛在投資人說明CDO的文件開始研讀，讀得叫苦連天。葛朗特說：「後來葛納告訴我：『我看不懂在寫什麼。』我說：『我想，我們有題材可寫了。』」

葛納不斷努力研究，最後他確定自己再怎麼研究都無法弄清楚CDO裡面究竟是什麼。對葛朗特來說，這意味著應該也沒有其他的投資人會了解。這也證實了葛朗特已知的一點：**市場上太多人盲目相信財務報表**。

二〇〇七年年初，葛朗特寫了一系列的報導，指出信評公司背棄職責，他幾乎可以很肯定，這些信評業者在不知道CDO內容的情況下，為CDO做評等。

葛朗特有篇報導一開始就說：「《葛朗特利率觀察家》的讀者已經看過一堆非投資級抵押債券如何重新包裝成CDO。他們都驚訝的看到，這個神祕的過程可以改善這些債券的信用評級……」報導刊出之後，葛朗特和助理還因此被標準普爾找來修理了一頓。「信評公司真的找我們去，說『你們根本不懂』。」葛朗特說：「葛納在報導中使用了『鍊金術』一詞，他們不喜歡這個說法。」

當時，就在《葛朗特利率觀察家》華爾街辦公室北方數英里處，一位對世界持悲觀看法的股票型避險基金經理人還在疑惑：為什麼從沒聽到其他人對債市及債市創造出來的複雜金融商品提出質疑？讀了葛朗特的報導，艾斯曼發現果然有人跟自己所見略同，他說：「我看到那篇報導時，心想：『天啊，感覺就像我擁有一整座金礦！』我大概是股市裡唯一讀了那篇報導而高潮的人吧！」

第 8 章

孤寂的賣空者

同業嘲笑你，投資者背棄你

艾斯曼看到《葛朗特利率觀察家》的報導差點高潮那天，貝瑞也收到財務長傳來同一則報導，財務長還加上一句話：「貝瑞，這篇文章該不是你兼差寫的吧？」

「不是我寫的！」貝瑞回覆。有人的想法和他不謀而合，他顯然不認為是什麼好事。「我有點意外，《葛朗特利率觀察家》怎麼沒來採訪我們？」

世界發生悲劇那一天，你發財了

其實，貝瑞雖然號稱身在金融界，卻很少與同業往來。早在二〇〇三年年初，他就發現美國金融業已經失控。這些業者發明複雜的金融產品，只是為了把錢貸放給永遠無力償還的人。二〇〇三年四月，一位朋友很好奇，為什麼傳人基金每季寫給投資人的信變得那麼悲觀？貝瑞回信寫道：「我真的認為，這些做傻事的金融機構最後會陷入危機。我的任務是幫客戶賺錢，就這麼簡單。話雖如此，當你想到悲劇發生時你會賺大錢，天啊，也未免太病態了。」

二〇〇七年二月，次貸以前所未有的驚人數量違約，金融機構風險日益升高。除了貝瑞自己，似乎沒人記得他曾經說過及做過什麼。他曾告訴投資人，要耐心等待。他說過，要等到二〇〇五年發行的房貸結束優惠利率後，才會開始獲利。但投資人沒有耐心，很多人不相信他，貝瑞也覺得自己遭到背叛。

貝瑞一開始就猜到了結局，只是沒去細想中間的過程。他說：「我只希望一覺醒來，就是二〇〇七年。」為了有足夠資金繼續放空次貸債券，他被迫解雇一半員工，也拋售了價值數十億美元的交易——其中大都是放空幾家和次貸債券相關業者的股票。當時的他，比過去任何時候都更孤立。唯一改變的，是他提出的解釋。

合乎邏輯、始終一致、沒有情緒

不久前，貝瑞的太太拉著他去找史丹佛大學的心理醫生，因為幼稚園老師建議他們，帶四歲的兒子尼可拉斯去給醫生檢查。這孩子出現了某些令人擔憂的行為，包括別的孩子睡覺時，尼可拉斯都不睡；每次老師講話時，他都不專心；他的大腦似乎「非常活躍」。

貝瑞聽了很生氣，畢竟他當過醫生，他覺得老師是在指責他沒及時發現自己的兒子有過動症。「我當住院醫生時，曾在注意力不足過動症（ADHD）的病房待過，所以我認為老師的判斷是錯的。」他說：「很多家長想用藥物治療孩子，或用一個醫學上的理由來解釋孩子的不良行為。」他認為兒子只是和其他的小孩有點不一樣。「他會問很多問題。」貝瑞說：「我也鼓勵他發問，因為我小時候也會問很多問題，當大人叫我安靜時，我都很挫折。」現在他更仔細觀察兒子，發現這小孩雖然聰明，卻不善與人互動。「當他努力和其他人互動時，即使他沒對別的孩子做什麼壞事，還是會惹毛他們。」他回家告訴太太：「別擔心，他沒事！」

他太太盯著他問：「你怎麼知道？」

貝瑞回答：「因為他跟我一樣！我以前就是那樣。」

貝瑞在幫孩子申請幼稚園時，好幾家很快拒絕他，也沒給任何解釋。其中一家幼稚園在貝瑞追問下，才說出他兒子的大動作和小動作技能都不足。「他顯然在美術和勞作的測試得分很低。」貝瑞說：「我心想，這有什麼大不了的，我現在畫圖也像四歲小孩一樣，我本來就討厭美術。」

不過，為了安撫太太，他還是答應讓兒子去看心理醫生。「那可以證明他是個聰明的孩子，是『心不在焉的天才』。」

沒想到，測試結果顯示孩子有亞斯伯格症。醫生建議讓孩子離開一般教育體系，送到特殊教育學校。貝瑞震驚得說不出話來，他記得念醫學院時，讀過亞斯伯格症，只是印象有點模糊了。他太太收集了一疊關於自閉症和相關症狀的書籍，全交給他研讀。

放在最上面的那本，是臨床心理學家東尼．艾伍德（Tony Attwood）寫的《亞斯伯格症：寫給家長、患者和專業人員的完全手冊》（*The Complete Guide to Asperger's Syndrome*）和《亞斯伯格症實用指南》（*Asperger's Syndrome: A Guide for Parents and Professionals*）。

「難以展現多重的非語言行為，例如與人四目相接……」，有。

「難以培養同儕關係……」，有。

「不會主動和人分享喜悅、興趣或成就……」，有。

「難以從別人的眼神中判讀社交／情感訊息……」，有。

「發怒時，情緒管理或控制機制有問題……」，有。

「電腦之所以那麼吸引人，不只是因為你不需要和電腦說話或社交，而是因為它們很合邏輯、始終一致、沒有情緒。所以對亞斯伯格症者來說，電腦是理想的興趣……」，有。

「很多人都有嗜好……亞斯伯格症者的嗜好通常是獨自進行的、獨特的、占用他大部分的時間，也是他談話時的主要話題。」

有！有！有！

讀了幾頁後，貝瑞發現他不是在讀兒子的症狀，而是自己的症狀。「怎麼可能光是看書，就能知道人生該怎樣過？」他說：「我討厭看那種告訴我『我是誰』的書，我一直覺得自己與眾不同，但是看了這本書，我才知道我和其他人一樣。我太太和我，是典型的亞斯伯格症夫妻，我們生了一個亞斯伯格症的兒子。」

過去，他的義眼曾經是一切的答案，如今卻不再是全部的解答。這隻義眼，真的是一個好強的游泳者恐懼深水的原因？這隻義眼，真能解釋他孩提時期對洗錢的莫名熱愛？他小時候會把一元紙鈔洗乾淨，用毛巾吸乾，夾在書本裡，然後在上面壓幾本書，好讓鈔票看起來「很新」。

「突然之間，我覺得好諷刺。」貝瑞說：「我向來看書和學東西都很快，我以為那是因為我很特別，但現在卻變成：『喔，很多亞斯伯格症者都是這樣。』現在的我，成了失調症患者。」

他不願接受這個事實。他有一種天分，對於自己極度感興趣的主題，總能找到資訊並加以分析。一直以來，他都對「自己」很感興趣，如今，三十五歲的他得知了這個關於自己的新訊息，他的第一個反應卻是：寧可自己永遠不知道這件事。

「我第一個想法是，肯定很多人也跟我一樣，只是他們不曉得。」他說：「我想知道，這個時候知道這件事，對我來說真的是好事嗎？如果是，為什麼？」

貝瑞去找了個心理醫生，協助他釐清自己的症狀對妻子和孩子的影響。不過，這件事並未影響到他的工作，例如，他沒改變投資決策，也沒有改變他和投資人溝通的方式，更沒讓投資人知道他有亞斯伯格症。「我不認為這是什麼必須披露的重大事實。」他說：「我並不是被診斷出新的症狀，而是我一直都有的情況，沒有什麼改變的呀。」

不過，這件事倒是說明了他為什麼會選擇這一行、為什麼這樣工作——例如，為什麼他對於探索真相如此投入、對邏輯如此堅持、如此迅速讀完一堆乏味冗長的財報。他發現，對患有亞斯伯格症、喜歡金融業的人來說，投入複雜的現代金融市場，可說是如魚得水。「只有亞斯伯格症者才會閱讀次貸債券的公開說明書。」他說。

仔細聽交易員說什麼，你就會知道他在買什麼

二〇〇七年年初，貝瑞發現自己處在一種很詭異的狀況中。他為很多以二〇〇五年的貸款創造出來、真的很爛的次貸債券買了保險。這正是他的風格，通常一般人不常交易這些東西，而且很多人認為二〇〇五年的貸款，比二〇〇六年的貸款安全。套句債市的術語，他選的是「冷門券」，而且在同業眼中「比較乾淨」。

為了反駁同業的看法，他私下委託外界研究，結果發現他做空的貸款組合，破產的可能性幾乎是二〇〇五年一般次貸破產機率的兩倍，喪失贖回抵押品權利的可能性也比一般貸款高出三分之一。二〇〇六年的貸款確實比二〇〇五年更糟，不過二〇〇五年的貸款還是很爛，離優惠利率到期

的時間也比較近，所以說，他正好挑對了做空的貸款對象。

二〇〇六年一整年及二〇〇七年的前幾個月，貝瑞把他的信用違約交換清單寄給高盛、美國銀行和摩根士丹利，希望他們能把清單拿給潛在買家看，這樣他就可以大略知道那些東西在市場上值多少錢。照理說，這是券商存在的作用：扮演中間人、造市者。但實際上，這幾家業者都沒有扮演好這些角色，貝瑞說：「感覺他們就只是看著我的清單，亂開價一通。」

當時，次貸相關數據一個月比一個月糟，貸款違約的速度越來越快，但這些貸款的保險金額居然繼續下降。

「我完全看不懂邏輯在哪。」他說：「完全無法解釋我看到的情況。」每天結束時，理論上應該都會有小結算：如果次貸市場下跌，他們會匯錢給貝瑞；如果次貸市場走強，貝瑞就得匯錢給他們。傳人基金的命運，全繫於這些賭注。只是短期而言，他的命運不取決於公開市場的漲跌，而是掌握在高盛、美國銀行和摩根士丹利手裡——他們決定了每天貝瑞的信用合約交換是賺或賠。這是因為貝瑞的信用違約交換投資組合太特殊（畢竟是由一位對金融市場抱持特殊觀點的特殊人物所選出來的），光是這點，就讓華爾街大銀行得以支配交易的價格。由於沒有其他人買賣貝瑞的交易，所以沒有公認的行情，高盛和摩根士丹利說它們值多少就是多少。貝瑞發現了他們慣用的伎倆：所有關於房市或經濟的好消息，都被他們拿來當作向傳人基金索討擔保品的藉口，而所有壞消息都被刻意忽略，視為和貝瑞的做空無關。這些銀行始終聲稱他們沒有持有部位，只是居中牽線，但他們的行為卻不是這麼回事。

貝瑞說：「這些銀行的淨部位決定了結算值，但我覺得他們並不是依市價結算，而是依自己的需求結算。」也就是說，他們之所以不願承認貝瑞的賭注已經獲利，是因為他們自己根本是對賭的另一方。二〇〇六年三月，貝瑞寫了一封信給法務部門的律師德拉斯金，信中提到：「跟交易員說話，你可以知道他們在買什麼、賣什麼。他們手上買賣什麼，就會說出什麼觀點。高盛剛好持有大量貸款組合，所以他們會講得好像貸款組合都很安全，無須恐慌。這招很有效，只要他們可以一直吸引資金流入這個市場，問題就解決了。過去三、四年來，就是如此。」

當行情違背常理，一定有人搞詐騙

二〇〇六年四月，貝瑞不再購買次貸債券的保險。在價值五．五五億美元的投資組合中，他針對次貸債券押了十九億美元的賭注。這些賭注照理說都該賺錢了，但此刻卻毫無動靜。到了五月，他採取新策略：直接問華爾街交易員，願不願意以他們聲稱的合理價格（儘管他知道那不是合理的價格），賣更多信用違約交換給他。

「他們根本不願意以我的價格，賣那份清單上的東西給我。」他在電子郵件中寫道：「我清單上有八〇%到九〇%的東西，無論以什麼價格都買不到。」一個正常運作的市場，價格會隨著最新情勢變化，但這個價值數兆美元的次貸市場，卻幾乎文風不動。「投資界有句老格言：當你在報紙上看到消息時，為時已晚。」他說：「但這次不一樣。」

德拉斯金對市場的參與越來越深，他無法相信這個市場竟然受到那麼嚴重的操弄。「最驚人的是，他們還能決定這個東西的價格。」德拉斯金說：「但那不是真正的資產。」就好像華爾街讓大家賭飛機航班是否準時起降，聯合航空〇〇一號班機準時抵達的可能性，照理說飛行過程中會隨著天候、機械問題、飛行員素質等因素而改變，但他們只管結果是否抵達，無視於過程中的各種變數。大型貸款業者（例如 Ownit 公司、ResCap 公司等）會不會倒，或哪些次貸組合的虧損是否比預期高都不重要，只有高盛和摩根士丹利認為重要的事情，才真正重要。

換言之，全球規模最大的資本市場，其實不算是市場。那，算什麼？

「我其實是在提出抗議，我認為市場裡一定有人在搞詐騙，否則信用違約交換不會處於歷史低點。」貝瑞在寫電子郵件給一位他信任的投資人時提到：「如果有人作弊，怎麼辦？我一直在問自己這個問題，如今這個想法更在腦海裡揮之不去。我們今年的次貸信用違約交換，絕對不可能下跌五%。」幾個月後，當高盛宣布要為每位員工提撥五十四萬兩千美元當二〇〇六年的獎金時，他又寫道：「身為前加油站員工、停車場員工、住院醫生，以及現在被高盛坑殺的客戶，我對此感到憤怒。」

二〇〇六年年中，貝瑞開始聽到其他基金經理人想和他一樣做空，有幾位甚至還打電話來問他。「先前一堆人勸我別再做空。」他說：「但現在我看著這些來找我的人，覺得他們好幸運，可以做空。」如果市場夠理性，早就崩盤了。「有些全球大型基金終於理解我的想法，開始複製我的投資策略。」他在一封電子郵件中寫道：「所以，如果市場崩盤，不會只有傳人基金賺錢，但也不是每個人都會獲利。」

當全世界只有你看見未來，要怎麼說服投資者？

然而，他當時的狀況其實很慘。九月中，他在寫給妻子的信裡提到：「感覺我的五臟六腑都在承受著壓力。」讓他痛苦的根源（向來如此）是其他人，而這些人當中最令他困擾的，是他的投資人。二〇〇〇年他成立傳人基金時，只公布每季報酬，他也告訴投資人，他不打算告訴他們投資的細節。但是現在，他們每個月都要看報表，有的甚至每兩週就要看一次，而且一再質疑他。

貝瑞說：「我常覺得，你的想法越好，投資人越不領情，越有可能反對你。」他不擔心市場被扭曲得有多嚴重，因為他知道最終都會矯正回來——企業要嘛成功，要嘛倒閉；貸款要嘛還清，要嘛違約。偏偏貝瑞的投資人就是無法把情感抽離市場，他們現在也隨著次貸市場遭扭曲的表象起舞，然後逼著貝瑞得跟大家一樣。

「我盡量保持耐心。」他寫信給一位投資人，「但我的耐心程度，得看我的投資人。」他也對另一位抱怨的投資人說：「在避險基金界，所謂『有智慧的基金經理人』通常有很棒的投資觀點，但是投資人會在這個觀念開始賺大錢之前，就棄他而去。」貝瑞賺大錢時，投資人幾乎不會聯絡他，現在他才虧損一點點，他們就有一堆質疑：

看來把我們拖下水的是信用違約交換，你忙了半天一場空歡喜。

我們會虧到什麼時候？（八月又跌了五％）你現在是在鋌而走險嗎？

你讓我覺得很不安……你也太大膽了！

你可不可以解釋一下，為什麼這個投資部位一直賠錢？如果我們的潛在損失是固定的，理論上我們虧損的金額，應該只占投資組合的極小部分才對。

最後這個問題一再出現：一位很會選股的基金經理人，怎麼會在這個特殊的債市賠上那麼多？貝瑞一直試圖回答：只要標的貸款存在（很可能是五年，但也有可能長達三十年），他就必須每年支付相當於投資組合八％的保費。八％連付五年，就是四〇％。如果信用違約交換的價值跌一半，傳人基金按市價結算的損失，就是二〇％。

更令人擔心的是，貝瑞的信用違約交換合約中有個條款，允許華爾街大銀行在傳人基金的資產跌破某個水準時，可以取消雙方之間的賭注——現在，這個風險的確可能發生。貝瑞的投資人大都同意資金「鎖住」兩年的規定，無法隨意贖回。但在貝瑞管理的五．五五億美元的資金中，有三．〇二億美元可以在二〇〇六年底或二〇〇七年中贖回，現在，投資人已經排隊等著贖回了。

二〇〇六年十月，美國房價出現三十五年來最大跌幅。就在BBB級次貸債券的ABX指數首次出現「信用事件」（亦即虧損）的前幾週，貝瑞可能會面臨大規模資金贖回潮（這筆錢專門用來做空次貸市場）。貝瑞雇用了幾位分析師，其中一位說：「我們都得了憂鬱症。」但他們不知道怎麼辦，因為貝瑞堅持自己做所有的分析。「你上班時會一直有個感覺：『我不想待在這裡。』交易走勢一直往不利的方向發展，投資人都想要抽身。」

夢寐以求的精心布局，卻成了生涯大危機

有一天晚上，貝瑞突然想到了一件事：他和投資人的協議裡有一條規定，如果錢是投資在「沒有公開市價的證券，或無法自由交易的證券」，經理人有權把某項投資移至「側袋」帳戶（side-pocket）[1]凍結起來。而是否有公開市場，則是由經理人決定。如果貝瑞認為沒有公開市場（例如，他覺得某個市場暫時停擺或有詐欺嫌疑），他就有權留住投資。

於是，他把信用違約交換移到側袋帳戶裡，急著把錢贖回的大批投資人（包括最早就投資他的高譚資本公司）收到他一封簡短的信：他們五〇～五五％的資金已被鎖住，無法贖回。貝瑞隨信寄

出季報，希望能讓大家感覺到他的善意。但他向來不善措辭，那封信給人的感覺不僅毫無歉意，反倒像是在挑釁。

他在信上開宗明義寫道：「我從來沒有像這次一樣，對一種投資組合如此樂觀過。」接著他開始解釋，他目前在市場上建立的部位，是任何基金經理人都夢寐以求的；他不是賭「房市末日來臨」（儘管他也認為那一天即將到來），而是賭「二〇〇五年貸款中最糟的五%」；他的投資人應該感到**幸運**。他寫得好像自己站在世界頂端，但是投資人卻認為他根本該被世界壓在腳底。

紐約一位投資大戶馬上回信：「我要是你，往後會小心使用以下這些羞辱他人的說法：『夠聰明的人，都會跟我們一樣做空』、『這些大型券商遲早會後悔，他們沒讀公開說明書』。」他有兩位交情始終很好、頻繁通信的朋友，其中一位寫道：「除了北韓獨裁者金正日以外，沒人會在基金下跌一七%時寫那樣的信。」

高譚資本公司的合夥人馬上揚言要告他，其他人也很快聲援高譚。高譚的高層還專程從紐約飛到聖荷西，逼貝瑞歸還他們投資的一億美元。

1 譯註：側袋帳戶是把無法評價或無法賣出的資產，以類似「凍結」的方式處理，以免投資人不理性贖回，造成基金流動性不足。

明明是最棒的投資，他們卻逼我放棄

二〇〇六年一月，高譚資本的創辦人葛林布雷上電視打書，當主持人問他最愛的「價值投資人」是誰時，他還盛讚貝瑞的罕見天分。十個月後，他卻和合夥人約翰・派翠（John Petry）飛了三千英里，當面指責貝瑞是騙子，逼他放棄他有生以來最棒的投資。

貝瑞說：「要說我差點讓步的時刻，大概就是那次。葛林布雷就像是我乾爹，也是我公司的合夥人，當初是他『發掘』了我，也是家人以外第一個支持我的人，我非常尊敬他。」但葛林布雷告訴他，沒有法官會認同他把顯然可交易的證券移到側袋帳戶的決策。這下，貝瑞原本對他的尊敬絲毫不剩，而且拒絕提供做空的次貸債券清單給葛林布雷看。葛林布雷心想，給了這傢伙一億美元，結果這傢伙不但拒絕還他錢，還不願和他說話。

葛林布雷的看法也有道理，把顯然有市場交易的投資移至側袋帳戶，是很不尋常的做法。當然，貝瑞可以用某個低價，停止他在次貸債市的做空交易。看在很多投資人眼中，貝瑞就是不想接受自己下錯賭注、不願服輸，但是對貝瑞來說，是市場有作弊之嫌，是葛林布雷搞不清楚狀況。「我這才明白，他們仍然不了解信用違約交換的投資部位。」他表示。

他很清楚，許多投資人現在很看不起他，這也導致他：一，退縮回辦公室裡，比過去更頻繁地大聲罵「幹」；二，看不起這些投資人；三，繼續替自己的做法提出解釋（即使投資人顯然已經不想再聽）。

「我希望你能少說多聽，」二〇〇六年十月，他的律師德拉斯金寫信告訴他，「他們正打算提告。」

「挺耐人尋味的是，」安排白山保險成為貝瑞原始投資人的歐柏丁，在轉往其他基金服務之前表示，「畢竟他已經清楚解釋過他做了什麼，也曾幫大家賺了很多錢，你本來會以為大家都挺他。」結果大家不但沒挺貝瑞，反而逃得比什麼都快，而且還開始恨他、討厭他。

「我只是不明白，為什麼大家就是不明白。」貝瑞說。十二月二十九日深夜，貝瑞獨自坐在辦公室裡，給妻子發了一封簡短的電子郵件：「好難過，我想回家。我現在很生氣、很沮喪。」

我以為只要賺錢，他們就會包容我的怪癖，我錯了

二〇〇七年一月，就在艾斯曼和雷德利等人開心前往拉斯維加斯之前，貝瑞坐下來向投資人解釋，為什麼標準普爾一年上漲一〇％，他卻賠了一八．四％。如果投資人從一開始就投資他，這六年間他的年獲利會是一八六％，相較之下，標準普爾五百指數只有一〇．一三％。

但是，貝瑞長期的投資成果，此刻在他們眼裡已不再重要，他們現在每個月緊盯著他的績效。他寫道：「剛結束的這一年，我的績效幾乎比所有同業差，落後三〇％到四〇％不等。沒有任

何基金經理人可以從沒沒無聞到被眾人追捧，再變成遭受眾人撻伐，還能心情不受影響。」他接著說明，他更加確信整個金融界錯了，他才是對的。「我一直認為，一位優秀的分析師只要非常認真工作，就能同時兼顧非常多種投資工具，我到現在仍然這樣認為。」

接著，一如既往，他又回頭談他那些信用違約交換：所有的重要事實都顯示，它們最後一定會獲利。光是過去兩個月，就已經有三家大型貸款業者倒閉……責任借貸中心（The Center for Responsible Lending）預測，二〇〇七年會有兩百二十萬名借款人失去家園，二〇〇五年與二〇〇六年發行的次貸中，每五筆就有一筆會違約。

但是，貝瑞這時已經快變成華爾街的全民公敵了。

貝瑞認為，他每季寫給投資人的信是非公開的，但現在卻流到媒體手中。有一篇措辭強硬的報導，指他把資金移至側袋帳戶的做法是不道德的，貝瑞確定，那是某個投資人在抹黑他。「貝瑞不是那種偏執的人，」一位投資人說：「大家卯足全力醜化他，當他被描述成壞人，他就成了侵吞資金、貪心又變態的人，反正隨時可以回去當醫生——這也是批評他的人最常說的：他畢竟是個醫生。」貝瑞還聽到一些關於他的奇怪謠言，例如說他已經離開妻子、躲了起來，還有人說他逃到了南美。

他在寫給朋友的信裡提到：「我最近的生活真有意思。」

最近發生的事，讓我有機會和許多投資人交談，這也是我成立基金以來第一次這麼做。我聽到的訊息嚇了我一跳，看來很多投資人聽信謠言及各種道聽塗說，反而隨便看一下我寫的信，不在意我的分析或原始想法。我聽到有人說，我推出私募基金、想買委內瑞拉的黃金公司、推出另一支名為彌爾頓巨作的避險基金、離婚、把基金做垮了、從未揭露衍生性商品的交易、借了八十億美元、過去兩年大部分時間都待在亞洲、自認市場上除了我以外都是白痴、把基金的錢挪到個人帳戶、把傳人基金變成下一個阿瑪蘭斯（Amaranth）避險基金[2]。以上這些都不是我瞎掰的。

一直以來，貝瑞都和一般人所預期的避險基金經理人不一樣。他會一連好幾天穿同樣的短褲和T恤上班，拒穿有鞋帶的鞋子，不戴手錶，甚至連婚戒都不願意戴。為了能在工作時靜下心來，他經常把重金屬音樂開得很大聲。「我以為只要能順利賺錢，很多人都會包容我這些怪癖。」他說：「沒想到當情況不順利，這些怪癖就被拿來當成我無能或不穩定的證據，就連員工和事業夥伴也這麼認為。」

2 總部設於康乃狄克州的避險基金，二〇〇六年初因為賭天然氣的價格走勢而大虧六十八億美元，以驚人之勢崩解。

逢低買進很好，但要小心是不是陷阱

拉斯維加斯的會議結束後，市場一度下滑，但隨即又反彈到五月底。康沃爾資本的雷德利認為，美國金融體系在華爾街銀行、信評公司、政府主管機關的勾結下，全面墮落。尖端夥伴的艾斯曼則認為，市場若不是太蠢，就是充滿幻覺。過去的市場在歷經小恐慌後，往往緊接著大漲，所以現在形成了一種現象：市場只要下跌，就會被視為另一次逢低買進的機會。至於貝瑞，則認為次貸市場越來越像是一群次貸債券交易員操弄出來的騙局。二〇〇七年三月底，他寫道：「由於我們的交易對手大規模作弊，我認為不應該把信用違約交換移出側袋帳戶。」

二〇〇七年上半年，是金融史上一個非常奇怪的時期。房市實況與債券及債券保險價格之間的乖離狀況，越來越明顯。華爾街大銀行看到壞消息，乾脆不予理會。不過，市場上的確出現微妙的改變——這改變，也出現在貝瑞的電子郵件收件匣裡。

三月十九日，花旗的業務員首度寄了一份關於房貸組合的分析報告給貝瑞。但報告中的房貸不是次貸，而是次優房貸（Alt-A）[3]，對方煞有介事地——就像一個真正關心借款人還債能力的分析師——分析這些貸款組合裡無本金貸款占了多少、屋主自住的比例是多少等等。

「當我在二〇〇五年分析這些東西時，」貝瑞在電子郵件裡寫道，語氣就像是叢林裡獨闢蹊徑的拓荒者，看著後人在那些小路上昂首闊步一樣：「券商根本沒有類似這樣的分析。當時那些交易衍生性金融商品的人，都不了解我在說什麼，也沒有人認為那很重要。」但是在二〇〇七年二月到六月這段漫長的平靜期，這些分析越來越重要，市場也越來越岌岌可危。

到了二〇〇七年第一季，傳人基金上漲近一八%。

高盛業務員人間蒸發，why?

接著，市場悄悄變了——只是剛開始不容易看出來。六月十四日，貝爾斯登旗下兩支次貸債券避險基金破產。接下來兩週，公開交易的BBB級次貸債券指數下滑近二〇%。就在這時，貝瑞覺得高盛像精神崩潰了似的，突然無法或不願公布他那些做空部位的價格，所以也無法確定到底該增加還是減少擔保品。六月十五日星期五，貝瑞在高盛的女業務員薇若妮卡·葛林斯坦人間蒸發了，打電話和寫電子郵件給她，都沒有回應，直到隔週一她才回覆，說她「外出一天」。

「每次市場變動對我們有利時，就會一再發生這種事。」貝瑞說：「不是有人生病，就是因為

3 這已經變成表面上的區別，次優貸款的借款人 FICO 信用得分是六百八十以上，次貸借款人的 FICO 得分則低於六百八十。不過，次優貸款的證明文件少，例如借款人可能沒有收入證明。實務上，二〇〇四年到二〇〇八年美國貸放的次優貸款總額是一·二兆美元，這些貸款和總額一·八兆美元的次貸一樣容易違約。

不明理由請假。」

六月二十日，葛林斯坦終於告訴他，高盛出現「系統故障」。貝瑞說，有意思，摩根士丹利也講了類似的話。而美國銀行的業務員則宣稱，他們公司「停電」。

他說：「我認為這些『系統故障』只是藉口，好替他們爭取時間，釐清背後亂象。」儘管次貸債券指數崩盤，高盛那位女業務員當時還宣稱次貸債券的保險市場沒變。可惜她用自己的手機講，而不是用辦公室的電話，否則他們的對話就會留下紀錄了。

他們全在崩解，所有銀行都是。近兩年來，每個月底貝瑞都會看到華爾街的交易員做出對他不利的部位結算。也就是說，每個月底他做空次貸債券的部位，都會神祕地虧損。當月月底，也就是華爾街交易員應該把損益表傳給他的日子。六月二十九日，貝瑞收到摩根士丹利業務員亞特．瑞尼斯（Art Ringness）來函，說摩根士丹利這次會確定「結算數字是合理的」。隔天，高盛也跟進，這是兩年來高盛第一次沒有在月底給他不利的部位結算。貝瑞寫道：「那是高盛第一次正確結算，因為高盛自己也參與了交易。」終於，市場承認失序了。

快！你有多少，我就要買多少

高盛搞懂貝瑞交易的那一刻，正是市場反轉的時候。現在，每個人似乎都急著找貝瑞。

摩根士丹利一直以來最不願接受次貸市場的負面消息，現在卻打電話來，說他們想買貝瑞所有做空的部位：「你有多少，我們就要多少！」貝瑞聽到傳言（後來很快就獲得證實），說次貸也讓高盛管理的全球阿爾法基金（Global Alpha）出現巨額虧損，高盛立刻從做多次貸市場，變成做空次貸市場。

貝瑞早在二〇〇五年夏季就告訴他的投資人，他們只要等到這個時刻就行了。七千五百億美元的垃圾貸款，會在此時結束優惠利率，改換更高的新利率。我們可以用貝瑞做空的某個叫做OOMLT 2005-3 的貸款組合來說明大致情況。

OOMLT 2005-3 是首選抵押貸款公司某批次貸組合的代號（這家公司的執行長在拉斯維加斯演講時，艾斯曼把手舉起來比「0」之後，就掉頭離開了），裡頭多數貸款都是在二〇〇五年四月到七月之間做的。二〇〇七年一月到六月，這個貸款組合一直傳出逾期還款、破產、房屋贖回權取消等消息。雖然實際虧損程度比預期嚴重，但光從每個月與前一個月數字的比較，看不出太大變化。

從二月二十五日到五月二十五日（匯款資料都是每月二十五日提供），OOMLT 2005-3 的逾期還款、破產和房屋贖回權取消個案加總的比率從一五．六％上升至一六．九％。六月二十五日，貸款違約率飆升至一八．六八％。七月又再次飆升到二一．四％，八月躍升為二五．四四％，到了年底已高達三七．七％，也就是超過三分之一的借款人都違約了。這些損失不僅足以讓貝瑞做空的債券價格歸零，也拖累同一個債券高塔中評級較高的債券。六月二十五日以前，華爾街銀行內部開始恐慌了。貝瑞從這點推斷，他們可能是從匯款紀錄中看到真正的內幕。他寫道：「這些業者旗下也有貸款服務商（mortgage servicers），讓他們可以先看到貸款惡化的數字。」

在 OOMLT 2005-3（以及貝瑞做空的其他貸款組合）崩解前幾個月，貝瑞注意到柏南克和美國財政部長亨利．鮑爾森（Henry Paulson）的談話，兩人一再表示次貸損失不可能波及金融市場。貝瑞在電子郵件中寫道：「當我在二〇〇五年開始做空這些貸款時，就已經很肯定這些貸款會因為很簡單的理由而在兩年內違約。過去幾年貸放出去的絕大多數貸款，都有一個致命的特點：優惠利率期。這些二〇〇五年的貸款現在才剛結束優惠利率期，而二〇〇六年的貸款要等到二〇〇八年才結束優惠利率。世界上有哪個頭腦清楚的人會在二〇〇七年初，就大膽斷定次貸危機不會拖累整個金融市場？」

原本整個華爾街的次貸債券交易員都在做多，現在他們在驚覺大事不妙後連忙拋售部位，或是為投資部位買保險，讓貝瑞的信用違約交換突然熱門了起來。他只是無法相信，市場理解與消化重大資訊的速度竟然那麼慢。

「你可以看出這些交易早在利率重設之前，已經在虧損，利率重設只是把他們進一步推向深淵。我一直難以置信，我原本以為有人會在二〇〇七年六月之前就發現情況不對勁。如果真的要等看到六月的匯款紀錄才突然覺醒，我不禁懷疑這些『華爾街分析師』平常都在幹嘛。」

七月底，貝瑞的投資部位結算迅速看漲，他還讀到了像避險基金經理人約翰．鮑爾森這種天才人物的報導（鮑爾森比他晚一年做這類交易）。《彭博》新聞社出現了一篇報導，提到少數預見災難到來的人，其中只有一位是華爾街大銀行的債券交易員。這個人原本沒沒無聞，正是在德意志銀行擔任資產擔保債券交易員的李普曼。

尖端夥伴和康沃爾資本都未出現在這篇報導中，但《彭博》新聞中最明顯遺漏的一位，是獨自坐在加州庫帕提諾（Cupertino）辦公室的貝瑞。貝瑞將這篇報導附在電子郵件裡，寄給辦公室的每個人，信中提到：「李普曼基本上是拿我的點子，成就了自己。」

貝瑞幫投資人賺了好幾倍的獲利，但沒人道歉，也沒人表示感謝。貝瑞說：「沒有人回來說：『你是對的。』大家都很安靜，非常安靜，這種靜默激怒了我。」

他只能用自己比較擅長的溝通方式：寫信。二〇〇七年七月初市場崩盤時，貝瑞提出了一個很棒的問題。他寫道：「這事件有點令人意外，媒體很少報導因次貸危機而遭受損失的投資機構……誰會是這場風暴中的長期資本管理公司？」

第9章

終於爆了

誰是賭桌上最蠢的蠢蛋？

霍伊・哈伯勒（Howie Hubler）在紐澤西長大，是蒙特克萊爾州立大學（Montclair State College）的美式足球隊球員。見過他的人都會注意到他的大塊頭，以及盛氣凌人的姿態。有人認為他態度直接，值得讚賞；也有人覺得那是一種自我防衛。他嗓門大，任性固執，橫行霸道。

「每次有人質疑哈伯勒的交易，他不會和你講理。」一位早期在摩根士丹利曾是哈伯勒上司的人表示，「他會說：『少來煩我！』」有些人喜歡和哈伯勒共事，有些人不喜歡。

不過，到了二〇〇四年年初，別人怎麼看他已經無所謂了，因為哈伯勒近十年為摩根士丹利交易債券，獲利不少。他負責摩根士丹利的資產擔保債券交易，摩根士丹利的次貸賭注基本上是他負責的。

在次貸債券市場開始蓬勃發展前，哈伯勒的職業生涯和李普曼很類似。他就像每位資產擔保債券交易員一樣，會操弄價格，賭一些對自己有利的交易，因為市場上從來沒出現過嚴重的問題。價格會跌，但總會反彈回來。你可以喜歡或熱愛資產擔保債券，但沒必要痛恨它們，因為你就算想做空也沒有工具。

你眼中的金融商品，是他們把垃圾丟給笨蛋的伎倆

在摩根士丹利，次貸市場蓬勃發展創造了大好商機。摩根士丹利一向是把企業貸款的包裝技巧，套用到消費貸款的佼佼者。他們的金融專家（也就是金融計量分析師）甚至會去教導穆迪與標準普爾等信評公司如何評估以資產擔保債券組成的CDO。所以，如果在摩根士丹利有人想要發明一種次貸債券的信用違約交換，也是很自然的事。

當時，哈伯勒的次貸交易室以更快的速度創造債券，也因此他們必須盡可能買進更多貸款，放在銀行的「貸款倉庫」裡備用，有時甚至會備好幾個月的貨。因此從買進貸款，到賣出這些貸款組成的債券，哈伯勒得面臨這段期間價格下跌的風險。其中一位發明者說：「我們創造信用違約交換，是要保護哈伯勒負責的債券交易室。」如果摩根士丹利可以賣出這些貸款的保險，哈伯勒就能把「庫存」跌價的風險轉嫁給別人。

二〇〇三年，次貸信用違約交換的原始設計，並不是標準化合約，而是由摩根士丹利和其他銀

行或保險公司一家一家個別簽訂，因此外界也不知道有這種合約的存在。一般人從來沒聽過這種信用違約交換，即使摩根士丹利願意對外透露，也不會有人了解。這些信用違約交換都故意設計得很神祕、不透明、缺乏流動性，所以除了摩根士丹利以外，沒人知道怎麼定價，市場上稱之為「客製化」。

二〇〇四年年底，哈伯勒開始看壞某些次貸債券，想找個巧妙的方法做空。正好，摩根士丹利裡的金融專家們也有同樣的想法，早在二〇〇三年年初，其中有一個人就曾經提議把它們組成集合，只是當時不了了之。摩根士丹利一位曾就近觀察這段過程的債券銷售員透露：「其實這個點子最早是由一位金融計量分析師提出，只是後來這個點子被他們（哈伯勒和他的交易員）偷去。」

一位和哈伯勒密切合作的交易員麥克．艾德曼（Mike Edman），後來成了這個點子的正式發明者。做空次貸的風險之一，是只要房價持續上漲，借款人就可以再融資，借新還舊，你買保險的貸款組合會因此縮水，保險理賠也跟著縮水。艾德曼用合約細則解決了這個問題，根據細則規定，摩根士丹利是買組合中「最新未償還貸款」的保險。也就是說，摩根士丹利賭的並非「整個」次貸組合，而是其中「最不可能還款的」少數貸款。只要這些少數貸款違約，就視同組合中的所有貸款違約。換言之，他們買的是類似某種洪水險：大水只要波及房子的任何部分，他們就可以獲賠整棟屋子的價值。

這麼一來，摩根士丹利訂製的信用違約交換，幾乎可以確定穩賺不賠，因為組合中只要虧損四％，就可獲得全數理賠。景氣好的時候，一般次貸組合的損失率就是四％。在艾德曼看來，唯一的問題是要找到夠笨的客戶承保。意思就是，得找到有人願意為一棟肯定會崩壞的房子，賣房屋保險給摩根士丹利。哈伯勒等人的前同事表示：「他們真的找到一位客戶，承接某個垃圾貸款組合的ＢＢＢ級多頭部位。」簡言之，就是找到了容易上當的傻瓜，占對方的便宜。「一切就是這樣開始的，那是哈伯勒的第一筆交易。」

到了二〇〇五年年初，哈伯勒還真的在市場上找到很多傻瓜，同意承保價值二十億美元的信用違約交換。那些傻瓜一定覺得，哈伯勒買信用違約交換的保費，就像天外飛來的橫財——他們認為自己買下摩根士丹利發行的投資級（ＢＢＢ級）資產擔保債券，每年摩根士丹利會付他們無風險利率加二．五％。這特別吸引德國的投資法人，他們可能沒讀到合約細則，或光看表面信用評等就完全買單了。

二〇〇五年春季，哈伯勒和他的交易員們都有理由相信，他們創造出來的邪惡保單鐵定會獲利，他們想找更多人買單。沒想到，就在這時候，貝瑞開始煽動券商讓他買標準化的信用違約交換，於是德意志銀行的李普曼、高盛的兩位交易員及其他幾位人士便聯手設計合約細節，連摩根士丹利的艾德曼也被硬拉進來一起討論。這一來，次貸債券的信用違約交換成了標準化合約，並開始公開交易，哈伯勒的團隊也無法再販售他們自製的模糊版信用違約交換。

看這些菁英中的菁英，如何海撈好幾億

二〇〇六年四月，次貸債券市場火速成長。哈伯勒是摩根士丹利的明星債券交易員，據估計，他旗下八位交易員為摩根士丹利創造約二〇%的利潤。他們的獲利從二〇〇四年約四億美元，成長到二〇〇五年的七億美元，二〇〇六年更上看十億美元。年終時，哈伯勒可以領到二千五百萬美元紅利。

但是，他已經不想再當一般債券交易員。華爾街裡最優秀、最聰明的交易員都辭去原本大銀行的工作，轉戰避險基金，不再只賺個幾千萬，而是海撈好幾億。對於華爾街一流的債券交易員來說，靠那些不動大腦的投資人賺點小錢，實在沒什麼成就感。「哈伯勒認為，做這種業務很蠢。」一位和他往來密切的交易員說：「雖然一直以來都負責這項業務，但他已失去興趣了。」[1]哈伯勒與顧客做這些蠢交易可以賺好幾億美元，用公司資金和他們對賭甚至可賺數十億美元之多。

摩根士丹利管理高層一直很怕哈伯勒和他的小團隊辭職，自創避險基金。為了留住他們，高層和哈伯勒達成了一項特殊協議：讓他成立自己的自營部，掛個氣派的名稱，叫做「全球自營信貸集

1　涉入金融危機的人只要被發現在談論他看過和做過的事，幾乎都等著賠錢。那些還在華爾街大銀行上班的人，甚至是已經離開的人，顯然都簽了保密協定。摩根士丹利的前員工不像高盛員工那麼噤若寒蟬，但他們也不願多談。

團」（Global Proprietary Credit Group, CPCG）。在這個新安排中，哈伯勒可以從這小組創造的獲利中分潤。一位小組成員表示：「目的是讓我們從一年賺十億，變成一年賺二十億。」

摩根士丹利承諾，公司會盡快在可行的範圍內，讓哈伯勒把這個單位獨立出去，變成資金管理事業，並讓他持有五〇%的股權。這個事業將管理次貸擔保的CDO，和鄒文的哈定諮詢公司等業者競爭。摩根士丹利債券交易室裡，大家普遍認為最優秀、最聰明的交易員，都想加入哈伯勒的單位。「那應該是菁英中的菁英。」一位交易員說：「哈伯勒把最聰明的人才都帶走了。」

這些少數菁英搬到摩根士丹利曼哈頓中城辦公大樓的獨立樓層，比原交易室高了八個樓層。他們設法營造自己和摩根士丹利沒有利益衝突的假象，原本二樓的交易員仍持續和客戶買賣，但不會向十樓的哈伯勒等人透露相關的交易訊息。湯尼．圖法列洛（Tony Tufariello）是摩根士丹利全球債券交易部的主管，理論上他是哈伯勒的上司，所以他在哈伯勒的單位裡設置了一間辦公室（很矛盾），在二樓與十樓之間來來回回[2]。

哈伯勒不只要人，他更想把他旗下交易的投資部位也一起帶走。這些交易的細節非常複雜，以至於摩根士丹利的一位次貸債券交易員表示：「我覺得哈伯勒的主管並不了解他做了什麼交易。」不過，這些交易的重點很簡單：豪賭次貸會違約。他們複雜的交易部位中，最重要的還是價值二十億美元的客製化信用違約交換。哈伯勒認為，那些交易肯定很快會賺進二十億美元的純利潤。貸款組合正要出現第一批違約潮，一旦出現，哈伯勒就可以獲得全額賠償。

一個聰明的人，可惜不夠聰明

不過，短期內有個棘手的問題：這些保險合約的保費，仍持續侵蝕哈伯勒團隊的短期報酬。「這個團隊理論上每年要賺二十億美元。」一位成員說：「但持有這些信用違約交換部位的成本是兩億美元。」為了抵銷這些營運成本，哈伯勒決定出售一些AAA級次貸CDO的信用違約交換，先收點保費落袋[3]。

問題是，風險較小的AAA級CDO的保費，只有BBB級保費的十分之一，所以要收取將近等額的保費，他需要賣出的數量，相當於他手上擁有的信用違約交換的十倍。哈伯勒和交易員們很快（顯然沒想太多）就與高盛、德意志銀行及其他幾家銀行完成六筆左右的大交易。

二〇〇七年一月底，當次貸債券業者前往拉斯維加斯狂歡時，哈伯勒已經賣出約一百六十億美

---

2 在華爾街債券交易部門內部的所有利益衝突中，這是最致命，也最少人討論的。當一家銀行以自己的帳戶投資股票和債券，又同時當客戶的經紀人交易這些股票和債券時，他們就會很想利用客戶來為自己抬轎。華爾街銀行喜歡說他們已經築好了防火牆，分隔職能，避免自營部的交易員得知客戶的交易資訊。對此藉口，尖端夥伴事業的丹尼爾給出了最簡明扼要的回應：「每次聽到『防火牆』三個字時，我心裡就會想，你他媽的就是個騙子！」

3 這裡謹記一點有助於了解——賣出某個東西的信用違約交換，相當於擁有與該東西相同的金融風險。如果AAA級CDO的最後價值為零，無論你是直接買它，或賣出它的信用違約交換，你損失的金額都一樣。

元的AAA級CDO信用違約交換，由此可見，華爾街優秀的債券交易員及整個次貸債券市場的誤判有多麼嚴重。在二〇〇六年九月到二〇〇七年一月間，這位摩根士丹利的第一把交椅債券交易員，其實等於買了一百六十億美元的AAA級CDO，那些CDO全由BBB級次貸債券組成，只要標的次貸組合出現約八％的損失，這批債券就成了壁紙。哈伯勒夠聰明，知道要看壞這市場，但是他沒有聰明到知道要看壞到什麼程度。

在摩根士丹利內部，顯然從來沒有人質疑是否應該讓這位明星交易員買進一百六十億美元的次貸債券。哈伯勒承擔的一百六十億美元次貸風險，在摩根士丹利的風險報告上標示AAA級。也就是說，這些風險和美國公債的等級無異。還有，雖然在所謂「風險值」（value at risk，簡稱 VaR，是華爾街管理高層最常用來了解交易員做了什麼的工具）的計算中，它們也會出現在報表上，但由於風險值只衡量某檔股票或債券過去的波動程度，最近的變動又比很久之前的變動權重更高，而AAA級次貸擔保CDO的價值基本上沒什麼大變動，因此在摩根士丹利的內部報告裡看來，也幾乎是沒有風險。

二〇〇七年三月，哈伯勒的交易員們準備了一份簡報，由哈伯勒的上司提交給摩根士丹利董事會，報告中吹噓他們在次貸市場中做了「優異的結構型部位」。但是，沒有人提出一個顯而易見的問題：萬一次貸借款人違約的數量超過預期，這些結構型部位會怎樣？

以前騙客戶，現在騙自己

不管哈伯勒是沒揭露還是沒警覺，總之他承擔了龐大的風險。他賭的CDO層級幾乎就是康沃爾資本對賭的CDO層級，裡面的組成幾乎就是尖端夥伴和傳人基金對賭的次貸債券。多年來，債券交易員騙客戶，如今，則演變成交易員自己騙自己。

問題的關鍵，在於CDO裡各種次貸債券的價格相關性有多高，答案可以介於〇%（彼此的價格毫無關係）到一〇〇%（每個價格都同步移動）之間。穆迪和標準普爾判斷BBB級債券組合的價格相關性約三〇%，其實這數字的意義並不像表面上看起來那樣。例如，它並不是指某檔債券違約時，其他債券違約的機率也是三〇%，而是指某檔債券違約時，其他債券幾乎不受影響。

穆迪和標準普爾假裝這些貸款本質上不一樣、當房價止漲時不會集體違約，因此給每檔CDO約八〇%的內容AAA級評價（也因此促成了整個CDO業務）。這也為哈伯勒購買價值一百六十億美元的CDO，提供了合理的理由。

摩根士丹利和其他華爾街銀行一樣，竭盡所能的說服信評公司，將過去處理企業貸款（風險較低）的方式——也就是透過把不同貸款組合在一起，來降低風險——套用在消費貸款（風險較高）。說服信評公司這事，對華爾街業者來說就像是行銷企畫的一部分。這些銀行都知道企業貸款和消費貸款不一樣，但信評公司不知道。而且次貸債券市場根本沒什麼歷史資料，全國房市崩盤更完全沒有任何紀錄可依循。

在電話另一頭接哈伯勒生意的華爾街債券交易員認為，在哈伯勒眼中，這些交易完全沒有風險，他以為自己不用承擔風險，就可以收一點利息。當然，有這種想法的人不止他一個。

為了摩根士丹利可能從美林購買的二十億美元AAA級CDO，哈伯勒曾經和一位美林交易員起爭執。哈伯勒希望美林付他高於無風險利率二十八個基點（〇．二八％），但美林只想付他二十四個基點，相當於每年約八十萬美元的利息。這筆價值二十億美元的交易如果成交，就會把高達二十億美元的損失風險，從美林轉給了摩根士丹利。

後來雙方談不攏，交易破局。哈伯勒轉而找上德意志銀行，並且為了同樣的條件起爭執。不過這回不同的是：德意志銀行的李普曼已經拉高分貝，主張這些AAA級CDO將會一文不值。因此德意志銀行付給哈伯勒他想要的二十八個基點，在二〇〇六年十二月和二〇〇七年一月和他各做了一筆二十億美元的交易。當初和哈伯勒交易的德意志銀行CDO管理高層表示：「我們做那些交易時，雙方都以為這些東西沒有風險。」

押注紅色，卻不知道什麼是紅色

二〇〇七年二月初到六月，局勢渾沌又詭異，次貸市場就像一個巨型氦氣球，被十幾家華爾街大銀行拉著，每家銀行都使力抓著一條繩子。但他們逐漸了解到，不管用多大的力氣拉，氣球終究會把他們拉離地面。到了六月，他們一個接一個，默默鬆開了緊握的手。

在執行長傑米・戴蒙（Jamie Dimon）的命令下，摩根大通在二〇〇六年秋末放棄了次貸市場。德意志銀行因為有李普曼，所以繩子一直沒拉得很緊。高盛接著鬆手，但他們不只是放手而已，而是轉過頭來大舉做空次貸市場，進一步加速氣球升空[4]。六月，當貝爾斯登的次貸避險基金破產時，他們被迫切斷繩索，氣球又離地面更遠了。

在此之前沒多久，也就是二〇〇七年四月，哈伯勒或許是擔心自己賭太大了，所以和管理貝爾斯登那兩支避險基金的拉夫・喬菲（Ralph Cioffi）做了一筆交易。四月二日，美國最大次貸業者新世紀公司因為貸款違約案件太多而宣告破產。摩根士丹利從一百六十億美元的AAA級CDO裡，拿出六十億美元CDO賣給喬菲。

這時價格降了一些，喬菲要求高於無風險利率四十個基點（〇・四％）。哈伯勒找摩根士丹利

4　高盛退出次貸市場的時間點很有意思。事後很久，高盛聲稱他們在二〇〇六年十二月就脫離了次貸市場。但是和高盛交易的華爾街大銀行交易員則確定，高盛是到二〇〇七年春季和夏初才反向操作，就在全美最大的次貸業者新世紀公司宣布破產以後。如果高盛真的是在這時開始「做空」，就可以解釋為什麼貝瑞和其他人都察覺到次貸市場和高盛在六月底都出現混亂。高盛並沒有在房子失火前離開，他們只是率先衝出火場，然後還隨手把門關上。

總裁佐伊・克魯茲（Zoe Cruz）商量，兩人一致決定，寧可保留次貸風險，也不要認列相當於數千萬美元的損失，這個決定後來導致摩根士丹利虧損近六十億美元，但摩根士丹利的執行長麥晉桁卻從未參與這件事。一位和哈伯勒熟稔的同事說：「麥晉桁從來沒找過哈伯勒。那段期間，哈伯勒從未單獨和麥晉桁坐下來談話。」[5]

二〇〇七年五月，哈伯勒和摩根士丹利之間也起了爭執。不過，爭執的原因和那一百六十億美元的複雜交易無關，而是因為摩根士丹利未能兌現承諾，把哈伯勒的自營部門獨立出去成為資金管理公司，並讓他持有五〇％股權。哈伯勒對摩根士丹利的拖延感到憤怒，揚言要辭職。為了留住他，摩根士丹利承諾分給他（以及他旗下交易員）更多的 GPCG 獲利。二〇〇六年哈伯勒領了兩千五百萬美元的紅利，大家都覺得二〇〇七年他會領到更多。

一個月後，摩根士丹利終於發現一個令人不安的問題——萬一中低階層美國人貸款違約人數超過預期，他們在次貸市場的賭注會怎樣？如果以華爾街最悲觀的估計來看，摩根士丹利會遭受多大損失？在此之前，摩根士丹利曾針對哈伯勒的賭注做過出現六％虧損（也就是近期出現過最高的比率）時的「壓力測試」，現在公司要求哈伯勒的交易員們想像一下，萬一損失達到一〇％，他們的賭注會怎樣？

這項要求是由摩根士丹利風險長湯姆・道拉（Tom Daula）直接提出來的。對於道拉提出的這個要求，哈伯勒和他的交易員們既生氣又不安。其中一位說：「這種要求不只是怪，而是感覺很怕天真的會塌下來似的。當時我們都覺得這些傢伙根本不知道自己在講什麼，如果損失真的高達一〇%，就意味著可能有高達一百萬人無家可歸。」（最後哈伯勒等人賭的貸款組合，損失高達四〇%）。一位不屬於哈伯勒團隊的摩根士丹利資深主管表示：「他們不想理你，一直說：這種情況不可能發生！」

結果哈伯勒的交易員花了十天，才交出他們不想讓人看到的估算結果：當貸款損失一〇%時，他們在次貸市場上所做的複雜賭注會從預期獲利十億美元，變成虧損二十七億美元。一位摩根士丹利的資深管理者說：「做完壓力測試後，風險管理部門的人非常擔心。」哈伯勒等人努力安撫他們說，放心，那樣的虧損是永遠不可能發生的。

5 關於哈伯勒和克魯茲之間的對話，眾說紛紜。接近克魯茲的人提供的版本是：克魯茲擔心，他們和貝爾斯登有問題的避險基金交易，會有法律風險。哈伯勒從未向她完整說明ＡＡＡ級ＣＤＯ的風險，讓她以為摩根士丹利不可能遭受巨額損失，這可能是因為哈伯勒自己也不了解風險。但哈伯勒的朋友則宣稱，克魯茲有效控制了哈伯勒的交易，並阻止他拋售一些ＡＡＡ級ＣＤＯ。在我和華爾街交易員看來，哈伯勒那方的說法比較不可信。一位可能知情的交易員表示：「根本不可能在哈伯勒說『我現在得退出交易』時，克魯茲還不讓他退出。哈伯勒不可能說過『如果我們現在不退出，可能會虧損一百億』這樣的話。哈伯勒對她提出的，是不退出交易的理由。」華爾街交易員一向很善於在成功時爭功，在失敗時諉過，這點和華爾街銀行在經營好時鄙視政府規範，在經營不善時又堅持政府幫忙紓困的做法如出一轍。成功都是自己的功勞，失敗則是社會的問題。

然而，風險管理部門根本無法放心。在他們看來，哈伯勒和他的交易員們似乎不完全知道自己面臨什麼樣的風險。哈伯勒一直說，他是和次貸市場對賭，但如果真是這樣，為什麼次貸市場崩解時他會虧損數十億美元呢？就像摩根士丹利一位資深風險管理者所說的：「你在賭場裡，無論押注紅色或黑色，你會知道自己賭的是紅色或黑色；但是現在他們押注紅色，卻不知道什麼是紅色。」

別管什麼模型了，老哥，你欠我十二億

七月初，摩根士丹利第一次接到警訊。那是一通來自德意志銀行李普曼和他上司的電話，在電話中德意志銀行說，哈伯勒六個月前賣給德意志銀行CDO交易室的四十億美元信用違約交換，現在行情對德意志銀行有利，摩根士丹利必須補繳保證金，並在當天結束前匯給德意志銀行十二億美元。根據當時聽到雙方對話的人轉述，李普曼是這麼說的：「老哥，你欠我們十二億。」

李普曼告訴他們，眾多華爾街銀行原本認為毫無風險而做了數千億美元交易的AAA級次貸CDO，如今每塊錢只剩七十美分。當時一位參與電話會議的摩根士丹利人士表示，哈伯勒回應：「你說七十是什麼意思？我們的模型說它們仍值九十五。」

德意志銀行的人說：「我們的模型說它們只剩七十。」

哈伯勒重複說道：「我們的模型說九十五。」接著他開始說明，他的CDO裡數千筆BBB債

券之間的相關性很低，所以其中一些債券違約，不表示全部債券都沒有價值。

李普曼說：「老哥，去你媽的模型啦！我給你開個價：七十或七十七。你有三個選擇，要嘛用七十賣回給我，要嘛用七十七買進更多，要嘛匯給我那他媽的十二億美元！」

摩根士丹利不想再買任何次貸債券，哈伯勒亦然，他已經要鬆開手中那條繫著氣球的繩子了。但哈伯勒也不想認賠，他堅稱雖然自己不願以七十七美分買進更多，但他的AAA級CDO每塊錢仍然值九十五美分。

他讓上司來決定，最後摩根士丹利同意匯款六億美元給德意志銀行。不過對德意志銀行來說，還有另一種做法，是隨機找三家華爾街銀行組成小組，來共同判斷這些AAA級CDO的實際價值。

其實，對德意志銀行來說，根本不在乎那筆保證金。德意志銀行一位資深管理高層表示：「李普曼打那通電話，對我們而言是最無關緊要的一件事，摩根士丹利帳上還有七百億美元現金，我們並不擔心。」而且德意志銀行內部有人反倒質疑李普曼說的價格，據一位當時曾參與討論的人說：「那個數字太大了，所以很多人覺得可能搞錯了，摩根士丹利不可能欠我們十二億美元！」

拒絕認賠，結果輸得更慘

事實上，摩根士丹利的確欠了這麼多錢。當時只是崩解的開始，幾個月後，摩根士丹利執行長和華爾街分析師召開了一場線上會議。

違約數量越來越多，債券普遍虧損，由這些債券組成的CDO也跟著崩解。在崩解的過程中，德意志銀行曾經數次提供摩根士丹利退出交易的機會。李普曼第一次打電話給哈伯勒時，哈伯勒本來可以認賠十二億美元，退出和德意志銀行的四十億美元交易。第二次李普曼打電話給他時，退出交易的代價已經增加到十五億美元。每一次哈伯勒和他的交易員都拒絕接受李普曼所開的價格、拒絕認賠。

德意志銀行一位交易員說：「我們和那些渾蛋一路吵到債券價格跌到谷底。」這整個過程中，德意志銀行的人都可以感覺到，摩根士丹利的債券交易員誤解了自己所做的交易。他們沒有說謊，而是真的不懂次貸CDO的性質。BBB級次貸債券之間的相關性不是三〇%，而是一〇〇%。一檔債券破產，所有的債券都會破產，因為它們都會受到同樣的經濟力量所影響。最後，CDO從一百跌到九十五、七十七、七十，再暴跌到七，已經意義不大了，反正裡面的次貸債券要嘛全部違約，要嘛全部沒違約。CDO的價值要不是零，就是一百。當CDO的價值只剩七時，李普曼讓摩根士丹利退出他們當初以一塊錢約一百美分投入的交易。這筆四十億美元的交易，最後大約虧損了三十七億美元。

但此時李普曼面對的不再是哈伯勒，因為哈伯勒已經離開摩根士丹利。哈伯勒的團隊成員說：「哈伯勒去度假幾週，之後就再也沒有回來過。」

二〇〇七年十月，哈伯勒獲准請辭，還領了數百萬美元，那是公司在二〇〇六年年底為了留下他而承諾給的錢。後來公司高層向董事會報告，哈伯勒留下的總虧損是九十億美元，那也是華爾街史上最大的單筆交易虧損。總體而言，其他銀行虧更多、非常多，只是其他銀行的虧損大都因提供購屋族次級貸款而造成。次貸市場崩盤時，花旗、美林等銀行都持有龐大的次貸資產。

幸好，我不是賭桌上最蠢的蠢蛋

哈伯勒退休後回到紐澤西，不再與外界往來，慶幸著自己不是賭桌上最蠢的蠢蛋。他或許太晚放開握著氣球的手、沒救到摩根士丹利，但他仍可以抬頭看著氣球飛得更高，看著華爾街上一堆人隨氣球飛上天。七月初，也就是李普曼打電話向他討十二億美元的前幾天，哈伯勒找到兩個買家，購買他的AAA級CDO。第一個是瑞穗金融集團（Mizuho Financial Group），屬於日本第二大銀行的交易分支。其實日本人對美國這些金融創新始終感到困惑，所以他們向來避而不碰，但當時的瑞穗金融集團不知怎麼回事（原因可能只有他們自己知道），突然覺得自己很懂美國次貸債券似的，從摩根士丹利手中買下十億美元的次貸擔保CDO。

另一個更大的買家是瑞銀，他們向哈伯勒買了二十億美元的AAA級CDO，連同他價值數億美元的BBB級債券空頭部位。也就是說，七月，就在市場崩解前，瑞銀跟哈伯勒說：「我們也想要一些。」所以哈伯勒原本買的一百六十億美元AAA級CDO，一下縮減成一百三十億美元。

幾個月後，瑞銀為了向股東解釋他們在美國次貸市場虧損三百七十四億美元，發表了一份「半誠實」的報告，透露他們所雇用的一小群美國債券交易員，在市場崩盤前還一直遊說公司買進更多其他華爾街銀行的次貸債券。「如果事先知道有這筆交易，我們肯定會反對。」瑞銀一位知情的債券交易員表示。「對瑞銀來說，這是一筆非常有爭議的交易，一直都很隱祕。銀行高層要是知道，一定會大聲否決。當時，大家都知道貸款違約的相關性是一〇〇%，我們居然還從哈伯勒手中接下了這塊燙手山芋。」

二〇〇七年十二月十九日，摩根士丹利為投資人召開一場電話會議，解釋為什麼會出現一筆高達九十二億美元的交易損失，將五萬名員工所創造的獲利一舉勾銷。麥晉桁一開始就說：「今天我們宣布的營運結果，對我個人和公司來說都不光彩。這是我們固定收益部門判斷錯誤，也是我們沒有妥善管理風險的結果……實際上，這一季認列的損失，幾乎都是我們抵押貸款事業的某個交易室造成的。」麥晉桁解釋，摩根士丹利的確有對次貸做了某些「避險」，只是「那些避險在十月底和十一月的特殊市場條件下，並未產生足夠的避險效果」。

然而，實際上十月和十一月的市場狀況並不特殊，十月和十一月只是市場價格首次精確反映次貸風險。真正特殊的，是十月和十一月以前發生的事。

麥晉桁在強調「身為這家銀行的領導者，我一定會為績效負起全部責任」後，開始接受其他華爾街分析師提問。這群人花了一段時間，才問出真正讓摩根士丹利感到不光彩的緣由。最早提問的四位分析師，並沒有深入詰問麥晉桁，直到高盛分析師威廉．塔諾納（William Tanona）提問。

塔諾納：「我想再問一個關於風險的問題，我知道大家一直避而不談……請為我們說明一下，為什麼會發生這種事，讓你們吞下那麼龐大的損失。我的意思是，我可以想像你們應該有投資部位限制和風險限制，我只是不解，你們為什麼會有一個交易室，可以造成八十億美元的虧損？」

麥晉桁：「那樣問不對。」

塔諾納：「抱歉，您說什麼？」

麥晉桁：「嗯……」

塔諾納：「我沒聽清楚。」

麥晉桁：「塔諾納，我就直說吧。第一，我們確認過這筆交易，也把它記在我們的帳上。第二，這筆交易也輸入我們的風險管理系統中。這很簡單。當它出問題時，很痛苦，所以我不是在辯解。這些交易員做這些投資部位時，他們並未想到會碰到這麼嚴重的違約狀況。我們的風險管理部門也沒注意到那些損失[6]。就是這麼簡單。害我們損失慘重的，是一種極端風險（fat tail risk）[7]，事情就是這樣。」

塔諾納：「好吧，我了解了。我想問的另一個問題是，從這麼嚴重虧損的角度看，我很訝異你們那一季的交易風險值竟然很穩定。你能說明一下，為什麼那一季的風險值並未大增嗎？」[8]

麥晉桁：「塔諾納，我想風險值可以充分代表流動性的交易風險，但是就〔這段內容聽不清楚〕來說，我很樂意在會後回答你這個問題，因為我現在沒辦法回答。」

如此空洞的回答，或許會讓有些人覺得摩根士丹利的債券交易業務非常複雜，但這些話只是透露出執行長不了解情況。同業間普遍認為，麥晉桁算是比較懂債券交易風險的執行長，畢竟他自己就是債券交易員出身。然而，如今他不僅無法了解他的交易員在做什麼，甚至在虧空了九十億美元之後，還是無法完全解釋他們做了什麼。

莊家快要倒了，怎麼辦？

這一刻終於來了：次貸風險的最後一位買家也收手了。

二〇〇七年八月一日，貝爾斯登的股東首次對貝爾斯登提出訴訟，指控他們拖垮旗下的次貸擔保避險基金。這件事引起軒然大波，其中較不為人知的，是康沃爾資本三名年輕人的恐慌。因為他們持有龐大的信用違約交換部位，其中絕大多數都是向貝爾斯登買的。

自從去過拉斯維加斯後，雷德利就覺得一場窮凶極惡的風暴即將降臨。三人中唯一曾在華爾街大銀行工作過的霍克特，也常會想像某種慘烈結局。至於麥伊，早就認定華爾街有很多人都是卑鄙的渾蛋。不過，他們三人倒是共同擔心一件事：貝爾斯登可能破產，無法履約。霍克特說：「或許有一天，我們再也無法和華爾街的銀行交易了，當時的情況就是如此。」

二〇〇七年八月第一週，他們到處詢問，想了解AA級CDO的價格。就在幾個月前，這些CDO看起來幾乎毫無風險。雷德利說：「儘管標的債券正在崩解，所有和我們往來的人仍然對後市很樂觀。」實際上，在七月底以前，貝爾斯登和摩根士丹利還在說AA級CDO每塊錢還有九十八美分的價值。也就是說，哈伯勒和李普曼之間的爭議，其實在市場上不斷的重演。

康沃爾資本持有二十檔垃圾CDO的信用違約交換，每一檔都有不同的爛法，很難確切知道它們的價值。但有一點很清楚：原本看似勝算渺茫，如今看來已有勝利的希望。過去華爾街券商一直

---

6 別指望華爾街大銀行的負責人講白話文，因為他們之所以能夠吃這行飯，靠的就是讓大家覺得他們做的事無法翻成白話文。麥晉桁想說的是，摩根士丹利裡沒人知道哈伯勒承擔了什麼風險，連哈伯勒自己也不知道，但他又不能這樣明講。

7 譯註：指極端事件出現的風險異常高。

8 同樣問題的另一種問法是：為什麼哈伯勒的債券價值會從一百暴跌至七，而你收到的報表卻仍顯示它們不會有劇烈的變動？

告訴他們，這些冷門ＡＡ級ＣＤＯ的信用違約交換永遠無法脫手，但現在市場恐慌了起來，似乎急著買任何和次貸債券有關的保險。

他們的預測也改變了：首先，如果市場止跌反彈（例如美國政府突然介入，為所有次貸提供擔保），康沃爾資本將首度面臨嚴重虧損。其次，萬一貝爾斯登倒閉，他們會輸個精光。過去，他們對於各種可能發生的災難，有著異常靈敏的預感，如今則是有種大禍臨頭的不安。

於是，他們決定先自保：為他們囤積已久、現在突然熱門起來的保險尋找買家。

雷德利自己試了幾次，都沒成功找到買家。「這一行有太多眉眉角角了。」雷德利說：「你必須確切知道該怎麼說，如果你不知道，大家就會對你發火。我以為我喊的是『賣！』，結果別人都以為我在喊『買！』，我發現我還真的不適合做交易員。」

英國鄉下小酒吧裡，這個美國人默默大賺八十倍

這項任務後來落在霍克特身上。因為霍克特曾經是交易員，是他們三人中唯一知道該說什麼及怎麼說的人，但此刻他正和太太娘家的人一起在英國南部德文郡埃斯茅斯鎮（Exmouth）度假。

於是，此刻人在鎮上酒吧的霍克特，正忙著為他們的二·〇五億美元ＡＡ級ＣＤＯ信用合約交換尋找買家。那家名為彈藥搬運工（Powder Monkey）的酒吧，是全鎮唯一提供穩定無線上網的地

方。酒酣耳熱的英國酒客們都沒發現，有個老美正在酒吧一角猛敲彭博機，從下午兩點不斷講手機，直到晚上十一點。

先前，只有三家華爾街銀行（貝爾斯登、德意志和摩根士丹利）願意和康沃爾資本交易，並提供交易信用合約交換所需的ISDA協議。雷德利說：「霍克特一直告訴我們，沒有ISDA也可能做交易，但那真的不是常態。」即使到現在，這也不是常態。八月三日週五，霍克特打電話給華爾街各大銀行說：「你不認識我，我也知道你們不會給ISDA協議，但我有一批次貸擔保CDO的保險，我願意出售，你願意在沒有ISDA協議的情況下和我交易嗎？」

「剛開始，大家一聽都回絕。」霍克特說：「於是我告訴他們：『你要不要先和信用交易室的主管及風險管理長談一下，看看他們是否有不一樣的看法。』」那個週五，只有一家銀行似乎急著和霍克特交易——瑞銀，而且急得要命。最後一個拉著氣球繩子的銀行，剛剛決定鬆開手中的繩子。

八月六日週一，霍克特又回到那家酒吧。當初成本〇．五％的保險合約，瑞銀現在出價預付三十點，也就是說，康沃爾資本當初以約一百萬美元買下價值二．〇五億美元的信用合約交換，突然間價值超過六千萬美元（二．〇五億美元的三〇％）。這一天，不光是瑞銀感興趣而已了，花旗、美林及雷曼兄弟本來上週五還非常不屑，到了週一都動作積極起來。

康沃爾資本有二十筆不同的部位要賣，但是霍克特的網路連線斷斷續續，手機收訊也不穩，反而是華爾街這些大銀行，彷彿正在急著為燒起來的房子買火險。「這是我們第一次看到這批保險的價格，如此接近它們真正的價值。」雷德利說：「貝爾斯登原本估價六十萬美元的部位，隔天暴漲到六百萬美元。」

週四深夜十一點，霍克特終於結束交易。那是八月九日，就在這一天，法國巴黎銀行（BNP）宣布，因美國次貸問題，貨幣市場基金投資人暫時不准贖回。雷德利三人不太清楚為什麼一家瑞士銀行會買走他們四分之三的賭注，在瑞銀央求他們出售如今很貴的次貸保險以前，康沃爾資本內部鮮少提及瑞銀的名字。

「我根本沒想到瑞銀也參與次貸市場。」雷德利說：「現在回想起來，我不敢相信我們當時竟然沒有反過來做空瑞銀。」瑞銀和其他任何華爾街買家，從康沃爾資本買來信用違約交換時，絲毫沒有想到他們買來的是貝爾斯登可能破產的風險——直到現在，華爾街大銀行依舊不敢相信「貝爾斯登破產」這種事情會發生。四年半前以十一萬美元起家的康沃爾資本，現在從五十萬美元的做空賭注中，淨賺八千多萬美元。麥伊說：「一想到我們不會是賭桌上的笨蛋，就鬆了一口氣。」他們一直都不是賭桌上的笨蛋，原本勝算渺茫的賭注，讓他們翻賺了八十倍。

在英國的酒吧裡，完全沒人問霍克特他在做什麼。

霍克特的丈母娘一家人當然都很好奇他這幾天去哪了，他試著解釋。他說有大事發生了，銀行體系已經無力償債，嚴重的經濟風暴將隨之而來。當銀行停擺，授信跟著停擺；當授信停擺，交易跟著停擺；當交易停擺，芝加哥市自來水公司只有八天份的氯可用，醫院的藥品也會短缺。

整個現代世界都是靠著先買後付款的機制運作。「我半夜回到家，和我小舅子談及孩子們的未來。」霍克特說：「我叫他們去查一下自己存在匯豐銀行的錢有沒有投保，也告訴他們手邊要留一些現金，因為當危機爆發可能會領不到錢，但這很難解釋清楚。」你要怎麼向一個生活在自由世界裡、單純又無辜的老百姓解釋AA級次貸擔保CDO的信用違約交換有多重要？霍克特其實試著解釋過，但他的英國姻親只是一臉狐疑地看著他。他們只知道有人剛賠了很多錢，而霍克特剛賺了一大筆錢，其他的事就聽不太懂了。「我真的沒辦法向他們解釋這些。」他說：「他們是英國人。」

豐收的一年，卻毫無勝利的感覺

二十二天後，也就是二〇〇七年八月三十一日，貝瑞取消側袋帳戶，開始認真出清他的信用違約交換，現在投資人可以把錢贖回了，他可以加倍奉還當初他們投資的資金。

就在幾個月前，券商只願意出價兩百個基點（亦即本金的二%）向貝瑞買他的信用違約交換。而現在，華爾街銀行急著開出七五%、八〇%、八五%的報價。第三季結束時，貝瑞向投資人報告傳人基金的漲幅超過了一〇〇%。年底，在一個不到五．五億美元的投資組合中，他賺進了七．二億美元以上的獲利。

但他還是沒有收到投資人的半點回應，「即使這是豐收的一年，事實證明我是對的，卻毫無勝利的感覺。」他說：「賺錢的感覺和以前想的不一樣了。」他主動寄了一封電子郵件給創始投資人高譚資本，信裡只有一句話：「不客氣。」貝瑞已經決定把高譚資本踢出基金，並堅持要對方賣掉貝瑞公司的持股。當高譚資本要貝瑞出個價時，他回答道：「你們乾脆把去年差點害我無法幫你們賺錢的那幾千萬美元拿回去吧，我們就算扯平。」

貝瑞剛創立基金時，決定不向投資人收取業界常見的二％管理費。因此在沒幫投資人賺錢的那一年，由於沒有管理費收入，他不得不解雇員工。現在他寫信告訴投資人，他改變政策了。這一來，又再次掀起投資人不滿（雖然貝瑞讓他們賺了大錢）。「你是從哪學到惹毛大家的方法？」一位經常和他通信的友人寫道：「你真有這方面的天賦。」

自從發現自己是亞斯伯格症者之後，貝瑞開始了解到興趣對他而言有多麼重要。興趣，讓他可以遠離這個充滿敵意的世界、躲進一個安全地帶。這也是為什麼，亞斯伯格症者會對興趣如此投入。「我的治療師協助我弄明白了這一點。」他在電子郵件裡寫道：「我回顧自己的過去，覺得很有道理。」

治療師講得很好，我試試看能不能也把它講清楚。如果你遇到一個人，他很難融入社會，經常覺得自己被誤解、輕忽、孤獨，你會發現強烈的興趣可以幫助他建立自我。亞斯伯格症的孩子可以非常專注地學習他們感興趣的東西，並迅速地累積知識，通常遠遠超越同儕。這種自我強化過程很有撫慰效果，帶給亞斯伯格症的孩子不常體驗到的感覺。只要興趣可以給他那種強化的效果，改變就不會有什麼危險。但是，一旦興趣碰到重重障礙，或在過程中受到挫折時，他會感受到強烈的負面衝擊，尤其當挫折是來自他人。這時，興趣會成了亞斯伯格症者原本想逃避的所有一切——他人的迫害、誤解、排擠。亞斯伯格症者必須另尋其他興趣，才能建立與維持自我。

二〇〇六年的大部分時間及二〇〇七年年初，貝瑞經歷了一場人生夢魇。他在一封電子郵件裡寫道：「和我關係最密切的合夥人，最後跟我鬧翻……這個事業扼殺了我生命中相當重要的一部分。問題是，我還找不出它扼殺了什麼，只知道那重要的東西在我心裡，我可以感覺得到。」

對金融市場的興趣逐漸流失後，貝瑞買了第一把吉他。這其實是很怪的一件事，因為他不會彈吉他，也沒這方面的天分，他甚至不想彈吉他，買這把吉他，純粹只是因為他想徹底搞清楚用來製造吉他的木材種類。他還買了真空管、擴音器，就只是為了要……了解有關吉他的一切。

貝瑞對金融失去興趣的時點選得正好，當時已來到這起事件的尾聲，一切已成定局。在那之後的六個月，國際貨幣基金組織（ＩＭＦ）宣布美國創造的次貸資產損失高達一兆美元。美國金融業者就這樣憑空創造了一兆美元的損失，讓這損失深嵌在美國的金融體系裡。華爾街每家銀行都受到波及，沒有一家能脫身。就像把大大小小的炸彈擺在西方世界的各大金融機構裡一樣，引信已經點燃，無法撲滅。

你所能做的，是旁觀引信燃燒的速度和爆炸的威力。

第10章
緩慢的覺醒
虛幻城堡崩塌之後

幾乎沒人料到會發生這種事——屋主、金融機關、信評公司、主管機關或是投資人，大家都沒料到。

——標準普爾總裁德馮·夏瑪（Deven Sharma）
二〇〇八年十月二十二日於美國眾議院的證詞

義大利財政部長朱利奧·特雷蒙蒂（Giulio Tremonti）指出，教宗本篤十六世是第一位預測到全球金融體系危機的人。特雷蒙蒂昨天在米蘭聖心天主教大學表示，「欠缺紀律的經濟會自我崩解的預言」可以在一九八五年若瑟·拉辛格樞機（Cardinal Joseph Ratzinger）[1]寫的一篇文章中找到。

——彭博新聞，二〇〇八年十一月二十日

在李普曼看來，次貸市場就像是金融界的一場拔河大戰——一邊，是製造貸款、包裝債券、把最糟的債券重新包裝成CDO的華爾街，當他們沒貸款可包裝，就乾脆憑空創造假貸款。另一邊，則是他的做空團隊，專門對賭這些貸款。這場拔河，也是樂觀派與悲觀派之戰，幻想派與務實派之戰，信用違約交換的賣家與買家之戰，也是對與錯的戰爭。某種程度上，這些比喻都很貼切。

不過現在，這場拔河已經演變為兩個人在同一艘船上、被同一條繩子綁在一起，相互打鬥，最後其中一人打死另一人，把屍體拋出船外時，自己也跟著被甩出去。

「二〇〇七年時，做空獲利很好玩，因為我們做空的被視為壞人。」艾斯曼說：「但是到了二〇〇八年，看著整個金融體系岌岌可危，我們雖然繼續做空，卻不希望系統崩潰。那種感覺就像大洪水快來了，而你是在方舟上的諾亞。是的，你沒事，但你看著洪水並不會覺得開心。對諾亞來說，那並非什麼快樂的時刻。」

做空不僅是為了賺錢，而是想教訓一下這群人

二〇〇七年底，尖端夥伴放空次貸帶來驚人的獲利，讓他們的基金規模翻了一倍，從七億多暴增到十五億美元。摩斯和丹尼爾都想趕快落袋為安，他們從來就不信任李普曼，即使這個天大的禮物是李普曼送的，他們照樣不信任他。

「我絕對不會向李普曼這種人買車，」摩斯說：「但我卻從他那裡買了五億美元的信用違約交換。」對於這麼快就可以賺一大筆錢，丹尼爾隱隱有一種良心不安。他說：「這是千載難逢的機會，如果我們因為過度貪心而錯過這個機會，我覺得我會想死吧。」

所有人——包括艾斯曼本人在內——都認為，艾斯曼的性格不適合做短期交易判斷。他很情緒化，經常意氣用事。對他來說，做空次貸不僅是為了賺錢，他同時也想藉此教訓一下這群人。每當華爾街的人辯稱（他們老愛來這套），次貸問題是美國人在財務上不誠實與不負責任造成的，艾斯曼都會說：「你在說什麼？難道所有的美國人早上醒來時會說，『喔，今天我想不誠實，來辦個房貸吧』？沒錯，人都會不誠實，但他們不誠實是因為有人要他們不誠實。」他怒的，其實不是金融市場，而是主導這種業務的人——也就是華爾街大銀行裡的人。他們都是內行人，理應知道自己不該這麼做。

「那不只是該不該這麼做而已，」艾斯曼說：「而是必須全面反省這一行的倫理，整個金融界根本在倒行逆施。」被他放空的次貸根本毫無價值，他說，而當次貸沒價值，那麼他所持有的保險應該只漲不跌。於是他們繼續持有信用違約交換，等著更多次貸違約。「換成丹尼爾和我，可能只會做五千萬美元的交易，賺個兩千五百萬。」摩斯說：「但艾斯曼做了五．五億美元的交易，賺了

1 譯註：即教宗本篤十六世。

四億美元！」

他們找到一長串面臨次貸風險的公司，二〇〇八年三月十四日，他們幾乎做空了每一家和次貸有關的金融機構股票。「我們是為世界末日做準備。」艾斯曼說：「但我們總是在想：『萬一世界末日沒發生怎麼辦？』」

三月十四日，這個問題再也不重要了。從二〇〇七年六月貝爾斯登的次貸基金崩解開始，市場都在問：貝爾斯登的其他部門營運會受影響嗎？過去十年，貝爾斯登就像所有的華爾街銀行一樣，大舉加碼下注。光是過去五年，貝爾斯登的槓桿比率就從二十：一上升到四十：一。美林則從二〇〇一年的十六：一，增至二〇〇七年的三十二：一。摩根士丹利和花旗現在是三十三：一。相較之下，高盛的二十五：一看起來保守，但高盛向來善於隱藏實際的槓桿程度。

換言之，想要讓這些公司破產，其實只要讓他們的資產價值稍微下降就夠了。問題是：什麼樣的資產？在三月十四日以前，股市都很相信華爾街的大銀行，從來沒人搞清楚貝爾斯登、美林或花旗葫蘆裡賣什麼藥，反正這些銀行一向是「聰明錢」（smart money）的所在，因此想必他們的賭注也是聰明的。

但到了三月十四日，市場不再這樣想了。

買進銀行股？你一定是瘋了

那天早上，艾斯曼臨時接到德意志銀行的知名銀行分析師麥克．梅約（Mike Mayo）的邀請，請他來為銀行的大客戶演講。在德意志銀行位於華爾街總部的講堂裡，艾斯曼的演講排在聯準會前主席葛林斯潘之前，他和投資名人比爾．米勒（Bill Miller）並肩而坐，米勒剛好持有兩億美元以上的貝爾斯登股票。

艾斯曼認為，任何把那麼多錢投在華爾街銀行的人肯定是瘋了。他也不屑葛林斯潘，他常說：「葛林斯潘會是聯準會史上最糟糕的主席，他不只把利率降得太低，又維持低利率太久。我相信他絕對知道次貸市場出了什麼問題，但他裝作不知道，反正消費者被搞死和他無關。我真替他感到惋惜，他確實很聰明，但基本上搞砸了。」

華爾街檯面上的重要人物，幾乎都曾被艾斯曼羞辱過。有一次在香港的公開場合中，他聽到匯豐銀行董事長宣稱該行的次貸損失已經「獲得控制」，於是舉手說：「你不會真的相信已經獲得控制吧？因為從你們的財報看來，你們慘了！」艾斯曼曾把看好次貸市場的貝爾斯登分析師吉安．辛哈找來辦公室，毫不留情地拷問他，事後貝爾斯登業務員打電話來抱怨。

「辛哈很不爽！」對方說。

「跟他說，沒什麼好不爽的。」艾斯曼說：「我們很爽！」

儘管如此，貝爾斯登還是在二〇〇七年年底，邀請艾斯曼參加一場溫馨的見面會，認識新執行長艾倫．施瓦茲（Alan Schwartz）。那場會面的主題是「與貝爾共度耶誕」。當天施瓦茲告訴來賓，次貸市場很「瘋狂」，這個市場裡的人似乎無法就任何債券的價格達成一致。

「那是誰的錯？」艾斯曼突然脫口問道：「那不就是你們想要的情況嗎？這樣你們才可以剝削客戶。」

新任執行長回應：「我不想隨便怪罪任何人。」

除了時間，沒有其他的解決方法

艾斯曼會羞辱哪位華爾街大人物，全看他會出現在哪位大人物的面前。

二〇〇八年三月十四日，他在受邀出席的場合中見到一位對華爾街銀行股最樂觀的投資大戶，以及赫赫有名的聯準會前主席。其實當天市場交易非常熱絡，有傳言指出貝爾斯登可能有麻煩了。不過如果讓你在「看盤」和「看艾斯曼」之間選擇，摩斯、丹尼爾和科林斯都會毫不猶豫地選擇後者。丹尼爾說：「老實說，我們是去看好戲，就像看拳王阿里與另一位拳王佛雷澤（Joe Frazier）的對決，怎麼可以錯過呢？」

他們和艾斯曼一起開車去參加會議，刻意選擇坐在最後一排，避免引人注意。艾斯曼和傳奇人物米勒一起坐在長桌邊，米勒大概只講了三分鐘，說明他投資貝爾斯登的樂觀預期。「現在，換我們的悲觀派上場。」梅約說：「有請艾斯曼。」

「我得站起來講。」艾斯曼說。

那場會議其實比較像座談會，而不是演講，所以米勒剛剛是坐著說話的。但艾斯曼還是走向講台，而且瞄到媽媽正坐在第三排。接下來，他不管坐在最後一排的夥伴，以及夥伴們事前通知來看好戲的二十幾個聽眾（來看免費的阿里對佛雷澤拳王爭霸戰），開始不留情面的剖析美國金融體系。

他主講題目是「為什麼這次不一樣」，「我們正在經歷金融服務史上最大的去槓桿化（deleverage）[2]，而且這個過程會一直持續下去。」他說：「除了時間，沒有其他的解決方法，只能讓時間撫平傷痛……」

艾斯曼一站起來，摩斯就本能的壓低身體。「現場一定會很尷尬，」摩斯說：「但就像路經交通事故，你就是會很想看看事情是怎麼發生的。」在場其他人都低著頭看手機，而他們則是一邊聽艾斯曼說什麼，一邊關注最新的股市行情。

九點十三分，艾斯曼進場到前排找位子時，貝爾斯登宣布他們從摩根大通獲得一筆貸款。

九分鐘後，米勒在解釋為什麼對貝爾斯登前景樂觀時，施瓦茲發出的新聞稿中一開頭就說：

---

2 譯註：沽售資產還債，使槓桿比率降到正常水平。

「最近市場上有許多關於貝爾斯登流動性的謠傳。」而說到「流動性」，通常當有一家銀行強調自己流動性沒問題，一定意味著他們遇到了問題。

九點四十一分，約莫是艾斯曼走向講台的當下，摩斯以每股五十三美元賣出一些艾斯曼前一晚才買進的貝爾斯登股票。他們賺了一些錢，但是仍然不明白艾斯曼為何不顧眾人反對買進那些股票。艾斯曼偶爾會做一些和他們想法相左的短線交易，摩斯和丹尼爾都認為，這一次可能是因為艾斯曼對貝爾斯登有一些好感。貝爾斯登是華爾街形象最糟的銀行，以完全漠視同業而出名，而艾斯曼一向認同他們的做法。「他總是說，貝爾斯登永遠不會被任何人收購，因為他們的企業文化永遠無法被其他公司同化。」丹尼爾說：「我想他從貝爾斯登看到了一些自己的特質。」

艾斯曼的太太維勒莉則有她的一套看法，她說：「對艾斯曼『世界即將崩解』的理論來說，這是一種奇怪的解套方式。偶爾他會突然買進一些奇怪的標的。」

聽起來有點像騙局？因為真的是騙局

不管艾斯曼前一天為什麼會一時衝動買進幾支貝爾斯登股票，摩斯都很高興他把那些部位解決掉了。當艾斯曼正在台上說明為什麼世界快崩解了，他的夥伴卻沒有專注在聽他演講，因為……市場出大事了！

丹尼爾說：「艾斯曼一開始演講，股市就開始跌了。」當艾斯曼正在說明為什麼沒有正常人會持有他十六小時前才買的那檔股票時，摩斯迅速傳送訊息給他的夥伴們。

9：49　老天，貝爾斯登只剩四十七。

「如果你覺得美國金融體系聽起來有點像龐氏騙局，那是因為它的確是龐氏騙局。」

9：55　貝爾斯登剩四十三，我的天！

「直到現在，銀行業才意識到危機。其實，我不會去買佛羅里達州的任何一家銀行，因為我覺得他們可能都會倒閉！」

10：02　貝爾斯登剩二十九!!!

「這個國家的上層階級掠奪了整個國家，你們專幹吃人勾當，建造虛無縹緲的城堡來剝削老百姓。這些年來，我從沒在華爾街的大銀行裡，遇過良心不安的人，從來沒有人說：『這麼做是錯的！』也沒人在意我說的話。」

其實，那天早上艾斯曼並沒有真的把最後那幾句話說出口，他只是在心裡想而已。他演講時無法查看手機，還不知道股市出了大事，也不知道就在他演講的同時間，華爾街上有一家投資銀行正在崩解。大家都在問：為什麼會崩解？

貝爾斯登的崩解，後來被歸因於遭到擠兌。就某個角度看，這樣講也沒錯，因為其他銀行拒絕和它往來，避險基金紛紛抽腿。不過，這也衍生了另一個問題（同樣的問題六個月後又再度被提出）：為什麼沒多久之前大家還認為應該會長久存在的華爾街大銀行，市場會突然不信任它？二〇〇七年三月，貝爾斯登的崩解是如此令人意外，所以康沃爾資本以不到千分之三的價格，買了貝爾斯登崩解的保險，他們投入三十萬美元，賺了一．〇五億美元。

股價已經跌了二〇%，你會買進更多嗎？

「槓桿」是艾斯曼當天提出的答案。為了獲利，貝爾斯登就像華爾街的其他銀行一樣，大筆大筆舉債、押注在越來越投機的市場。但問題顯然比這複雜得多，因為這些投機市場的性質，本身也是問題。

次貸市場經歷了至少兩個不同階段。在第一個階段中，ＡＩＧ承擔了市場崩解的大部分風險，這個階段一直持續到二〇〇五年年底。當ＡＩＧ突然改弦易轍時，AIG FP的交易員以為次貸市場會因此完全停擺[3]。當然，後來的發展並不是如此。華爾街靠著ＣＤＯ，把ＢＢＢ級次貸債券，轉變成公認無風險的ＡＡＡ級債券，已經賺了太多錢，所以不可能就這樣放著不賺。每家銀行裡操縱ＣＤＯ的人，都成了呼風喚雨的人物。從二〇〇五年年底到二〇〇七年年中，華爾街創造的次貸擔保ＣＤＯ規模，介於兩千億到四千億美元之間，沒人確切知道究竟有多少。就算三千億美元好了，其中約有兩千四百億美元被評為ＡＡＡ級，會計上也當成ＡＡＡ級的無風險證券處理，所以無須揭露，其中絕大多數都列在資產負債表外。

到了二〇〇八年三月，股市終於明白抵押債券銷售員早就知道的事：有人至少虧損了兩千四百億美元。但，是誰？拜哈伯勒所賜，摩根士丹利還持有一百三十億美元左右的ＣＤＯ。德國的那些傻瓜也持有一些，鄒文之類的ＣＤＯ管理人也持有一些（不過他們是用誰的錢來買這些債券的，倒不太清楚）。安巴金融集團（Ambac Financial Group）和MBIA公司（MBIA Inc.）長期以來一直為地方政府的債券提供保險，他們承接了ＡＩＧ留下的部分，各自可能擁有約一百億美元的ＣＤＯ。

事實上，我們永遠不可能確定損失有多大，也不可能知道這些損失的部位在哪些人手上。大家

3　如果當初AIG FP繼續承擔所有的風險，災難會怎麼發生？想像這情況還滿有意思的。如果華爾街跟著高盛把次貸債券的所有風險都丟給AIG FP，這個問題很可能會被歸因為與華爾街無關，完全是這家奇怪的保險公司要負起責任。

只知道，任何一家深陷於次貸市場的華爾街銀行，深陷的程度都比他們對外承認的還要深。貝爾斯登深入參與次貸市場，相對於對賭次貸的每一塊錢資金，他們有四十美元投在次貸債券上。問題不在於貝爾斯登怎麼可能會倒，而是它怎麼可能存活下來。

艾斯曼結束了簡短的演講後走回座位，經過米勒身邊時輕拍他的背，幾乎是帶著同情。在後來簡短的問答環節中，米勒解釋為什麼貝爾斯登絕不可能倒閉，因為截至當時為止，除非捲入犯罪活動，否則史上大型投資銀行不曾倒閉過。聽到這番話，艾斯曼脫口而出：「現在才十點五分，等著瞧吧。」不過除此之外，艾斯曼的表現大致上還算禮貌，坐在最後一排的丹尼爾和摩斯為此鬆了口氣，同時也有些失望，感覺就像沒能目睹龍捲風席捲這個城市似的。

那一天，最後破壞場內氣氛的不是艾斯曼，而是後方的一位年輕人。他看起來只有二十出頭，就像現場其他人一樣，當米勒和艾斯曼說話時，他一直猛按黑莓機。「米勒先生，」他說：「從你開始談話起，貝爾斯登的股價已經跌了二〇%以上，你現在會買進更多嗎？」

米勒一臉震驚。「他顯然不知道發生了什麼事。」丹尼爾說：「他只是回答：『喔，當然，我會買更多。』」

之後，大家紛紛衝往出口，顯然是要去賣掉他們的貝爾斯登股票。等葛林斯潘到場演講時，幾乎已經沒人想聽他說什麼了，聽眾都走了。週一，貝爾斯登當然也消失了，以每股兩美元賣給了摩根大通[4]。

地鐵站前，熙來攘往的人群密碼

對於早上六點四十分從麥迪遜大道和四十七街東北角地鐵站出口走出來的人，如果你懂得觀察某些細節，可以從他們身上看出很多相關訊息。舉例來說，在那種時間出現在那個地點的人，很可能在華爾街上班。

不過，同一時間從第三十四街賓州車站附近地鐵站出口走出來的人（丹尼爾的地鐵也在同時間到站），就不是那麼容易猜了。

「丹尼爾搭的車只有五五%是金融業的人，因為很多建築工人也搭那班車。」摩斯說：「我搭的車則是九五%都是金融業人士。」對外行人來說，從康乃狄克州近郊搭車到紐約中央車站的華爾街上班族，是一群無法區別的乘客，但摩斯可以從那群人中看出許多小而重要的區別。

比方說，如果他們在用黑莓機，可能是在避險基金上班，正在查看亞洲市場的損益。如果他們在車上睡覺，可能是賣方的人——經紀人，市場漲跌和他們沒有利害關係。拿著公事包或手提袋的人，則可能不在賣方上班，因為你會拿包的唯一原因，是為了攜帶券商研究報告，券商的人不看自己的研究報告，至少業餘時間不看。至於那些手拿著《紐約時報》的人，則可能是在律師事務所上

---

4 後來改為約每股十美元。

班，或是在金融業工作、但沒有實際投入市場交易的人。

他們的衣著也可以透露很多訊息。比方說，管理資金的人穿得像他們要去看洋基隊比賽一樣，對他們來說，金融績效才是最重要的，所以穿得太好會引人懷疑。如果你看到買方的人穿西裝，通常表示他麻煩大了，或約好和投資人見面，或兩者皆是。除此之外，很難從買方的人穿什麼看出其他訊息。

相反的，賣方的穿著就像他們的名片一樣好判斷：穿休閒西裝和卡其褲的，是二流銀行的經紀人；穿三千美元西裝、頭髮一絲不苟的，是在摩根大通等公司上班的投資銀行家。摩斯還可以從他們在車上坐的位置，判斷他們在哪裡工作。

高盛、德意志銀行、美林的人搭往市中心，座位偏前。但摩斯後來又想了一下，高盛的人現在都有私家車，已經很少搭公共交通工具了。像摩斯那樣在避險基金上班的，則是在上城區工作，所以是在中央車站的北邊下車，那裡偶爾會有突然冒出來的計程車載他們——就像養殖場的鱒魚，冒出來吃玉米粒一樣。

雷曼兄弟和貝爾斯登的人，以前也和他從一樣的出口出來，但如今這兩家銀行已經消失。這也是二〇〇八年九月十八日早上六點四十分，麥迪遜大道和四十七街東北角的人潮不像過去那麼多的原因之一。

摩斯會留意很多金融界同業的細節，是因為在某種程度上「注意細節」算是他工作的一部分。

艾斯曼看的是大局，丹尼爾是分析師，摩斯是首席交易員，他是艾斯曼和丹尼爾在市場上的耳目，是他們重要的消息來源——包括從未公布或正式記錄的資訊（如傳言、賣方經紀人的行為、螢幕上的走勢等等）。他的任務就是注意細節，對數字反應靈敏——這樣才不會被人糊弄。

為此，他的桌上有五個電腦螢幕。一個用來追蹤新聞，一個顯示投資組合的即時變動，另外三個螢幕是摩斯和四十個華爾街券商及投資人之間的對話。他的電子郵件收件匣裡，一個月會收到三萬三千封郵件。對圈外人來說，這麼多瑣碎的金融市場資訊，肯定會看到眼花撩亂，茫然失措，但對摩斯來說，這一切都是有意義的，但他不用真的去理解每則訊息。他是個「專注於小節」的人。

明明押對寶了，卻高興不起來……

到了二〇〇八年九月十八日星期四，大局變得如此動盪，「小節」看起來也更加紛亂。

週一，雷曼兄弟申請破產；慘賠五百五十二億美元的美林納入美國銀行旗下；美國股市出現九一一恐怖攻擊以來的最大跌幅。週二，美國聯準會宣布放款八百五十億美元給ＡＩＧ，讓他們清償出售次貸信用違約交換給華爾街銀行的損失（其中最大一筆欠款是付給高盛的一百三十九億美元）。如果再把ＡＩＧ已經付給高盛做擔保的八十四億美元加進去，你就可以看出高盛把兩百多億美元的次貸債券風險轉給保險公司，那些爛帳全都由美國納稅人買單。光是這一點，就足以讓大家質疑：這種爛帳究竟還有多少？又是在誰手上？美國聯準會和財政部竭盡所能地安撫投資人，但週三顯然沒有人覺得平靜。一家叫首選準備基金（Reserve Primary Fund）的貨幣市場基金宣布，他們給雷曼兄弟的短期貸款損失慘重，不太可能全部拿回借款，所以凍結投資人贖回。原本，大家都認為貨幣市場就是現金，這下大家才恍然大悟：貨幣市場不等於現金，而且得支付利息給持有者，所以是有風險的。換言之，你連自己的現金都保不住了。全世界的企業開始從貨幣市場基金大舉贖回，短期利率飆漲到前所未有的水準。道瓊工業指數下滑四百四十九點，跌到四年來新低。影響市場的大新聞，幾乎都不是來自民間，而是政府。

週四早上六點五十分，當摩斯到達辦公室時，得知英國金融監管機構正在考慮禁止賣空——這個舉動等於是迫使避險基金業關門大吉，但這還不能解釋此刻發生了什麼事。「一切開始崩解，在我的職業生涯中，此情此景，前所未見。」摩斯說。

這些日子以來，尖端夥伴所做的一切準備，就是為了這一刻。他們和投資人的協議是，他們的基金可以在股市裡持有二五％的淨空頭部位，或五〇％的淨多頭部位，總部位不得超過二〇〇％。例如，他們每投資一億美元，就可以有兩千五百萬美元的淨空頭部位，或五千萬美元的淨多頭部位，而所有投資部位加起來，不得超過兩億美元。協議中並未規範信用違約交換，但那已經不重要了（艾斯曼說：「我們從來不知道該怎麼為它歸類。」）。兩個月前（七月初），他們把最後一筆信用違約交換賣回給李普曼。

當時，他們做空的程度已近允許的極限，而且做空的對象都是銀行，也就是那些崩解最快的金融業者。市場一開盤，他們的投資部位就增值了一千萬美元。空頭部位在跌，多頭部位（主要是遠離次貸市場的較小銀行）跌得較少。

摩斯應該為此感到高興才對，畢竟他們認為可能會發生的事，現在都發生了。

然而，他非但高興不起來，還非常焦慮不安。十點三十分，開盤一小時後，每檔金融股不管該不該跌，全數都出現自由落體式的下跌。「我眼看著所有訊息，」他說：「卻不知道該如何解讀，價格變動實在太快，我不知道該怎麼辦，那種感覺就像掉入黑洞，陷入沒有盡頭的深淵。」

雷曼兄弟倒閉已經四天了，但大家現在才感覺到崩解所造成的強烈衝擊。摩根士丹利和高盛的股價大跌，顯然除了美國政府，沒人救得了他們。他說：「那就像發生地震，過了好一段時間後，海嘯接著就來了。」摩斯的交易生涯一向是人與人之間的往來，但這次卻感覺像是人與大自然的對抗，合成CDO變成了合成的天災。「通常，你會覺得自己有能力掌控環境。」摩斯說：「你的表現好，是因為你了解正在發生什麼事。但現在，你是否了解已經無關緊要了，市場已經完全失控。」

尖端夥伴在世界各地的股市做空了約七十筆，全部都是以金融機構為對象，摩斯想要掌握這些交易的最新行情，但根本無法做到。例如他們持有關鍵銀行（KeyBank）的股票，做空美國銀行的股票，這兩檔股票都出現前所未見的狀態。「市場上完全沒有人出價，沒有辦法成交。」摩斯說：「直到那時我才意識到，還有一個更嚴重的問題：基本面已經不重要了，現在影響股價波動的因素，只剩下情緒以及對政府行動的猜測。」

這時他腦海中最不安的念頭，就是摩根士丹利可能也快倒了。他們的基金，隸屬摩根士丹利旗下，但他們和摩根士丹利幾乎沒有任何關係，對這家公司也沒什麼感情。他們的行事作風也不像摩根士丹利的員工，艾斯曼常說，他真的很希望可以做空摩根士丹利的股票。不過，萬一摩根士丹利倒了，摩根士丹利的持股勢必將被納入破產處分的資產中。「當時我在想：我們終於他媽的逮到了世界的弱點，但我們的公司卻要倒了？」

賭局攤牌的關鍵時刻，心臟病發

接著，摩斯察覺到有件事極不對勁：他自己。就在上午十一點時，他發現自己盯著螢幕看時，眼前出現了波浪狀的黑線，螢幕看起來時亮時暗。

「我覺得頭痛欲裂。」他說：「我平常不會頭痛，我還以為是動脈瘤。」這時他注意到自己的心臟，他低下頭，真的可以看到胸口在震動。「我一整個早上都在試圖控制，」他說：「但還是發作了。」

同樣的情況，他過去只經歷過一次。二〇〇一年九月十一日上午八點四十六分，他坐在世界金融中心頂樓的辦公室裡。「那種感覺就好像你走在市區，旁邊一輛垃圾車呼嘯而過，你心想：『媽的，什麼鬼？』」後來有人告訴他，有架小飛機（也就是他以為的垃圾車）撞上了世貿中心北塔。他走到窗邊看著對街那棟大樓，覺得一架小飛機不可能造成那麼大的破壞。他原本以為飛機會從大樓另一端鑽出來，但他只看到黑洞和黑煙。「我的第一個念頭是：這不是意外，他媽的不可能。」

當時他還在奧本海默上班，艾斯曼和丹尼爾已經離職了。擴音器傳來一個命令式的聲音，叫大家不要離開大樓。摩斯一直站在窗邊。「這時開始有人跳樓，一個接一個。」他說。然後又傳來另一陣轟隆隆的垃圾車聲響。「當第二架飛機撞上時，我說：『各位，我走了。』」他走到電梯時遇到了兩名孕婦，他護送她們走到上城，把其中一位送回她位於十四街的公寓，另一位則安置在廣場酒店，接著他走回七十二街的住家，回到懷孕妻子的身邊。

四天後，摩斯帶著妻子及幼子逃離紐約市。他們夜晚在公路上行駛，陷在暴風雨中，他一直覺得樹木會倒下來壓垮他的車子。他嚇得渾身顫抖，直冒冷汗。路樹離他們有四、五公尺遠，其實不可能壓到車子。他太太說：「你得去看醫生。」他照做了，原本他以為是心臟有問題，還花了半天做心電圖。後來發作頻率逐漸減少，症狀越來越輕微，讓他鬆了一口氣。恐怖攻擊後幾個月，他就沒再發作過了。

二〇〇八年九月十八日，他站起來想找人救他，艾斯曼通常坐在他對面，但是那天艾斯曼正好出門參加會議籌資（由此可見，儘管他們覺得自己已經為這一刻做好充分的準備，但這一刻真的來臨時，他們還是覺得措手不及）。摩斯轉向身邊的同事說：「科林斯，我想我心臟病快發作了。」

科林斯笑著說：「不，你不會的。」曾是奧運划槳國手的科林斯，老覺得大家都不知道什麼是疼痛。尤其聽到摩斯說「我需要去醫院一趟」，只見他雖然臉色蒼白，但既然還能站起來，能有多糟糕呢？何況，摩斯向來有點神經質。

「所以他的工作表現才會那麼出色。」科林斯說：「我一直說：『你不會心臟病發的。』然後他就不說了，於是我說：『好吧，或許你會。』」這其實對摩斯一點幫助也沒有，所以他搖搖晃晃地轉向丹尼爾，丹尼爾一直從交易室長桌的另一端看著他，正在考慮叫救護車。

「我得離開這裡，現在就走。」他說。

一直在想，把錢放哪裡才安全？

康沃爾資本做空次貸債券的交易，讓他們的資金翻了四倍，從原本的三千萬美元增加到一．三五億美元，但三位創辦人卻從來沒有開香檳慶祝。霍克特說：「我們一直在想，把錢放哪裡才安全？」

以前他們沒什麼錢，現在他們有錢了，卻擔心無法保住財富。他們生性就比較杞人憂天，現在又更加恐慌了。他們甚至花很多時間思考，那些判斷出奇準確的人（例如他們自己），如何在欠缺信心、充滿懷疑和不確定感的情況下，做出正確判斷。通常，當你對自己的想法越篤定，你就越不容易從「我可能是錯的」情況中，發現成功的機會。

勝算渺茫的遊戲，通常是年輕人在玩。雷德利和麥伊已經不覺得自己年輕了，雷德利有偏頭痛，現在還因為擔心接下來可能發生的事而心力交瘁。「我們的民主制度有個令人提心吊膽的特質。」雷德利說：「大家似乎都相信這個世界被少數人操弄，而你很難反駁這一點。」他和麥伊花了很多時間與精力，設法破解這個在他們眼中腐敗至極的金融體系，例如他們會為了修理信評公司，而擬定一套計畫。他們組成一個非營利組織，就是為了要控告穆迪和標準普爾，並把賠償金捐給投資AAA級證券而虧損的投資人。

麥伊說：「我們的計畫是去各地找投資人，告訴他們：『你們不知道自己被惡搞得多慘，應該告他們才對。』」但是他們開車到緬因州的波特蘭，好不容易找到一家願意聽他們想法的律師事務所。結果，「他們說：『你們瘋了。』」雷德利說。緬因州的律師告訴他們，控告信評機構的「評等不精準」，就像控告《汽車趨勢》（*Motor Trend*）雜誌推薦的車子撞毀一樣。

雷德利認識一位研究金融危機的知名歷史學家，是他以前的教授。他打電話給對方。「這些電話通常是深夜打來，」這位不願透露姓名的歷史學家說：「一講就會講很久。我記得雷德利一開始是問我：『您知道什麼是中層CDO嗎？』接著他開始解釋那是怎麼運作的。」包括：華爾街投資銀行如何欺騙信評機構把成堆的垃圾貸款漂白、如何把上兆美元的資金貸放給一般美國民眾、美國民眾如何在業者的指導下欣然說謊以取得貸款、把貸款轉成無風險證券為什麼最後會複雜到讓投資人不再評估風險，以及問題為什麼會大到最後一定會釀成災難，對社會和政治產生重大的影響等等。

這位歷史學家說：「他想說清楚自己的推論，看我會不會覺得他瘋了。他問我，聯準會是否會購買次貸，我說我覺得不可能。那必須是極大的災難，聯準會才會考慮這麼做。」除了對雷德利陳述的驚人事實感到意外，讓這位知名的金融史學家大感驚訝的是……這是他第一次聽到這些事，竟然是出自雷德利之口。

「在我眼中，雷德利是那種能預測金融危機爆發的人嗎？」他說：「不是。」他這麼說，不是因為他覺得雷德利很笨，一點都不是，而是因為雷德利不是個愛錢的人。教授說：「他不是物欲很高的人，也不可能是為了錢。不過他顯然很生氣，很在意這件事。」

即便如此，二〇〇八年九月十八日早上，雷德利還是大吃一驚。他和麥伊通常不會坐在彭博機的螢幕前瀏覽新聞，但是十七日星期三，他們一起看著新聞：華爾街大銀行宣布龐大的次貸虧損數字，而且規模還在持續擴大。美林一開始宣布虧損七十億美元，現在坦承虧損超過五百億。花旗虧損約六百億，摩根士丹利自己的交易就虧了九十多億美元，誰知道背後還有多少爛帳。

「我們對實際情況的理解，從頭到尾都錯了。」雷德利說：「我們一直以為他們是把ＡＡＡ級ＣＤＯ賣給韓國農民公社（Korean Farmers Corporation）之類的單位。但從他們崩解的樣子來看，他們並未出售，而是自己留著。」

外界眼中如此精明又自私自利的華爾街大銀行，不知何故也淪為蠢蛋一族。他們的經營者不清楚自己的業務，主管機關顯然更不懂。雷德利和麥伊一直以為，金融體系裡應該有人扛起責任，只是外界從沒見過這個人而已，現在他們才知道，根本就沒有這個人。接著，一則彭博新聞的標題引起麥伊的注意：「參院多數黨領袖談危機：沒人知道該怎麼辦」。

世人誤解金融市場，難道不會誤解你嗎？

早在外界聽到貝瑞的名號以前，貝瑞自己就已經發現，將大筆資金押注「金融市場即將崩盤」是一件滿悲哀的事。從金融危機大賺一筆後，貝瑞開始思考自己的投資策略，對社會帶來什麼樣的影響？別人會怎樣看他？是否有一天，世人會像誤解金融市場般誤解他？

二〇〇八年六月十九日，貝爾斯登瓦解後三個月，FBI到拉夫．喬菲和馬修．丹寧（Matthew Tannin）家中逮捕他們，用手銬帶走。貝爾斯登兩支破產的次貸避險基金就是這兩人管理的[5]。

5　美國司法部對喬菲和丹寧的指控，是想證明這兩人蓄意欺騙投資人，卻沒考慮到他們可能也不知道自己在做什麼，也不了解AAA級次貸擔保CDO的真實風險。司法部的立論薄弱，只看幾封斷章取義的電子郵件。陪審團中一位贊成無罪釋放貝爾斯登次貸債券交易員的女士在事後告訴彭博新聞，她不只覺得他們是無辜的，還很樂於拿資金讓他們投資。

那天晚上，貝瑞寫了封電子郵件給公司法務部門的律師德拉斯金：「你要幫我保密：這兩人被捕對我來說壓力很大。我很擔心自己先前一時激動寄出的電子郵件，雖然我的行為和最終結果完全是正確的，但有可能被斷章取義，讓我惹上麻煩……我無法想像，如果我沒做錯什麼事，卻因為一時粗心，直接把低潮時的想法寫成郵件而入獄，我一定會受不了。我實在太擔心這件事了，以至於今晚我想把基金結束掉。」

貝瑞開始找結束基金的理由，而他的投資人倒是幫了大忙。儘管貝瑞幫這些投資人賺了很多錢，但他們似乎不怎麼領情。截至二〇〇八年六月三十日，任何從二〇〇〇年十一月一日傳人基金創辦時就加入的投資人，在扣完費用與支出後，獲利高達四八九．三四％（基金的總獲利是七二六％）。同期間，標準普爾五百指數的報酬只有區區二％。光是二〇〇七年，貝瑞就幫投資人賺進七．五億美元，但他現在管理的資金只有六億美元，投資人贖回資金的速度又快又急，而新的投資人則一位都沒有。沒有人打電話向他請益，也沒有人詢問他對未來的預測。看來，完全沒有人想知道他是怎麼做到這一切的。「沒什麼人要理我們。」他寫道。

讓他感到憤怒的是，那些被奉為先知的，都是花最多時間迎合媒體的人。照理說，投資的績效好壞是最客觀的指標，但實際上不是這樣。二〇〇八年四月，貝瑞在寫信給剩下的投資人時提到：「我不得不說，現在看到那麼多人說他們早就預見次貸風暴、大宗物資熱潮及經濟衰退即將到來，讓我感到很震驚。他們上電視發表看法，接受記者訪問，信心滿滿的暢談未來。但如果他們上次錯得離譜，怎麼好意思聲稱自己能預測未來？」

當時，有一份雜誌公布二〇〇七年表現最佳的七十五支避險基金排行榜，儘管傳人的績效數一數二，卻沒有被列入榜中。「那感覺就像他們把一個奧運游泳選手叫到另一個泳池獨自游泳一樣。」貝瑞說：「他的成績可以奪冠，卻拿不到獎牌。老實說，這真的讓我心死。我想獲得肯定，卻得不到，我為了參加奧運而受訓，但他們卻叫我去游戲水池。」幾位留下來的投資人問他，為什麼不更積極做好公關——彷彿那是投資的一部分似的！

二〇〇八年十月初，聽到美國政府宣布介入並表示他們會承擔金融體系的所有損失，以避免華爾街大銀行倒閉，貝瑞開始積極買進股票，這也是多年來的第一次。他認為這項振興方案免不了會導致通貨膨脹，但也會使股價大漲。當然，他可能買得有點早，股票可能會再跌一些才能止跌回升，但這對他來說並不重要——現在已經出現買點了，從長遠來看，投資都會獲利。沒想到，在剩下的投資人中，一位資金最大的投資人（一．五億美元）質疑貝瑞的判斷，揚言要贖回資金。

十月二十七日，貝瑞寫信給經常通信的一位朋友：「今晚我要出清投資部位，我受夠了。我今天沒吃東西、睡不著、沒和孩子說話，也沒和太太說話，我崩潰了。亞斯伯格症給了我一些很棒的天賦，但這些天賦也讓我活得好苦。」十一月初的一個週五下午，他感到胸口疼痛，去了急診室。他的血壓飆升，他寫道：「我應該會很短命吧。」

我們要關門大吉了，他們回答：好的

一週後的十一月十二日，他寄出最後一封給投資人的信。「我個人的行為、投資人、事業夥伴，甚至是前員工，一再把我逼到絕境。」他寫道：「一直以來，我總是能夠控制好自己，繼續我在這個行業中高度緊張的工作。但如今，個人因素讓我無法負荷，我必須關閉這檔基金。」然後，他就這樣消失了，留下許多人一臉錯愕。

他是對的，而世界錯了，但世界因此而恨他。所以貝瑞結束了一切，回到原點──孤獨，並從孤獨中得到慰藉。

加州庫帕提諾的辦公室裡，大到足以容納二十五名員工，但此刻基金結束了，辦公室空無一人。最後一位離開的是德拉斯金，而德拉斯金最後的任務之一，是了解如何處理貝瑞留下的次貸債券信用違約交換。「貝瑞留下兩筆，純粹為了好玩。」他說：「就只有兩筆而已，他想看看我們能不能獲得全額賠償。」

貝瑞的確獲得了全額賠償，但不是為了好玩，而是為了替自己辯白──向世界證明，他做空的投資級債券，根本毫無價值。他留下的那兩筆賭注，是做空二〇〇五年雷曼兄弟發行的次貸債券，它們在雷曼兄弟快要倒閉時變得一文不值，貝瑞在每檔債券各押了十萬美元，每筆賺了五百萬美元。

對一位得負責結束投資基金的律師來說，困難在於：雖然券商老早就全額把錢匯給他們，但這些奇怪的合約要到二〇三五年才到期，可是也沒有華爾街銀行會繼續寄給他們對帳單。「我再也沒收到券商的報表，顯示我們和他們之間還有這筆合約。」德拉斯金說：「但這合約其實仍然存在，感覺只是沒人想再提起這件事，他們彷彿是說：『一千萬美元你們拿去就好，別再來煩我了。』」

在華爾街，律師的角色有如戰地軍醫：負責在槍林彈雨結束後，進場收拾殘局。幾乎沒有償還風險的三十年期合約（至於確切還有什麼風險，他還在努力判斷），是貝瑞留下的最後殘局。「很可能券商早就把合約丟了。」德拉斯金說：「三年前，沒人料到會發生這種事，所以沒人知道該怎麼處理。基本上就是我告訴對方『我們要關門大吉了』，然後他們回答：『好的。』」就這樣。

我不再是弱勢者，行事作風要改變

當艾斯曼接到摩斯的電話，說他可能心臟病發，正和丹尼爾、科林斯坐在聖派翠克大教堂的台階上時，艾斯曼自己也正在經歷著一場轉變。

二〇〇七年秋末，第一次經歷金融震撼時，艾斯曼毫無準備。如今，很多人都知道艾斯曼一直是對的，其他人是錯的，也知道他因此變得很有錢。

當時艾斯曼去參加了美林舉辦的會議，美林剛解雇執行長史坦．歐尼爾（Stan O'Neal），並揭露兩百億美元的次貸損失（總損失是五百二十億美元）。只見艾斯曼悄悄走到美林財務長傑夫．愛德華茲的旁邊，幾個月前，艾斯曼才當面嗆過愛德華茲，說美林的風險模型錯了。「你還記得我之前說過，你們的風險模型有問題嗎？」艾斯曼說：「我說的沒錯吧！」

妙的是，這回艾斯曼當場就後悔自己說了那些話。「我覺得很不好意思。」艾斯曼說：「那樣講很令人討厭，他其實是個不錯的人，只是判斷錯誤而已。我不再是弱勢者了，行事作風應該要改變。」

眼看著先生逐漸學會更得體的應對方式，維勒莉很驚訝。「事過境遷後，他有了一百八十度的轉變。」她說：「證明自己是對的之後，他所有的不安、憤怒都消失了，整個人變了。他意氣風發了好一陣子，變得有點不可一世。」艾斯曼一直很積極主張，金融末日即將到來，現在連八竿子打不著的人都爭相想聽他的看法。在拉斯維加斯那場會議後，他曾經感染了寄生蟲，治療時他曾告訴醫生，金融市場快爆了。一年後，他回去找同一位醫生做結腸鏡檢查，躺在檢查台上的他聽到醫生跟別人說：「這位就是預測到危機的那個人！大家過來聽聽他怎麼說！」於是，艾斯曼一邊做結腸鏡檢查，一邊向一屋子的醫生和護士述說自己的過人事蹟。

維勒莉很快就聽膩了艾斯曼的過人事蹟，她和艾斯曼的治療師組成一個「艾斯曼社交事件緊急應變小組」。「我們狠狠地教訓了他一頓，告訴他：『你不要再那麼囂張了！』他聽懂了，也開始收斂，也更喜歡收斂後的自己！對他來說，這是一種新的體驗。」

包括維勒莉在內的很多人都發現，艾斯曼真的變了。例如，在隔壁大樓辦耶誕派對時，維勒莉原本不打算讓艾斯曼知道，因為她永遠不知道艾斯曼可能做出什麼事或說出什麼話。她說：「我正準備偷偷溜出我們的公寓，他攔住我說：『如果我沒去，會不會怎樣？』」艾斯曼的誠懇，讓維勒莉決定給他一次機會。她說：「你可以去，但要守規矩。」艾斯曼回答：「我現在知道該怎麼做了。」於是她帶著先生參加耶誕派對，當晚他乖得不得了。「他變得很討人喜歡。」維勒莉說：「意外吧！」

我們餵養這頭怪獸，直到牠撐爆為止

二〇〇八年九月十八日下午，改頭換面的艾斯曼朝著坐在聖派翠克大教堂台階上的夥伴們慢慢走過去。每次艾斯曼徒步到某個地方時，總是要走很久。

「艾斯曼走路真他媽的慢。」摩斯說：「他走起路來，就像大象用小碎步走路似的。」那天的天氣好極了，櫛比鱗次的高樓上是一望無際的湛藍天空，溫暖了人心。摩斯說：「我們就坐在那裡，看著人來人往。」

他們在大教堂的台階上坐了快一個小時。「我們坐在那裡，內心出奇的平靜。」摩斯說：「感覺和整個市場都隔絕了，彷彿靈魂出竅似的。我們就只是坐在那裡，看著來來往往的人，談論接下來可能發生什麼事，這些人中有多少人會失業？華爾街銀行倒閉後，誰來承租這些大樓？」

科林斯說：「那就像世界停止運轉了一樣，我們看著這些人說：『他們要不是完蛋了，就是快完蛋了。』」除此之外，尖端夥伴內部很平靜，這正是他們一直等待的一天——完全崩解。「投資銀行業完蛋了。」六週前艾斯曼這麼說過：「這些傢伙現在才開始了解事態有多嚴重。他們就像是牛頓出現之前的老科學家，當牛頓出現之後，他們突然驚覺：『該死！我錯了！』」

雷曼兄弟灰飛煙滅，美林賣身求存，高盛和摩根士丹利一週後也不再是投資銀行。投資銀行不只是完蛋，而是滅絕了。艾斯曼說：「華爾街因為這個事件垮了，這才是正義。」在他們當中，唯一對自己所為（指與社會對賭而致富）感到有點掙扎的人是丹尼爾。艾斯曼說：「丹尼爾來自皇后區，他看每件事都特別在意黑暗面。」

對此，丹尼爾的回答是：「我們當時的想法是這樣的：『做空這個市場，是在創造流動性，市場也因此可以繼續運轉。』只是這不是我們所樂見的方式就是了。」

「就像餵養一頭怪獸。」艾斯曼說：「我們一直餵養這頭怪獸，直到牠撐爆為止。」

怪獸撐爆、出大事了，但曼哈頓的大街上卻沒有大事剛發生的跡象。即將影響每一個人生活的危機，潛藏在大家看不見的地方。

這就是錢的根本問題——人們用錢的行為，會產生一些後果，但是這些後果和原始行為相隔如此遙遠，所以我們從來沒想過這兩者之間的關係。你提供優惠利率貸款給永遠沒有償債能力的人，這些貸款不會馬上出事，而是兩年後利息上漲時才會違約。你用這些貸款組成的許多種債券，不會在貸款違約時出事，而是在數個月之後，在發生許多抵押品贖回權喪失、破產及被迫拍賣後才大事不妙。你用這些債券組成的CDO也不會在債券違約時馬上出事，而是要等到一些受託人確定是否有足夠現金償付後才會發生。最後，CDO的最終擁有者會收到一張通知：「敬啟者，我們很遺憾地通知您，您的債券已經不存在了……」

在這條街上，在聖派翠克大教堂前來來往往的人們，還要過多久，才會明白世界發生了什麼事？

｜結語｜

魔鬼蛋，要不要也來一個？

從「信任」變「盲從」的投資文化

當艾斯曼和夥伴一起坐在聖派翠克大教堂的台階上時，我則坐在東城餐廳的長椅上，等我的前老闆約翰．古弗蘭共進午餐。一邊在心中納悶著，為什麼會有餐廳的座位安排，是讓兩個不想互有瓜葛的男人並肩坐在一起？

問題不出在槍，而是使用這把槍的人

我寫下描述一九八〇年代金融業的《老千騙局》時，原本以為「一九八〇年代金融業」應該就此畫下句點。那本書出版的時機很好，我也獲得許多過譽的肯定。儲貸業的崩壞、惡意收購與融資併購的崛起，為整個社會造成巨大衝擊，一度引起人們短暫的反省。俄亥俄州立大學的學生把《老千騙局》當成「華爾街入門指南」來研讀，多數電視與廣播節目的主持人則把我當成吹哨者——吉拉德．李維拉（Geraldo

Rivera）除外，他邀我和一些後來染上毒癮的童星一起上節目，節目叫《成名太早》（*People Who Succeed Too Early in Life*）。

後來反華爾街的情緒高漲，讓魯道夫・朱利安尼（Rudolph Giuliani）打著這個旗幟，順利踏入政壇。不過，當時的氛圍比較像是在獵巫，而不是誠實的重新檢視金融秩序。大眾對垃圾債大王米爾肯及所羅門兄弟執行長古弗蘭的譴責，成了華爾街逃避真正問題（也就是讓這兩人崛起的背後力量）的藉口。沒錯，華爾街開始整頓文化，例如不再對女性無禮、男女員工應享有平等權益等等，就連交易員跑去看脫衣舞表演也會被開除。二〇〇八年的貝爾斯登與雷曼兄弟，不再像一九八五年左右的華爾街同業，而比較像一般具備中產階級價值觀的企業。

但這些改變只是一種偽裝，轉移外界關注的焦點，掩蓋醜陋的真相：從事金融風險交易的人，與廣大群眾之間的利益嚴重失衡。水面上，華爾街似乎不一樣了，但在水底深處，撈錢手法依然沒變。

美國金融文化之所以如此積習難改、之所以連次貸風暴後政府都束手無策，主要是因為這個文化是用很長時間、一步一步打造出來的，早已和這一行盤根錯節的緊密相連。今天，這頭金融怪獸有一條臍帶，可以連接到一九八〇年代的金融業。二〇〇八年的這場危機，不僅是源於二〇〇五年的次級抵押貸款，危機的源頭，早在一九八五年就已萌芽。

和我一起參加所羅門兄弟培訓課程的朋友，於一九八六年——也就是我們結訓後的第二年——

發明了第一筆抵押債券衍生性商品。朋友到現在還是喜歡說：「衍生性金融商品就像槍，問題不出在槍，而是使用這把槍的人。」

一九八七年，麥可．米爾肯旗下德崇證券的垃圾債券部門，發明了中層CDO。二〇〇〇年，瑞士信貸的交易員創造了第一筆抵押貸款擔保的CDO，他初出茅廬時（一九八〇年代末與一九九〇年代初期）在所羅門兄弟抵押貸款部門任職。他的名字是安迪．史東（Andy Stone），也是李普曼在華爾街的第一個老闆。

華爾街本就貪婪，那是他們工作的一部分

我離開華爾街後，就再也沒見過古弗蘭了。辭職前，我在交易室見過他幾次。在我辭職前的幾個月，上司讓我向古弗蘭報告我和歐洲避險基金做的一筆衍生性金融商品交易，當時那交易還算罕見。我卯盡全力試著把交易解釋清楚，古弗蘭聽完，說他不夠聰明，聽不懂這東西。我當時以為，這只是華爾街執行長慣用的伎倆，刻意不關心細節是為了展現他是老闆。其實他不需要記得和我見過面，他也的確不記得了。

我的書出版後，他的形象大傷，他告訴記者從沒見過我。多年來，我陸陸續續聽到一些和他有關的消息，我知道他被迫辭職、離開所羅門兄弟後，過得不太好。後來我又聽說，幾年前他到哥倫

比亞商學院參加座談，輪到他開講時，他建議學生找更有意義的事情做，而不是去華爾街上班。聽說，他有一度在講述自己的華爾街歲月時，還忍不住哭了。

我寄電子郵件給古弗蘭，邀他共進午餐時，他的回覆異常禮貌和親切。從他走進餐廳，和餐廳老闆寒暄、點餐，同樣展現出禮貌與親切。他的腳步沒以前快，舉止優雅了些，但除此之外還是可以一眼認出來。然而，彬彬有禮的外表下，他仍保有那看穿世界真相的敏銳動物本能。

我們先聊了約二十分鐘左右，確定彼此不會吵起架來。我們發現原來我們有一位共同的朋友，也一致認為，華爾街的執行長們無法跟上不斷推陳出新的創新發明（「我不完全了解這些金融商品，他們也一樣」），我們也覺得華爾街這些執行長們根本掌控不了底下的部屬（「他們表面上拍你馬屁，私下為所欲為」）。他認為金融危機的肇因「很簡單，就是雙方的貪婪——投資人的貪婪和銀行家的貪婪」。我覺得原因更複雜一點，華爾街本來就貪婪，那是他們工作的一部分，問題在於獎勵機制，讓貪念走偏了。

賭贏，大賺一筆；賭輸，照樣海撈

賭博與投資之間的那條界線是人定的，僅有一線之隔。任何最理想的投資，都具備賭博的特徵（為了賺更多，你可能輸光一切），而所有最瘋狂的投機，也都具有投資的特質（你可以連本帶利拿回你的錢）。或許，「投資」的最佳定義應該是「**在對自己有利的機率下賭博**」。做空次貸市場的那些人，就是在對自己有利的機率下押注，他們的交易對手（基本上是整個金融體系），則是在不利自己的機率下押注。

到目前為止，《大賣空》的故事可說是再簡單不過了，但這故事最詭異、也最複雜的一點，是在這場賭局中，雙方的重要人物幾乎都在賭局結束後，海撈了一票。

艾斯曼、貝瑞及康沃爾資本的那些年輕人，當然為自己賺進了數千萬美元。二〇〇七年，李普曼領了四千七百萬美元（不過其中兩千四百萬美元是限制性股票，他得在德意志銀行多待幾年才能真正落袋）。這些人是因為看對了賭局，是賭局中的贏家。

然而，鄒文的CDO管理事業破產了，但他還是撈了數千萬美元離開，而且還有膽子成立新事業，專門以低價收購他害人慘賠數十億美元的次貸債券。哈伯勒造成的虧損，創下華爾街史上單一交易員的最高紀錄，但他卻可以留下之前賺的數千萬美元獎金。華爾街各大銀行執行長們也在賭局中站錯邊，他們不是把公司經營到破產，就是靠美國政府的紓困而免於破產，但他們自己依舊荷包滿滿。

如果一個人不需要做出正確的投資決策，如果即便做了愚蠢的投資決策還可以致富，那麼，你認為他們還需要做什麼正確決策嗎？華爾街的獎勵機制完全錯了，直到今天仍是錯的，但我沒和古弗蘭爭辯。就像你回家探望父母時會變回九歲小孩一樣，你在前執行長面前也會變得不敢造次。古弗蘭仍是華爾街之王，我仍是金融界的異數。他說起話來很篤定，我則語帶存疑的多。他說話時，我不時會去瞄他的手。他的手厚實又粗壯，不是華爾街溫潤銀行家的手，而是拳擊運動員的手。

身為銀行股東，有多少人搞懂自己冒著什麼樣的風險？

我抬起頭，看見拳擊手正在微笑（不過那其實不像微笑，而是他平常沒表情時的表情），接著說：「你那本……他媽的……書。」

我微笑回應，不過那也不太算是微笑。

「你為什麼約我吃飯？」他問，語氣還滿輕鬆的。他是真的好奇。

你不可能告訴一個人，你請他吃飯是想讓他知道你不覺得他很邪惡；你也不能告訴他，你請他吃飯是因為你認為這場史上最大的金融危機，可能溯及他當年做的決定。一九八一年，當古弗蘭把所羅門兄弟從一家私人企業變成華爾街第一家上市公司時，他破壞了華爾街的傳統，也因此獲得「華爾街之王」的稱號。

他對所羅門退休合夥人的憤怒，置若罔聞。所羅門創始人之子威廉．所羅門（William Salomon）告訴我：「我討厭他那種物質主義至上的風格。」威廉說，他是在古弗蘭承諾永遠不賣公司股權的情況下，才任命古弗蘭為執行長。

其他華爾街執行長對古弗蘭欠缺道德良知的行為，也非常不以為然，但他根本不在乎。他也把握時機，不僅和其他合夥人大撈一筆，還把交易風險從自己身上轉移給股東。最後，股東吃了悶虧（一九八六年，我進所羅門兄弟交易室時，所羅門股價是四十二美元。到了二〇一〇年第一個交易日，所羅門股價只值二・二六股的花旗股票[1]，約合市值七・四八美元），但對債券交易員來說，這實在太棒了。

從那時起，華爾街就成了一個黑盒子。承擔了風險的股東們，打從一開始就不曾真正了解金融業裡這些人在做什麼，隨著風險越來越複雜，他們的了解也越來越少。唯一可以明確看到的是：這些聰明人靠著複雜交易所賺的獲利，遠高於服務顧客或替客戶做好資產配置。而客戶，也不再被他們放在眼裡。一九八〇年代末期與九〇年代初期，所羅門兄弟有好幾年是靠五名自營部的交易員（他們可說是哈伯勒的前輩）創造比公司一整年淨利還高的獲利。也就是說，公司其他上萬名員工都在賠錢。

當所羅門兄弟把投資銀行變成上市公司，靠著大玩槓桿與複雜風險大舉獲利後，華爾街的心理基礎也變了，從「信任」（trust）變成「盲從」（blind faith）。沒有任何由員工持有股權的投資銀行，會把自己的槓桿弄到三十五：一，或是買進五百億美元的中層CDO。我不相信有任何合夥企

---

1 譯註：一九九〇年代末期被旅行者集團併購，現屬花旗集團。

業會想欺騙信評公司，或是和借貸業者同流合汙，甚至允許他們的人把中層CDO賣給客戶。以長期的預期虧損，換取短期的預期利得，一點都不值得。

也因此，不會有任何合夥事業會雇用我，或者雇用和我有幾分相似的人。一個人承擔金融風險的能力，和他是否念過普林斯頓大學有什麼關係[2]？

繳不出房貸的購屋族，投機賠錢的大銀行，猜猜政府救誰？

在康沃爾資本放空次貸債券之後，雷德利最擔心的，就是政府出手介入，避免次貸借款人違約。當然，後來政府沒這麼做，而是出手介入金融業，避免那些愚蠢地買進次貸、搞垮自己的華爾街大銀行關門大吉。

貝爾斯登崩解後，政府開出極低的價格，並為貝爾斯登最危險的資產擔保，藉此鼓勵摩根大通收購它。最後貝爾斯登的債券持有人都獲得了清償，反而是股東損失了大部分資金。接著，政府資助的房利美和房地美也相繼崩垮，二者立即收歸國有。雖然管理高層遭到撤換，股東資產大幅稀釋，債權人卻完好無損。

接下來是雷曼兄弟，政府這回放手讓它倒閉，情勢也因此變得更加複雜。剛開始，財政部和聯準會宣稱，他們讓雷曼兄弟破產是想告誡大家：不當管理的華爾街銀行未必都能獲得政府的擔保。

但後來，情形開始失控後，外界認為放任雷曼倒閉是個愚蠢的決定，於是政府又改變說法，聲稱他們缺乏拯救雷曼的法源依據。

但是幾天後，AIG也垮了，聯準會放款八百五十億美元給AIG，後來很快又增加到一千八百億美元，幫他們因應次貸債券的虧損。這一次，財政部向AIG收取很高的借款利率，並取得多數股權。緊接著，華盛頓互惠銀行也跟著倒閉，財政部二話不說就直接接管，不客氣地把債權人和股東掃地出門。然後是美聯銀行倒閉，財政部和聯邦存款保險公司（FDIC）也是以低價及擔保不良資產為誘因，慫恿花旗收購它。

負責解決金融危機的人，當然是未能預見危機的同一批人——當時的財政部長鮑爾森、後來的財政部長提摩西．蓋特納（Timothy Geithner）、聯準會主席柏南克、高盛執行長勞伊德．貝蘭克梵（Lloyd Blankfein）、摩根士丹利執行長麥晉桁、花旗執行長潘偉迪（Vikram Pandit）等人。有些華爾街執行長已經因為次貸風暴下台，但多數還留在原來的職位上。他們變成幕後操控的重要人物，試圖找出接下來該怎麼做。和他們在一起的還有一些政府官員——這些人本該對華爾街銀行在做什麼有更多的了解。他們都有一個共同的特點，也就是：他們比患有亞斯伯格症的獨眼基金經理

2　譯註：作者畢業自普林斯頓大學藝術史系，當初誤打誤撞進入華爾街。他在《老千騙局》裡提過他進入華爾街的經過，他一直覺得所羅門兄弟會雇用他那樣的人，就表示他們已經開始走下坡了。

人，更不了解美國金融體系核心的基本真相。

二〇〇八年九月底，美國財政部長鮑爾森說服國會，他需要七千億美元買下銀行的次貸資產，於是問題資產紓困計畫（Troubled Asset Relief Program, TARP）就此誕生。鮑爾森一拿到錢，就放棄了他承諾的策略，開始把幾千億的鈔票送給花旗、摩根士丹利、高盛，以及其他幾家異常篩選的紓困對象。例如，AIG因為押注次貸債券而積欠高盛的一百三十億美元，全由美國政府買單，而且是全額還清。

這些大禮，外加政府暗中附帶提供的擔保，不僅保住了華爾街銀行免於倒閉，也讓他們順利解決次貸組合中的虧損。即便如此，花旗在收到第一筆兩百五十億美元納稅人資助僅僅幾週後，又去向財政部坦承（你瞧瞧！）市場還是不相信花旗能夠生存下來。於是，財政部在十一月二十四日又從TARP撥款兩百億美元，並為花旗三千零六十億美元的資產提供擔保。

財政部沒要求一分好處，也沒要求花旗撤換管理高層，只是要求了一丁點的價外認股權證和優先股。三千零六十億美元的擔保，相當於美國國內生產總值（GDP）的二%，大致相當於農業部、教育部、能源部、國土安全部、住宅暨都市發展部以及交通部的預算總和，這麼一大筆錢，就這樣大剌剌的當禮物送出去。實際上，財政部從未公開解釋到底花旗遭遇了什麼危機，只見它逕自採取行動，以因應花旗「下滑的股價」。

後來，顯然連七千億美元都不足以解決過去幾年華爾街債券交易員吃下的問題資產。就在這時，美國聯準會意外地採取了前所未有的行動——直接向銀行購買不良的次貸債券。二〇〇九年年初，上兆美元與不良投資有關的風險與虧損，全都從華爾街大銀行轉給美國納稅人。鮑爾森和蓋特納都宣稱，雷曼兄弟倒閉引發的混亂與恐慌證明，金融體系無法再承受另一家大型金融公司的倒閉。他們也宣稱（儘管是在事件發生幾個月後），他們欠缺法源依據讓大型金融公司以平和的方式慢慢結束營運。然而，即使在一年後，他們也沒有為了取得法源基礎而做些什麼，這點實在很奇怪，因為這些人平常從不會羞於要求更多權力。

觀感造就事實，事實推翻觀感

二〇〇八年華爾街發生的大事，很快就被華爾街、美國財政部及聯準會重新定義為「信心危機」，他們說，那純粹是雷曼兄弟倒閉所引發的典型金融恐慌。二〇〇九年八月，高盛總裁蓋瑞·科恩（Gary Cohn）甚至公開宣稱，高盛其實從來都不需要政府協助，因為高盛有足夠的本錢抵禦任何暫時性的恐慌。

然而，典型金融恐慌與二〇〇八年華爾街發生的情況，是不一樣的兩回事。在典型金融恐慌中，是「觀感造就事實」——有人在擁擠的戲院裡大喊「失火了」，觀眾在你推我擠衝向出口之際，造成無謂的傷亡。但是，二〇〇八年的華爾街，卻是「事實推翻觀感」——擁擠的戲院燒毀時，很多人還坐在位子上。華爾街各大銀行要不是破產，就是瀕臨破產。問題不在於政府事後讓雷曼兄弟垮台，而是事先竟放任雷曼兄弟成功。

這個新的金融國度（一般人只能在自由市場自生自滅，資本家則享有無窮資金奧援），以及不斷竄改金融史的做法，激怒了許多人，但很少人像艾斯曼這麼憤怒。全球權力最大、坐領最高薪的金融高層已經完全不可信，要不是政府介入，他們早就全都丟了飯碗，如今他們竟然利用政府自肥。「我可以了解，為什麼高盛希望參與討論如何改造華爾街，」艾斯曼說：「但我不解的是，為什麼會有人想聽他們說。」

在艾斯曼看來，美國政府不願讓銀行倒閉，與其說是一種解決方案，不如說是金融體系依舊嚴重失調的徵兆。問題不在於這些銀行真的對美國經濟影響重大，艾斯曼很肯定，問題在於這些金融機構交易了不知多少天量的信用違約交換。

「市場風險是無上限的。」他說：「一家市值十億美元的銀行，可能持有一兆美元的信用違約交換，沒人確切知道究竟有多少！也沒人知道它們在哪裡！」比如說，花旗破產將導致花旗股東、債券持有人及員工的損失，但至少其中涉及的金額是眾所周知，也是經濟可承受的。問題出在，花旗的倒閉也會讓大量不明的賭注——例如先前出售信用違約交換，現在必須賠償買家——冒出來。

這正是把華爾街合夥事業變成上市公司的另一個後果——讓銀行成了投機目標。銀行之所以大到不能倒，不再是因為它們與社會及經濟密切相關，而是與從旁下注的數量有關。

不勞而獲的東西，總是特別誘人

我忍不住問古弗蘭，關於他做過最重大、最關鍵性的「那個決定」，也就是：把華爾街的合夥事業轉變成上市公司的決定。當我們在雪崩後的碎石堆中搜索時，當年上市的決定，看起來就像是從山頂崩落的第一顆石頭。

他說：「沒錯，其他華爾街銀行的老闆都說，讓公司上市實在很糟糕，你怎麼會做這種事。但是當誘惑出現在他們眼前，他們也會跟進。」他也同意，把合夥事業改成上市公司的主要作用，是將金融風險轉嫁給股東。他說：「出事時，那是他們的問題。」

不過，現在看來顯然不只股東吃虧而已。當華爾街投資銀行搞砸，它們的風險就成了美國政府的問題。他半開玩笑地說：「基本上政府就是放任你惡搞，直到你捅出大樓子。」他已經退出局外，現在都是別人的錯了。

我迅速記下他的話時，他好奇地看著我，問道：「你這是要做什麼？」

我告訴他，既然金融界終於奄奄一息，或許現在值得再回顧一下我在《老千騙局》裡提到的世界，或許出個二十週年紀念版之類的。

他說：「你爛死了！」

難得他和我在一起那麼自在，我也喜歡和他這樣交談，這點倒是讓我感到意外。他看起來還是很強悍、坦率、直言不諱，雖然製造出了一頭怪獸，但他身上仍然保有許多老華爾街人的元素：那時的人會說「言出必行」這樣的話，不會在離職後寫回憶錄，為老闆製造麻煩。

「不，」他說：「有一點我想我們應該能達成共識：你那本該死的書，毀了我的事業，卻成就了你的事業。」語畢，這位前華爾街之王拿起裝開胃菜的盤子，親切地問我：「要不要嘗嘗這個魔鬼蛋[3]？」

在此之前，我都沒注意到古弗蘭吃的是什麼。現在我看到他點了這家餐廳最棒的一道餐點，一道美味、簡單的傳統點心。是誰發明了魔鬼蛋？誰會想到一顆簡單的雞蛋，可以變得這麼複雜，卻又如此誘人？我伸手拿了一個。不勞而獲的東西總是特別誘人。

3 譯註：把白煮蛋的蛋黃取出，調美乃滋等配料後，再放回白煮蛋的蛋白裡。

新版後記

嚴肅的悲劇，全新的寫作體驗

寫這本書時，我一直遭遇一種過去沒遇過的困擾：寫得很不順，無法以最得心應手的方式來鋪陳這些素材，感覺就像被迫只能用右手打籃球，或只能用視覺韻（sight rhyme）寫十四行詩一樣[1]。

我花了一段時間，才明白問題所在：我喜歡寫本質上好玩的故事。沒錯，有人從金融危機中海撈一票的故事也很有趣，但本質上卻是一場悲劇。

此外，這個故事也很「嚴肅」，很多重要人物都認為自己有必要了解箇中情況。這本書一出版，就馬上為我帶來了另一種新體驗：政治人物的回響。短短幾個月內，我就曾被請去一個大會議廳，對著滿場的共和黨議員演講；接著又去了另一個大會議廳，對著滿場的民主黨議員演講。六位美國參議員打電話來找我聊天，其中一人甚至想說服我在他的小組委員會作證。一些國家的央行官員也對這本書很感興趣（而且這些國家的規模還不小），其中一人甚至找我討論了一番。

美國國會為了調查金融危機的肇因而成立的金融危機調查委員會（Financial Crisis Inquiry Commission），成了我生活中避之唯恐不及的瘟疫。他們第四次打電話來時，我不禁閉上眼，祈求他們放過我。並不是他們的工作不重要，他們的工作確實非常重要，只是除了書中寫的故事以外，我真的沒什麼可以補充的了，偏偏他們不願意相信。

對我而言，這本書是一本報導文學，記錄真實的故事，題材好到任何作者就算想搞砸也很難。但不知怎的，這本書竟成了一份關於金融危機根源的研究報告——就好像蘋果，原是伊甸園的禁果，卻很奇妙地搖身變為有益健康的良藥。

他們都在問我華爾街發生了什麼事？

我仍然覺得這一切發展令人費解。我對金融危機的了解，大都來自我書中的人物，然而，讀了這本書的重要人士，卻覺得有必要來找我談談，而不是去找那些對這起事件有第一手了解的人。我頓時變成了我本來就不是的那種人——某種權威。美國政府終於得面對如何改革華爾街——或至少必須去了解它——的課題，但華爾街已經變得如此複雜，外界在毫無幫助下，幾乎不可能一窺究竟。

通常，在經歷一場金融危機後，政府會找他們信任的華爾街人士，設法弄清楚來龍去脈。然而，在這場金融危機後，華爾街已無可信之人。這些人曾經是美國金融界的菁英，如今卻把自己搞得名譽掃地，以至於美國參議員不再相信他們有資格在國家需要的時候，提供誠實的建言。於是，參議員只好自己想辦法，研究這個問題……

我與政府之間的荒謬關係，可以從金融危機調查委員會第六次打電話來時，看得最清楚。打電話來的，是一位負責向證人正式取證的人。我很快就發現，他比我還了解美國這次的金融危機——如果我們被迫參加這個主題的測驗，他會考得比我還高分。

不過，他很客氣，不停提問。我們談了約一個小時後，他問我，我跟美國政府裡的哪些人談過這次的金融危機？我不假思索地說出過去幾個月見過的一長串政要。

「那麼，他們跟你說了什麼？」他問（語意大致是這樣，我是憑記憶寫下這段對話）。

「他們跟我說了什麼？」

「對，對於發生的事情，他們怎麼說？有什麼我們應該往下追查的嗎？」

「不，不。」我說：「你搞錯了，他們是打電話來**問**我發生了什麼事！」

他一聽，笑了起來，原來是這樣！於是，金融危機調查委員會的調查就此結束。從此以後，我

1　譯註：西方詩歌的一種押韻形式，單字的拼法看起來很像，但讀音不同。

再也沒接到他們的電話。

三封來函，別讓讀者誤會我們

與此同時，我也收到其他人的來信。

對於書中提到的人物來說，「書」最大的問題之一，在於無法針對書中內容提出正式的抗議。書不像別的媒體，可以投書給主編，然後刊登出來讓其他讀者也看到。如果這本書真的有「讀者投書」專欄，至少有三封值得刊出的來函。

第一封，是來自德意志銀行的分析師徐幼于，他以英文寫信給我來表達自己的不滿，他說李普曼對他的描述——「不會講英文的人怎麼會說謊呢？」——可能導致讀者認為他完全不會說英文。

第二封，是來自高譚資本公司的創辦人喬伊．葛林布雷，他認為讀者可能會因為他對待貝瑞的方式，而對他留下負面印象。他希望讀者知道：一，他從來不想和貝瑞爭執；二，他只是要求貝瑞退款，因為他自己的投資人也要求退款。他必須拿到錢，才能退款給投資人；三，貝瑞沒有以直截了當的方式與他或其他的投資人溝通，這一點，從故事中就可以清楚看出原因。

第三封，是來自高齡八十三歲的艾倫．葛林柏格。他是貝爾斯登的前執行長，更重要的是，他曾是康沃爾資本管理公司的經紀人。他不喜歡看到以前的客戶形容他很疏離，說他是個有如幽靈般的存在。他寫道：「我可以告訴你，我從來沒有因為照顧、取悅、疼惜客戶的方式而受到批評。希望你在下一版書中更正這種對我的負面印象，我不打算提告。」他在信末補充提到：「我的書將在二〇一〇年六月一日出版。走過這一遭，我安然無恙。」

致謝

當我動念要回顧華爾街的生涯時，Portfolio出版社（如今已歇業）的編輯凱爾·波普（Kyle Pope）從一開始就鼓勵我。布蘭登·亞當斯（Brandon Adams）很好心的幫我挖掘出一些奇怪的事實和數據，他對這個主題是如此擅長，我在想如果這本書換他來寫或許更恰當。他挖到了許多寶藏，哈佛大學的學生芭聶－哈特（A. K. Barnett-Hart）就是其一。她才剛為次貸擔保CDO市場寫了一篇論文，內容比華爾街任何相關研究都更有趣。

馬可·羅森索（Marc Rosenthal）帶領我了解次貸世界及信評模型的內部運作，他總是大方的騰出時間為我解說，分享他的觀點。Writers House的艾爾·祖克曼（Al Zuckerman）巧手包裝這本書，一如我過去的每一本著作。

有幾個人讀了這本書的全部或部分手稿，並提出許多寶貴的建議——約翰·席歐（John Seo）、道格·

史坦（Doug Stumpf）、家父湯姆·路易士（Tom Lewis）、內人塔比莎·索倫（Tabitha Soren）。珍妮·拜恩（Janet Byrne）以生花妙筆仔細編輯與審校手稿，她也是一個理想的讀者。W. W. Norton 出版公司的斯塔林·勞倫斯（Starling Lawrence）是《老千騙局》的編輯（我的著作中只有一本不是出自他的巧手），他還是一如往常的睿智與出色。

沒有受訪者的大力配合，我不可能寫出一本像樣的寫實故事，感謝艾斯曼、貝瑞、雷德利、麥伊、丹尼爾、摩斯、科林斯、霍克特等人讓我進入他們的生活。他們不畏一些無法量化的風險，和我分享自己的想法與感受，對此我永遠感激不盡。

國家圖書館出版品預行編目（CIP）資料

大賣空：祕密布局，等待時機 / 麥可．路易士
(Michael Lewis) 著；洪慧芳譯．-- 初版．--
臺北市：早安財經文化有限公司，2022.06
面；　公分．--（早安財經講堂；100）
譯自：The big short : inside the doomsday machine
ISBN 978-626-95694-1-0(平裝)

1.CST: 金融危機　2.CST: 美國

561.952　　111004734

早安財經講堂 100

大賣空

祕密布局，等待時機

The Big Short

Inside the Doomsday Machine

作　　者：麥可・路易士 Michael Lewis
譯　　者：洪慧芳
特約編輯：莊雪珠
校　　對：呂佳真
封面設計：許晉維
責任編輯：沈博思、劉詢
行銷企畫：楊佩珍、游荏涵

發 行 人：沈雲驄
發行人特助：戴志靜、黃靜怡
出版發行：早安財經文化有限公司
電話：(02) 2368-6840　傳真：(02) 2368-7115
早安財經網站：www.goodmorningnet.com
早安財經粉絲專頁：www.facebook.com/gmpress

郵撥帳號：19708033　戶名：早安財經文化有限公司
讀者服務專線：(02)2368-6840　服務時間：週一至週五 10:00~18:00
24 小時傳真服務：(02)2368-7115
讀者服務信箱：service@morningnet.com.tw

總 經 銷：大和書報圖書股份有限公司
電話：(02)8990-2588
製版印刷：中原造像股份有限公司
初版 1 刷：2022 年 6 月 1 日

定　　價：480 元
I S B N：978-626-95694-1-0（平裝）